国家出版基金项目
NATIONAL PUBLICATION FOUNDATION

广东省原创精品出版资金扶持项目

21世纪海上丝绸之路与东盟区域旅游合作丛书
Shiji Haishang Sichou Zhilu yu Dongmeng Quyu Luyou Hezuo Congshu

21世纪海上丝绸之路与精品旅游

21Shiji Haishang Sichouzhilu yu Jingpin Luyou

■ 瞿华 著

广东旅游出版社
GUANGDONG TRAVEL & TOURISM PRESS
悦读书·悦旅行·悦享人生

中国·广州

图书在版编目（CIP）数据

21世纪海上丝绸之路与精品旅游/瞿华著. —广州：广东旅游出版社，2017.8
ISBN 978-7-5570-1144-4

Ⅰ.①2… Ⅱ.①瞿… Ⅲ.①旅游市场—市场营销—研究—世界 Ⅳ.①F591

中国版本图书馆CIP数据核字（2017）第253924号

出 版 人：刘志松
策划编辑：官　顺
责任编辑：彭素芬
封面设计：邓传志
责任技编：刘振华
责任校对：李瑞苑

21世纪海上丝绸之路与精品旅游
21 SHI JI HAI SHANG SI CHOU ZHI LU YU JING PIN LU YOU

广东旅游出版社出版发行
（广州市越秀区环市东路338号银政大厦西楼12楼）
邮编：510180
电话：020-87348243
网址：www.tourpress.cn
印刷：广州家联印刷有限公司
（广州天河吉山村坑尾路自编3-2号）
开本：787mm×1092mm　16开
字数：150千字
印张：17.25
印次：2017年8月第1版第1次印刷
印数：1-1000册
定价：48.00元

【版权所有　侵权必究】
本书如有错页倒装等质量问题，请直接与印刷厂联系换书。

丛书编委会：

主　任：朱　竑

副主任：吴智刚、司徒尚纪（中山大学）、吴必虎（北京大学）

委　员：赵耀龙、蔡晓梅、方远平、瞿　华、李琼英、林德荣、李　爽、
　　　　宋一兵、朱定局、熊　伟、吴　颖、毕斗斗

丛书国际交流委员会：

主 任 委 员：Lily kong 教授（新加坡管理大学）

副主任委员：林初升　教授（香港大学）

　　　　　　苏晓波　副教授（美国俄勒冈大学）

总策划：朱　竑

主　编：刘志松

副主编：江丽芝　周向辰

编辑组：官　顺　厉颖卿　赵瑞艳　彭素芬　江　南　李政融

封面设计：邓传志

民心相通，和谐共建

——《21世纪海上丝绸之路与东盟区域旅游合作》丛书总序

2013年9月，习近平总书记在访问中亚四国期间首次提出了共同建设"丝绸之路经济带"的构想。2013年10月，习近平总书记在访问东盟期间再次提出了共建21世纪"海上丝绸之路"的构想。自此，"一带一路"成为了中国国家层面乃至世界层面的大战略，影响深远，意义巨大。

《21世纪海上丝绸之路与沿线国家区域旅游合作》丛书即是上述背景下的产物，是广东旅游出版社与华南师范大学旅游管理学院共同合作，积极响应国家战略而进行的主题出版，是从旅游的视角出发，服务于国家战略，为丝绸之路经济带的旅游发展提供创新理论和实践指导的一种尝试。本套丛书共分三辑，目前出版的是第一辑，聚焦于21世纪海上丝绸之路上中国与东盟区域旅游合作研究，包括吴智刚教授的《21世纪海上丝绸之路与妈祖文化》，李琼英教授的《21世纪海上丝绸之路与宗教文化之旅》，宋一兵、郭华、何向教授的《21世纪海上丝绸之路—中国与东盟区域旅游合作研究》，瞿华教授的《21世纪海上丝绸之路与精品旅游》，李爽、林德荣教授的《21世纪海上丝绸之路与东南亚国家文化旅游》共五本。

《21世纪海上丝绸之路与妈祖文化》从妈祖文化的渊源谈起，探讨妈祖文化对于建设21世纪海上丝绸之路的积极作用，东盟沿线国家所存在的妈祖文化遗址及认同，以及如何通过妈祖文化实现"一带一路"的重要战略目标：民心相通。并提出了妈祖文化的道德内涵、信仰内涵和多学科文化内涵；认为妈祖文化是寻根文化、和平文化、爱国文化、美德文化和海洋文化的集合。

《21世纪海上丝绸之路与宗教文化之旅》以广州为起点，以海上丝绸之路为线索，介绍世界三大主要宗教在广州、东南亚及南亚沿海地区的传播，及其在长期历史发展中遗存下来的著名宗教景观，以期寻找出中国与东盟国家宗教文化的同宗同源，找出人们之间信仰的共通点，从而为中国与东盟区域旅游合作找出共通之处。

《21世纪海上丝绸之路——中国与东盟区域旅游合作研究》以中国重要的区域旅游市场广东省为例，从旅游的视角研究海上丝绸之路上中国与东南亚地区的旅游交流活动，对于厘清广东等区域在海上丝绸之路中的文化旅游活动地位与作用、深入探讨中国与东南亚地区在旅游文化交流中的发展、特点与走向，提供可资借鉴的研究视角与方向，从旅游的视角重新审视其与东南亚地区的交流，不仅对双边的旅游业发展，同时更对双边的文化交流具有重要意义。

《21世纪海上丝绸之路与精品旅游》以东盟精品旅游线路与营销策略为主线，分别对东盟精品旅游线路及营销策略进行研究与探讨，并对中国改革开放以来与东盟旅游合作进行了深入研究，提出了东盟精品旅游线路设计与营销的策略，从而为国内旅游部门和相关旅游者提供了决策参考。

《21世纪海上丝绸之路与东南亚国家文化旅游》研究赴东南亚旅游的中国游客的行为特征及旅游体验，对于促进双方旅游业的发展，加强与东南亚的旅游合作，深化中国与东南亚各国的人文交流与务实合作具有重要意义。中国与东南亚很多国家历史上就以"海上丝绸之路"为途径，通过人口迁徙、贸易往来、文化交流和族群互动保持密切的社会交往，形成了复杂多元的社会网络体系，是当今中国与东南亚国家文化旅游合作的雄厚基础，在区域旅游合作过程中，中国与东南亚国家互为重要的客源地和旅游目的地。

建设21世纪海上丝绸之路，实现"民心相通"，达到"共商、共建、共享"之目标，是各行各业研究者当前学术建设的当务之急。作为旅游领域的研究者，本人非常荣幸成为此套丛书的总策划，也非常乐意为此套丛书的出版写几句话。

是为序。

2017年5月

目 录

第一章 绪论 / 001

第一节 研究背景 / 001

第二节 研究意义 / 005

第三节 研究内容 / 006

第二章 中国至东盟精品旅游线路及营销策略 / 008

第一节 中国至越南、老挝、缅甸、柬埔寨旅游线路及营销策略 / 008

第二节 中国至新加坡、马来西亚、泰国旅游线路及营销策略 / 034

第三节 中国至印度尼西亚旅游线路及营销策略 / 061

第三章 中国至南亚精品旅游线路及营销策略 / 068

第一节 中国至印度、巴基斯坦旅游线路及营销策略 / 068

第二节 中国至尼泊尔、斯里兰卡旅游线路及营销策略 / 080

第三节 中国至马尔代夫、不丹旅游线路及营销策略 / 092

第四章　中国至西亚精品旅游线路及营销策略 / 105

第一节　中国至沙特阿拉伯、阿曼旅游线路及营销策略 / 105

第二节　中国至阿联酋旅游线路及营销策略 / 117

第三节　中国至土耳其旅游线路及营销策略 / 124

第四节　中国至约旦、也门旅游线路及营销策略 / 130

第五章　中国至非洲精品旅游线路及营销策略 / 145

第一节　中国至埃及旅游线路及营销策略 / 145

第二节　中国至南非旅游线路及营销策略 / 151

第三节　中国至摩洛哥、肯尼亚旅游线路及营销策略 / 160

第六章　中国至欧洲精品旅游线路及营销策略 / 181

第一节　中国至法国、英国、西班牙旅游线路及营销策略 / 181

第二节　中国至德国、奥地利、意大利旅游线路及营销策略 / 209

第三节　中国至瑞士、卢森堡、比利时、荷兰旅游线路及营销策略 / 228

后记 / 254

参考文献 / 256

第一章 绪 论

第一节 研究背景

一、"一带一路"重大战略构想的提出与实践

在当前全球经济缓慢复苏的大背景下,加强区域合作是推动世界经济发展的重要动力,并已成为一种趋势。2013年9月和10月,中国国家主席习近平在出访中亚和东南亚国家期间,先后提出共建"丝绸之路经济带"和"21世纪海上丝绸之路"的战略构想,得到国际社会高度关注和有关国家积极响应。具体来说,2013年9月7日,习近平主席访问哈萨克斯坦时提出,用创新的合作模式,共同建设"丝绸之路经济带",以点带面,从线到片,逐步形成区域大合作。这是中国领导人首次在国际场合公开提出共同建设"丝绸之路经济带"的重大战略构想。2013年10月,习近平主席在印度尼西亚国会发表演讲时提出,中国致力于加强同东盟国家互联互通建设,倡议筹建亚洲基础设施投资银行,愿同东盟国家发展好海洋合作伙伴关系,共同建设21世纪"海上丝绸之路"。

2014年5月21日,习近平主席在亚信峰会上做主旨发言时指出:中国将同各国一道,加快推进"丝绸之路经济带"和"21世纪海上丝绸之路"建设,尽早启动亚洲基础设施投资银行,更加深入参与区域合作进程,推动亚洲发展和安全相互促进、相得益彰。

2014年11月8日在"加强互联互通伙伴关系"东道主伙伴对话会上,习近平主席指出共同建设丝绸之路经济带和21世纪海上丝绸之路与互联互通相融相近、相辅相成。他指出，当务之急是协商解决影响互联互通的制度、政策、标准问题，降低人员、商品、资金跨境流动的成本和时间。有必要开展信息互换、监管互认、执法互助的海关合作，加快边境口岸"单一窗口"建设，推广旅客在同一地点办理出入境手续的"一地两检"查验模式。

2014年11月11日，在2014年亚太经合组织（APEC）领导人非正式会议上，国家主席习近平提出亚太自由贸易区（FTAAP）发展设想，会议就《亚太经合组织推动实现亚太自贸区北京路线图》达成共识。

2014年12月16日第三次中国—中东欧国家领导人会晤在塞尔维亚贝尔格莱德举行。与会各方发表《中国—中东欧国家合作贝尔格莱德纲要》，提出计划制定《中国—中东欧国家中期合作规划》、推进互联互通合作、促进经贸投资合作、扩大金融合作、拓展科技创新环保能源领域合作、深化人文交流和地方合作等内容。

2015年3月28日，国家发展改革委、外交部、商务部联合发布了《推动共建丝绸之路经济带和21世纪海上丝绸之路的愿景与行动》，系统勾勒了"一带一路"路线图，宣布"一带一路"进入了全面推进阶段。

2015年5月8日，中俄双方共同签署并发表了《关于丝绸之路经济带建设与欧亚经济联盟建设对接合作的联合声明》，"一带一路"战略与"欧亚经济联盟"战略实现对接。

2015年6月1日，交通部披露，《交通运输部落实"一带一路"战略规划实施方案》已于近日审议通过。同一天，商务部印发《全国流通节点城市布局规划（2015—2020）》，提出落实"一带一路"战略规划，提升陆路、海路通达水平。

2015年11月，结合"一带一路"合作倡议和《中欧合作2020战略规划》，中国同中东欧16国共同发表《中国—中东欧国家中期合作规划》，推动"16+1合作"提质增效。

2016年8月17日，习近平主席在推进"一带一路"建设工作座谈会上称，已经有100多个国家和国际组织参与其中，我们同30多个沿线国家签署了共建"一带一路"合作协议,同20多个国家开展国际产能合作,联合国等国际组织也态度积极。习近平主席就推进"一带一路"建设提出8项要求[①]:一是要切实推进思想统一,坚持各国共商、共建、共享,遵循平等、追求互利,牢牢把握重点方向,聚焦重点地区、重点国家、重点项目,抓住发展这个最大公约数,不仅造福中国人民,更造福沿线各国人民。中国欢迎各方搭乘中国发展的快车、便车,欢迎世界各国和国际组织参与到合作中来。二是要切实推进规划落实,周密组织,精准发力,进一步研究出台推进"一带一路"建设的具体政策措施,创新运用方式,完善配套服务,重点支持基础设施互联互通、能源资源开发利用、经贸产业合作区建设、产业核心技术研发支撑等战略性优先项目。三是要切实推进统筹协调,坚持陆海统筹,坚持内外统筹,加强政企统筹,鼓励国内企业到沿线国家投资经营,也欢迎沿线国家企业到我国投资兴业,加强"一带一路"建设同京津冀协同发展、长江经济带发展等国家战略的对接,同西部开发、东北振兴、中部崛起、东部率先发展、沿边开发开放的结合,带动形成全方位开放、东中西部联动发展的局面。四是要切实推进关键项目落地,以基础设施互联互通、产能合作、经贸产业合作区为抓手,实施好一批示范性项目,多搞一点早期收获,让有关国家不断有实实在在的获得感。五是要切实推进金融创新,创新国际化的融资模式,深化金融领域合作,打造多层次金融平台,建立服务"一带一路"建设长期、稳定、可持续、风险可控的金融保障体系。六是要切实推进民心相通,弘扬丝路精神,推进文明交流互鉴,重视人文合作。七是要切实推进舆论宣传,积极宣传"一带一路"建设的实实在在成果,加强"一带一路"建设学术研究、理论支撑、话语体系建设。八是要切实推进安全保障,完善安全风险评估、监测预警、应急处置,建立健全工作机制,细化工作方案,确保有关部署和举措落实到每个部门、每个项目执行单位和企业。

2017年5月14日至15日,"一带一路"国际合作高峰论坛在北京举行。这是各方共商、共建"一带一路",共享互利合作成果的国际盛会,也是加强

[①] 习近平就"一带一路"建设提8项要求. 新华网, http://news.xinhuanet.com/mrdx/2016-08/18/c_135609953.htm.

国际合作,对接彼此发展战略的重要合作平台。高峰论坛期间及前夕,各国政府、地方、企业等达成一系列合作共识、重要举措及务实成果,中方对其中具有代表性的一些成果进行了梳理和汇总,形成高峰论坛成果清单。清单主要涵盖政策沟通、设施联通、贸易畅通、资金融通、民心相通5大类,共76大项、270多项具体成果①。

二、"一带一路"给中国旅游服务贸易发展带来新机遇

旅游业既可以赚取外汇,也可以促进居民境外消费。旅游服务贸易是中国服务贸易的重要组成部分。近年来,中国旅游服务贸易持续增长。据世界旅游组织预测,到2020年,中国将成为世界最大的旅游目的地国家以及第四大旅游客源国。

2015年3月28日,经国务院授权,国家发展改革委、外交部、商务部联合发布了《推动共建丝绸之路经济带和21世纪海上丝绸之路的愿景与行动》(以下简称《愿景与行动》)。《愿景与行动》明确提出:"加强旅游合作,扩大旅游规模,互办旅游推广周、宣传月等活动。联合打造具有丝绸之路特色的国际精品旅游线路和旅游产品,提高沿线各国游客签证便利化水平。推动21世纪海上丝绸之路邮轮旅游合作";要"推进西藏与尼泊尔等国家边境贸易和旅游文化合作";要"加大海南国际旅游岛开发开放力度";要"加强基础设施联通,大幅度提升旅游可达性",等等。

在新的历史时期,沿着陆上和海上"古丝绸之路"构建经济大走廊,将给中国以及沿线国家和地区带来共同的发展机会和发展空间。丝绸之路是世界最精华旅游资源的汇集之路,汇集了80%的世界文化遗产;丝绸之路也是世界最具活力和潜力的黄金旅游之路,涉及60多个国家,44亿人口。目前,在"一带一路"沿线国家中,已有56个国家和地区成为中国公民出境旅游目的地,占中国公民出境旅游目的地总数的37%。据测算,中国与"一带一路"沿线国家双向旅游交流规模已超过2500万人次。据国家旅游局预计,"十三

---

① "一带一路"国际合作高峰论坛成果清单. 外交部网站, http://www.fmprc.gov.cn/web/zyxw/t1461873.shtml.

五"时期,中国将为"一带一路"沿线国家输送 1.5 亿人次中国游客、2000 亿美元中国游客旅游消费;目前我国已成为亚洲第一大客源输出国和全球出境旅游市场增幅最快的国家之一。同时,我们还将吸引沿线国家 8500 万人次游客来华旅游,拉动旅游消费约 1100 亿美元[①]。国家旅游局将 2015 年确定为"丝绸之路旅游年"是旅游行业贯彻落实"一带一路"战略构想的重要举措。

第二节　研究意义

一、理论意义

2100 多年前,张骞两次出使西域开辟了横贯东西、连接欧亚的陆上"丝绸之路"。同样,从 2000 多年前的秦汉时代起,连接我国与欧亚国家的海上丝绸之路也逐步兴起。2013 年 9 月和 10 月,中国国家主席习近平在出访哈萨克斯坦和印度尼西亚时先后提出共建"丝绸之路经济带"和"21 世纪海上丝绸之路"的战略构想。此后,有关"21 世纪海上丝绸之路"的研究日益增多起来。但关于"21 世纪海上丝绸之路"沿线国家旅游经济发展和旅游营销策略的研究还不多见,本书主要针对"21 世纪海上丝绸之路"沿线国家的基本概况、国民经济发展,特别是旅游经济发展以及各国对其他国家的旅游营销策略进行系统研究,对丰富"21 世纪海上丝绸之路"相关问题的研究具有重要的理论意义。

二、实践意义

建设 21 世纪"海上丝绸之路"是新时期从我国未来发展战略的高度确定的深化改革开放战略的重大举措,也是加强区域内经贸、文化、旅游等方面交流,共同抵制区域内外新贸易保护主义,提升中华民族文化软实力,增强我国国际影响力的重要途径,是一项伟大的系统工程。目前,我国上下和沿线其他

---

① 旅游局:"一带一路"的旅游愿景如何实现. 中央政府门户网站,www.gov.cn 2015 - 04 - 01.

国家或地区将秉持和平合作、开放包容、互学互鉴、互利共赢的理念，以"五通"，即政策沟通、设施联通、贸易畅通、资金融通、民心相通为主要内容，全方位推进务实合作，打造政治互信、经济融合、文化包容的利益共同体、责任共同体和命运共同体。我国和沿线相关国家正积极投入到这一伟大的实践当中。本研究将对我国和沿线相关国家国民经济发展特别是旅游经济发展以及旅游营销具有重要的实践意义。

第三节　研究内容

本研究主要包括六个部分，即六章。第一章绪论，阐明研究背景、研究意义和研究内容。第二章至第六章分别是关于中国至东盟、南亚、西亚、非洲、欧洲精品旅游线路及营销策略研究。选择这些区域以及这些区域的国家是基于它们处在海上丝绸之路沿线（如图1.1和图1.2所示）。

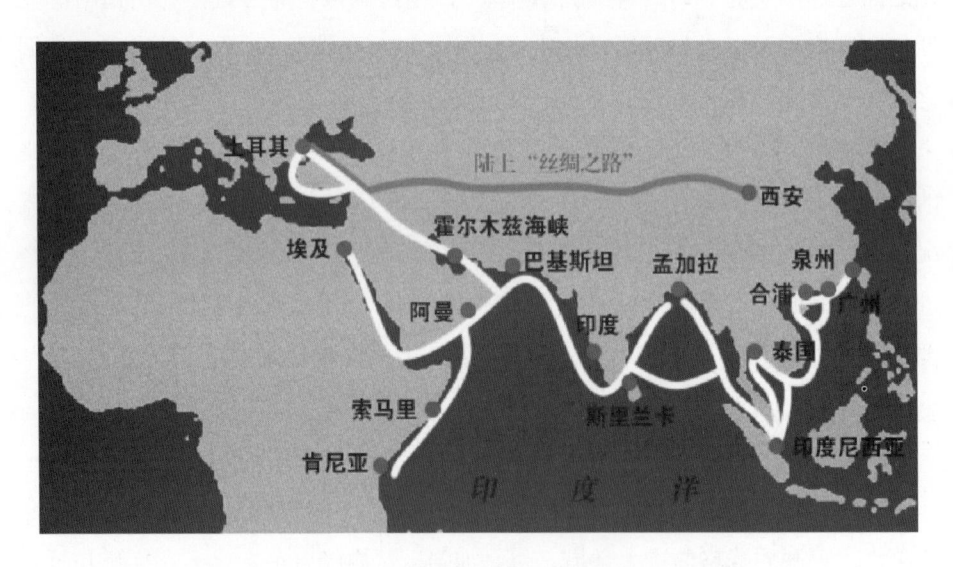

图 1.1　海上丝绸之路沿线国家（白色线条）示意图

资料来源：http://fj.people.com.cn/GB/339045/340945/361327/index.html.

本研究选择海上丝绸之路沿线的国家如下：东盟的八个国家，即越南、老挝、缅甸、柬埔寨、新加坡、马来西亚、泰国、印度尼西亚；南亚的六个国家,即印度、巴基斯坦、尼泊尔、斯里兰卡、马尔代夫、不丹;西亚的六个国家,即沙特阿拉伯、阿曼、阿联酋、土耳其、约旦、也门;非洲的四个国家,即埃及、南非、摩洛哥、肯尼亚;欧洲的十个国家,即法国、英国、西班牙、德国、奥地利、意大利、瑞士、卢森堡、比利时、荷兰。中国至上述国家旅游线路的研究主要按照国家简介、经济概况、旅游业概况、旅游营销策略(包括该国对他国和中国对该国的旅游营销策略)的思路展开。

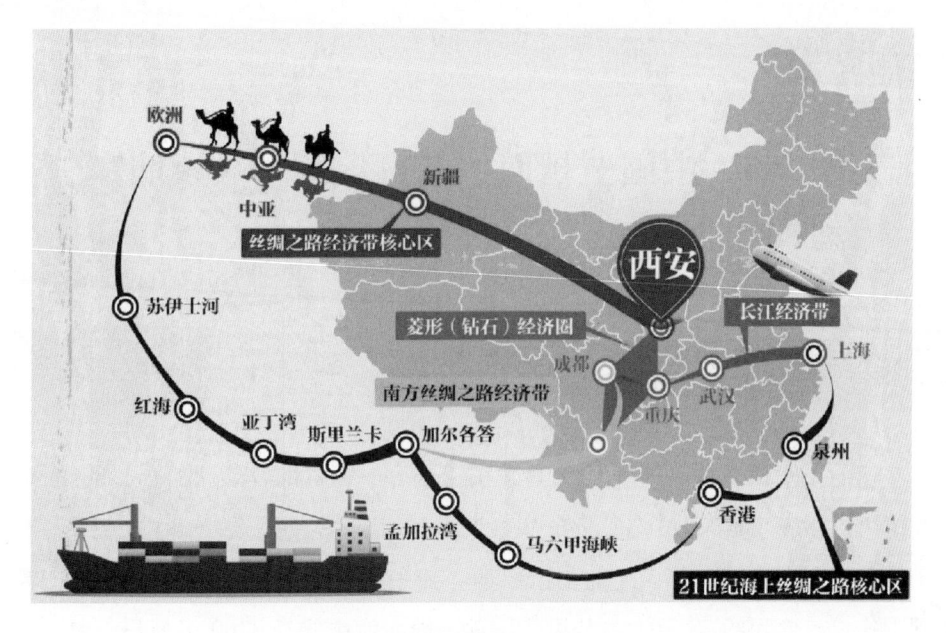

图 1.2 海上丝绸之路沿线国家(黑色线条)示意图

资料来源:经济视点报、经济观察网,2015-04-06.

第二章 中国至东盟精品旅游线路及营销策略

第一节 中国至越南、老挝、缅甸、柬埔寨旅游线路及营销策略

一、中国至越南旅游线路及营销策略

(一) 国家概况

越南,全称为越南社会主义共和国(英语:Socialist Republic of Vietnam,越南语:Cộng hòa Xãhội Chủnghĩa Việt Nam),是亚洲的一个社会主义国家。位于东南亚中南半岛东部,北与中国广西、云南接壤,西与老挝、柬埔寨交界,国土狭长,面积约33万平方公里,紧邻南海,海岸线长3260多公里,是以京族为主体的多民族国家。越南是印度洋和太平洋的交通中枢,矿产资源丰富,种类多样,主要有近海油气、煤、铁、铝、锰、铬、锡、钛、磷等,其中煤、铁、铝储量较大;旅游资源丰富,其中5处风景名胜被联合国教科文组织列为世界文化和自然遗产[①]。越南地处北回归线以南,高温多雨,属热带季风气候。年平均气温24℃左右,年平均降雨量为1500～2000毫米。北方分春、夏、秋、冬四季;南方雨旱两季分明,大部分地区5～10月为雨季,11月～次年4月为旱季。

---

① 根据http://www.fmprc.gov.cn/web/gjhdq_676201/gj_676203/yz_676205/1206_677292/1206x0_677294/和http://baike.haosou.com/doc/4608901-4821100.html#4608901-4821100-12的相关资料整理。

图2.1 越南地理位置

资料来源：https://image.baidu.com/search/detail?ct=503316480&z=0&ipn=d&word.

（二）经济概况

1. 越南整体国家经济概况

越南是中低等收入国家。从表2.2可见，越南从2009—2015年基本呈现出上升的GDP年增长率，并且越来越靠近东亚与太平洋地区GDP年增长率。从表2.1可以看出，2005—2015年期间，越南GDP总量和GDP的年均增长率逐渐增长，且在2015年国内生产总值达到1933.71亿美元，增长率达到6.7%，人均国内生产总值达到2110.9美元。由此可见，越南居民生活越来越稳定，城市居民的生活质量也变得更好，更重要的是全国贫困户和贫困地区的数量继续减少,贫富差距进一步缩小①。

表2.1 越南2005—2015年期间GDP的变化趋势

年份	GDP（亿美元）	人均GDP（美元）
2005	529.17	699.5
2006	609.14	796.7
2007	710.16	919.2
2008	910.94	1164.6
2009	971.8	1232.4
2010	1064.27	1333.6
2011	1239.61	1542.7
2012	1416.69	1754.5
2013	1713.92	1907.6
2014	1862.05	2052.3
2015	1933.71	2110.9

数据来源：新浪财经,http://finance.sina.com.cn/worldmac/indicator_NY.GDP.MKTP.CD.shtml.

表2.2 越南2009—2015年GDP年增长率的变化趋势

GDP年增长率（%）	2009	2010	2011	2012	2013	2014	2015
东亚与太平洋地区	8.3	7.4	7.1	6.9	6.7	6.7	6.6
越南	5.4	6.4	6.2	5.2	5.4	6.0	6.7

数据来源：世界银行,http://data.worldbank.org.cn/country/vietnam?display=default.

2. 越南对外贸易经济概况

越南的商品出口国大多数集中在欧洲国家。2012年,其最大的出口市场是欧盟,出口额高达203亿美元,比2011年增长22.5%,占越南出口总额的

---

① http://www.fmprc.gov.cn/web/gjhdq_676201/gj_676203/yz_676205/1206_677292/1206x0_677294/.

17.7%。其次，美国、东盟、日本、中国都是越南来往密切的出口商品友好市场①。2015年，越南的进出口贸易总额约为3280亿美元，其中出口额1624亿美元，增长8.1%，进口额1656亿美元，增长12%。其中，越南的主要出口市场为欧盟、美国、东盟、日本、中国，同时中国、美国、欧盟、东盟等也是越南的主要贸易对象②。

（三）旅游业概况

1. 整体旅游业的发展状况

越南拥有丰富的自然景观和历史文化等旅游资源，有着多处世界自然和文化遗产③。近年作为服务业支柱的旅游业在越南得到了很好的发展，且经济效益显著。2017年的1～3月共接待海外游客321.25万人次，比上年增长29%。在越南的旅游发展过程中，主要游客来源于中国内地、韩国、日本、美国、中国台湾。

2. 出入境旅游的发展状况

由表2.3可见，中国仍然是越南的第一大客源国，越南主要客源国集中在中国、日本、韩国等亚洲国家，2016年达到1001.27万人次。然而，诸如柬埔寨、菲律宾等国家态势不稳定，而印度尼西亚、老挝、泰国等国家则呈现下降的趋势。另外，在欧洲，法国年增长比较稳定，英国、德国、俄罗斯则逐年增长。从2010～2015年，大部分国家和地区的游客呈现出增长的态势，如中国香港、德国、西班牙、俄罗斯和韩国，当然也有呈现递减的国家，例如柬埔寨和泰国，尤其是柬埔寨，在2010～2015年期间，由254553人次减少至227074人次。游客大多以观光旅游为主要目的，而以商业旅游以及拜访亲友为目的的则逐年增长，尤其是拜访亲友的动机增长幅度较大，由2010年的574082人次增长到2014年的1347081人次，平均年增长率为26.93%。在交通方式的选择上，选择飞机的游客数量仍是最多的，但是相较于海路，越来越

---

① http://www.chinareform.org.cn/open/trade/201312/t20131204_182162.htm.
② http://china.huanqiu.com/News/mofcom/2015-12/8273628.html.
③ http://www.fmprc.gov.cn/web/gjhdq_676201/gj_676203/yz_676205/1206_677292/1206x0_677294/.

多的游客选择公路，这与近年来越南交通运输业实施重组的措施有一定关系。由表2.3和图2.2可得，越南国际入境游客数量逐年增长，且年增长率较为稳定，为10%～20%，但2014年却呈现出下降的趋势。

表2.3 越南2010—2015年国际游客情况

(单位：人次)	2010	2011	2012	2013	2014	2015
合计	5049855	6014032	6847678	7572352	7874312	7943651
按照交通方式划分						
飞机	4061712	5031586	5575904	5979953	6220175	6271250
海路	50500	46321	285546	193261	47583	169839
公路	937643	936125	986228	1399138	1606554	1502562
按照旅游目的划分						
观光旅游	3110415	3651299	4170872	4640882	4762454	—
商业	1023615	1003005	1165966	1266917	1321888	—
拜访亲友	574082	1007267	1150934	1259554	1347081	—
其他	341743	352460	359906	404999	442889	—
按照国家和地区划分						
1. 亚洲						
中国	905360	1416804	1428693	1907794	1947236	1780918
中国香港	—	—	13383	10232	14601	—
中国台湾	334007	361051	409385	398990	388998	438704
日本	442089	481519	576386	604050	647956	671379
韩国	495902	536408	700917	748727	847958	1112978
柬埔寨	254553	423440	331939	342347	404159	227074
印尼	—	—	60857	70390	68628	62240
老挝	—	—	150678	122823	136636	113992
马来西亚	211337	233132	299041	339510	332994	346584
菲律宾	—	—	99192	100501	103403	99757
新加坡	—	—	196225	195760	202836	236547
泰国	222839	181820	225866	268968	246874	214645

(续上表)

(单位：人次)	2010	2011	2012	2013	2014	2015
2. 美洲						
美国	430993	439872	443826	432228	443776	491249
加拿大	—	—	113563	104973	104291	105670
3. 欧洲						
法国	199351	211444	219721	209946	213745	211636
英国	—	—	170346	184663	202256	212798
德国	—	—	106608	97673	142345	149079
瑞士	—	—	28740	28423	29738	32025
意大利	—	—	31337	32143	36427	40291
荷兰	—	—	45862	47413	49120	52967
瑞典	—	—	35735	31493	32466	28750
丹麦	—	—	27970	25649	27029	27414
芬兰	—	—	16204	14660	13831	15043
比利时	—	—	18914	21572	23227	23939
挪威	—	—	19928	21157	22708	21425
俄罗斯	—	—	174287	298126	364873	338843
西班牙	—	—	31305	33183	40716	44932
4. 大洋洲						
澳大利亚	278155	289762	289844	319636	321089	303721
新西兰	—	—	26621	30957	33120	31960
5. 非洲						24155
6. 其他	1275269	1438779	554307	527273	431676	507091

注：标"—"为旅游局缺失数据。

数据来源：越南旅游局，http://www.vietnamtourism.gov.vn/english/.

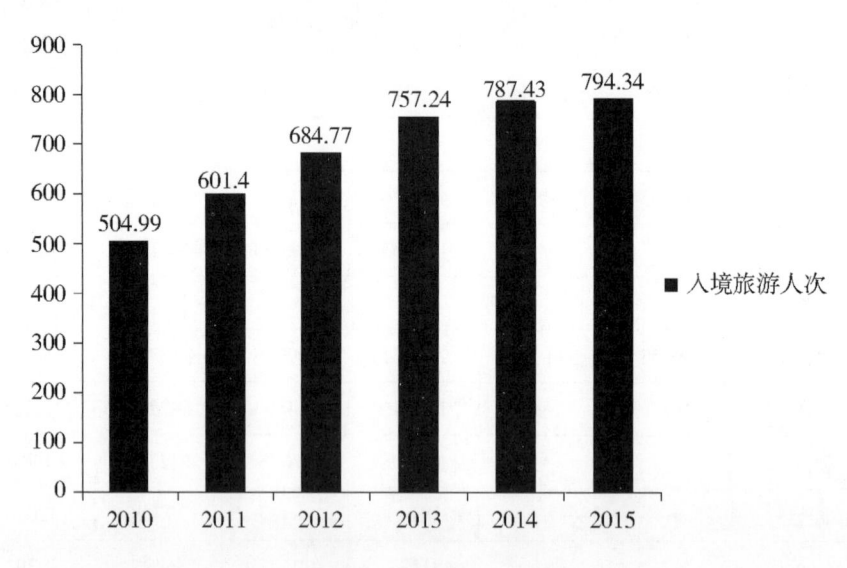

图2.2 2010—2015年越南入境旅游人次变化趋势（单位：万人次）

数据来源：越南旅游局，http://www.vietnamtourism.gov.vn/english/.

由表2.4可得，越南的国际旅游支出逐年缓慢增长，其中国际旅游支出占总进口比例较为稳定，从2006~2015年保持在1.74%左右。国际旅游收入从2006~2008年呈现增长态势，到2009年则减少了880百万美元，而2010~2013年保持稳定的持续增长，形成良好的旅游前景，且从2008年开始国际旅游收入占出口百分比维持在5.4%左右，但在2015年所占比例下降为4.2%。

表2.4 2006—2015越南出入境旅游业发展情况

年份	2006	2007	2008	2009	2010	2011	2012	2013	2014	2015
出境旅游消费（百万美元）	1050	1220	1300	1100	1470	1710	1856	2050	2150	3500
出境旅游消费占总进口的百分比（%）	2.2	1.9	1.6	1.5	1.7	1.6	1.6	1.5	1.4	2.1
入境旅游收入（百万美元）	2850	3750	3930	3050	4450	5710	6850	7530	7330	7350
入境旅游收入占总出口的百分比（%）	6.3	6.9	5.6	4.9	5.6	5.4	5.5	5.3	4.6	4.2

数据来源：世界银行。

近年来,越南出境旅游迅速增长,出境旅游人次已从 2000 年不足 30 万增长到 2014 年的近 400 万。越南旅华人次 2004 年仅 13 万,2014 年已达到 171 万,10 年增长 10 倍,越南已经成为中国增幅最大的客源市场①。但舆情报告显示,"今后 3 年最想去的旅游目的地"中日本居第一位,中国在亚洲国家和地区中排名第五。越南游客在华旅游期间,逗留 1 天的占一半,超过一周的只有约 10%。可见,越南人来华旅游以过境一日游和短途游为主。越南游客来中国旅游的花费以 1000 美元以下最为普遍,约为 60%,平均花费为 900 美元左右,而花费 3000 美元以上的仅占 3%。从越南游客来华旅游目的看,观光游览的最多,超过 80%,其次是购物②。

(四)旅游营销策略

1. 越南的旅游营销策略③

(1) 旅游产品营销策略

为了能够吸引更多游客,各旅游企业需要不断提供多样化的旅游类型,提供有越南特色的旅游产品,根据具体旅游专题制定旅游项目,例如观光旅游、生态旅游、文化旅游、海滨休闲旅游等。对于那些重游越南的游客,必须在一定程度上改变旅游路线,替换一些旅游景点,让游客感到跟之前买过的旅游路线有差别。针对现在中国游客的消费水平不高,且经常选择在黄金周或者周末出游的情况,在基本旅游产品基础上,各旅行社必须设计新旅游产品,旅游项目和产品的设计原则如下:旅游时间不长,大概 3 至 5 天,消费费用最好在最低的阶层;旅游项目可以通过公路或者铁路旅游。

(2) 旅游价格营销策略

针对不同游客市场可以选择不同的定价策略,比如对边境游客采用低价位以达到抢占市场的目的,对其他大多数的中国游客和青睐传统的越南旅游产品的游客应采取市场渗透的价格策略,而对具有中高消费能力的中国游客应采取中高价位的策略。那些以简单观光旅游为主要目的的游客对价格敏感度较高,

---

① http://www.199it.com/archives/377815.html.
② 越南来华旅游舆情调查报 [J]. 中国旅游报,2015-01-09.
③ 杜氏椰. 越南旅游产品对中国游客的市场营销策略研究 [D]. 湖南大学,2012.

尤其是与以商务为旅游目的的游客相比，他们的消费能力较弱，各旅游公司可采取低价政策在新产品推出期或旅游低潮期吸引游客，但同时也要保证服务质量。此外，需建立紧密关系，采用优惠价格策略来维持与新组团社的关系，以及用稳定的价格来与有长期合作关系的伙伴保持良好的往来。

（3）旅游产品分销渠道策略

目前，越南旅游局已批准一些有口岸跟中国接壤的边界省份旅游公司直接接待中国游客，如老街旅游公司、谅山旅游公司等，边境游客通过口岸入境越南可以直接在这些公司购买旅游产品，而中国游客如果想去越南，则需要在中国旅行社办理赴越旅游手续。因此越南政府与旅行社应加强与中国政府与旅行社的联系力度，做好经营活动，给中国旅行社提供活动奖励与优惠政策。此外，还应大力开发其他组织分销渠道特别是组织会议、会展，设置奖励等。

（4）旅游产品促销策略

越南政府、企业、社会团体等可举办国际性或其他有影响力的大型活动，比如中越边境旅游节、中越边贸旅游交易会、昆明国际旅游节等。同时，加强与中国边境旅游业界的友好交流，如邀请广西旅行社、云南旅行社来越考察、学习、踏线，并在中国选几家大型旅行社推介越南旅游产品或组织越南旅行社和有关社团到中国开展直接的旅游宣传促销活动，举办各种形式的旅游推介会，开展广告宣传促销活动。

2. 中国对越南的旅游营销策略

（1）短长途相结合　扩大来华规模

由于越南与我国广西、云南毗邻，越南旅华市场主要集中于广西、云南及周边地区。舆情报告显示，越南来华旅游以过境一日游和短途旅游为主，而最感兴趣的是万里长城旅游带等长距离的旅游目的地，这说明越南来华短、长途旅游都有很大的市场潜力[①]。距离是影响游客出游的重要因素之一，因此交通体系的完善是非常有必要的，值得引起旅游部门及当地旅游企业更多的重视。

---

① 厉新建，宋昌耀．推动越南旅华市场持续发展［N］．中国旅游报，2015－02－09．

(2) 重视旅游消费　吸引更多游客

近年来，越南来华旅游花费占全部出境旅游花费38%左右，来华人均消费高于越南出境旅游平均花费，中国作为旅游目的地对越南游客具有较强的吸引力[①]。虽然越南游客对来华旅游兴趣较高，但旅游费用高仍是较大的阻碍因素。要开拓越南旅华远程市场、延长停留时间，应把重点放在让越南游客来华旅游感到物有所值，开发更多符合越南游客消费水准的旅游产品。

(3) 简化签证流程　便利通行往来

对越南旅游市场的开发是中国发展边境旅游的重要支点，市场期待有关越南旅华便利性政策的出台，如中越双方协商取消"从哪个口岸出境就从原来口岸入境"的限制，使游客多看景点、节省费用等，可以考虑同越南在东盟框架下商讨签署团体旅游互免签证协议，以及对越南游客赴中国一程多站旅游提供签证便利等。

(4) 结合互联网　加大宣传力度

据越南互联网信息中心的数据显示，网民数量从2003年的310万增长到了2012年10月的3120万人，且在2013年互联网普及率达到了35.6%。互联网在越南的信息传播中起着越来越重要的作用[②]。中国政府和企业在越南的旅游广告投入可考虑其门户网站，加强互联网+旅游宣传平台建设，搭建政府、旅游企业与"一带一路"经济合作平台，使潜在的越南游客通过网络了解我国的旅游信息，激发其旅游需求。

二、中国至老挝旅游线路及营销策略

(一) 国家概况

老挝，全名老挝人民民主共和国。它是中南半岛上的一个内陆国家。万象是老挝的首都。据2003年统计，老挝人口总数大约为677.6万，共有49个民族，主要民族有老龙族、老听族、老松族，语言上分属老泰语族系、孟-高棉语族系、苗-瑶语族系、汉-藏语族系。当地居民多信奉佛教。华侨华人约3

---

① 厉新建，宋昌耀. 推动越南旅华市场持续发展 [N]. 中国旅游报，2015-02-09.
② 厉新建，宋昌耀. 推动越南旅华市场持续发展 [N]. 中国旅游报，2015-02-09.

万多人①。

老挝国土总面积为23.68万平方公里。它北面与中国相邻，南面与柬埔寨接壤、东面与越南连接，西面与缅甸接壤，西南面毗连泰国。② 老挝属于热带、亚热带季风气候，每年的5月至10月为雨季，11月至次年4月为旱季，年平均气温约26℃。老挝的降雨量较为充沛，年降水量最少为1250毫米，最大降水量可达到3750毫米，年平均降水量约为2000毫米。③

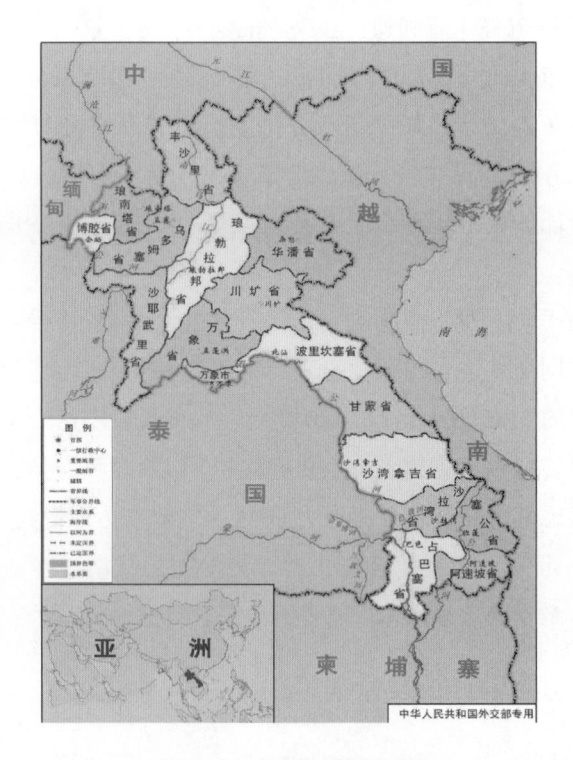

图2.3 老挝的地理位置

资料来源：http://map.ps123.net/world/4656.html.

（二）经济概况

老挝的经济发展落后，是世界上最不发达的国家之一，是一个农业国家。

---

① 老挝. 中国外交部.
② 越南简介. 东盟网.
③ 老挝. 中国外交部.

老挝工业基础比较薄弱，其中较为成熟的工业部门是以生产锯木、碾米为主的轻工业和以生产锡为主的采矿业。为了促进经济增长，1986年，老挝推行对外开放政策，调整自身的经济结构，决定不再单单发展和重视农业，而是要坚持农业、工业和服务业相协调的发展原则。政府必须重视工业与服务业在其经济发展过程中的作用。近年来，老挝的经济发展相对较快。在2006～2015年期间，GDP由3452.9百万美元增加到12369.0百万美元，同期人均GDP由591.4美元增加到1818.5美元，二者都保持着逐渐上升的趋势。另外，老挝GDP的年增长率较大，波动幅度相对较小，在2006年年增长率为最大是8.6%，在2015年达到最小为7.4%。（见表2.5）

表2.5 老挝2006—2015年期间GDP、人均GDP以及GDP年增长率的变化趋势

年份	GDP（百万美元）	人均GDP（美元）	GDP年增长率（%）
2006	3452.9	591.4	8.6
2007	4223.0	711.0	7.6
2008	5443.9	900.5	7.8
2009	5832.9	948.0	7.5
2010	7181.4	1147.1	8.5
2011	8283.2	1301.0	8.0
2012	9359.2	1445.9	8.0
2013	11192.5	1701.0	8.5
2014	11997.1	1793.5	7.5
2015	12369.0	1818.5	7.4

数据来源：世界银行。

(三) 旅游业概况

1. 整体旅游业的发展状况

21世纪以来，旅游业快速发展，在全球经济发展中逐渐突显。重要的客源地和旅游目的地已经逐渐转移，由一些欧洲、美洲等传统的旅游大国转移到

刚刚兴起的亚太国家，特别是随着东盟自由贸易区的建立和发展，各国对旅游业的重视，以及在旅游业务方面合作机会的增加，使得亚洲国家旅游业快速发展。老挝，是一个旅游资源较为富厚的东南亚国家。虽然它的旅游业兴起的时间比较晚，但发展速度相对较快并取得了很大的成就，也在全球打响了老挝的知名度，特别是在1991年以后，老挝颁布了旅游法规，使得整个旅游市场秩序相对规整，也可以看出政府十分重视旅游业的发展状况。这不仅是因为旅游业及其相关产业所带来的收入是老挝外汇收入的主要来源之一，而且还因为发展旅游业需要大量的服务人员，这就为当地居民带来了工作的机会，缓解老挝的贫穷状况。

2. 出入境旅游的发展状况

近几年，老挝的入境游客逐渐增多，接待的海外游客大多数来自于距离相对较近的亚洲国家，其次是欧洲和美洲等一些远程国家。亚洲的入境游客主要来自泰国、越南、中国和日本等，欧洲的入境游客主要来自英国、法国和德国等，美洲的入境游客主要来自加拿大和美国等。他们来老挝旅游的主要目的是观光度假。大多数游客选择飞机这种交通方式。由表2.6可知：在2006～2015年期间，其入境旅游人次由84万人次快速增长到354万人次，老挝的国际旅游收入由2006年的160百万美元增长到2015年的680百万美元，二者整体上都保持上升的趋势（2009年除外）。这主要是受2008年金融风暴的影响，东南亚国家的经济下滑相对较为严重，游客来老挝旅游受到限制，而老挝的主要客源国都集中在东南亚国家，所以使得其整体上入境旅游人次和国际旅游收入都有所下降。

老挝的出境旅游相对不发达，其主要出境目的地也大多数集中在东南亚的国家，例如泰国、日本、中国和新加坡等。2006～2015年期间，老挝出境旅游消费由15百万美元增长到528百万美元，增长幅度很大。特别是在2009～2010年期间，由91百万美元增长到215百万美元，增长率为136%。

老挝的入境旅游比出境旅游更为发达，2006～2015年期间，一直表现为旅游服务贸易顺差，顺差额也相对较大，由145百万美元波动变化到152百万美元，在2008年，达到最大值为229百万美元。因此，老挝在以后的旅游业发展过程中，一定要重视出境旅游的发展，采取一定的政策刺激国人外出旅游。

表 2.6　2006—2015 年老挝出入境旅游业发展情况

年份	入境旅游人次（万人次）	入境旅游收入（百万美元）	出境旅游消费（百万美元）	旅游服务贸易顺差额（百万美元）
2006	84	160	15	145
2007	114	190	14	176
2008	130	280	51	229
2009	124	271	91	180
2010	167	385	215	170
2011	179	413	248	165
2012	214	461	241	220
2013	251	613	401	212
2014	316	642	416	226
2015	354	680	528	152

数据来源：世界银行。

（四）旅游营销政策

1. 老挝的旅游营销政策

（1）政府的支持

随着旅游业在世界经济发展中的作用不断突显，老挝政府逐渐意识到要大力支持旅游业的发展。主要体现在两个方面：一是完善基础设施的建设。首先，老挝的基础设施相对落后，例如酒店的数目较少，交通不便利等。发展旅游业必须要解决这些问题，政府应加大对旅游基础设施的投资建设。二是培养训练有素的服务人员。为了发展旅游业，老挝政府非常重视景区的服务质量。老挝对旅游从业人员进行了专业的培训，并且还与一些西方旅游大国签订了有关旅游人才培训的交流协议，希望他们可以帮助老挝培训具有专项技能的旅游人才。老挝派遣留学生到旅游发达国家学习，学习外国先进的管理经验。完善的旅游设施以及专业的旅游人才为老挝接待游客提供了高质量的服务，促进了旅游业的繁荣发展。

（2）加强与其他国家的旅游合作

老挝具有丰富的旅游资源，但是其经济相对落后，在发展旅游业的过程中，没有足够的资金支持去开发这些旅游资源，让他们真正地成为旅游产品。因此老挝非常欢迎其他国家来进行旅游投资。如与其他国家合作投资修建万象万岱国际机场、琅勃拉邦国际机场，建立牛角山高尔夫球场以及牛角山旅游度假村等。这不仅增加了老挝的可进入性，而且也增加老挝旅游景区的数量。另外，老挝还与其相邻的东南亚国家如越南、中国、泰国、柬埔寨以及马来西亚等签订旅游方面的互助协议。老挝重视与其他国家的旅游合作，通过与其他国家共同开发国际性的旅游路线，增加了其在旅游大国中的吸引力。

2. 中国对老挝的旅游营销政策

（1）区域合作

中国云南与老挝相邻，它已经成为了中国内陆与老挝相联系的重要枢纽。随着老挝经济不断取得新成就以及云南旅游吸引力的逐渐增强，越来越多的老挝人选择来云南度假。自中国与老挝建交以来，中国在老挝投资了许多相关交通项目，为两国的往来奠定了交通便利的基础。云南与老挝也签订了许多有关旅游业务的合作协议。2011年，昆明与老挝签署了《旅游合作意向书》，详细规划了双方旅游产业方面的合作，涉及到旅游的各个方面例如旅游投诉、旅游数据以及旅游交通等。

三、中国至缅甸旅游线路及营销策略

（一）国家概况

缅甸联邦共和国，简称缅甸，是东南亚国家联盟成员国之一。西南临安达曼海，西北与印度和孟加拉国为邻，东北靠中国，东南接泰国与老挝。首都为内比都。它位于亚洲东南部、中南半岛西部，其北部和东北部同中国西藏自治区和云南省接界。缅甸是一个以农业为主的国家，森林资源丰富，是世界上柚木产量最大的国家。柚木质地坚韧、耐腐蚀，是人类用钢铁造船以前世界上最好的造船材料。全球95%的翡翠、树化玉产自缅甸，在世界上享有盛誉①。它大部地区属热带季风气候，年平均气温27℃。曼德勒地区极端最高气温逾40℃。1月为全年气温最低月份。平均气温在20℃以上；4月是最热月，平均气温30℃左右。降雨量因地而异，内陆干燥区500～1000毫米，山地和沿海多雨区3000～5000毫米。

图2.4　缅甸地图

资料来源：http：//baike.haosou.com/doc/4720094-4934712.html.

---

① http：//baike.haosou.com/doc/4720094-4934712.html.

(二) 经济概况

缅甸是一个发展中国家,是中低等收入水平国家,从表2.7和表2.8可见,2009～2015年期间,缅甸的GDP基本呈逐年上升的状态,由369.06亿美元增长到626.01亿美元,但这期间,由于美国等西方国家的长期制裁,以及本身经济结构的封闭性和脆弱性,缅甸经济仍然未走出困境,年均GDP增长率波动较大,由2009年的10.55%快速下降到2011年的5.9%,之后又增长到2015年的7.30%。根据国际货币基金组织数据可得,缅甸2013～2014年平均消费价格指数(CPI)为5.8%,GDP总额为564亿美元。截至2013年底,缅甸外债余额96亿美元,央行外汇余额11.3亿美元,黄金储备7吨[①]。

表2.7 缅甸2009—2015年GDP的变化趋势

单位:亿美元	2009	2010	2011	2012	2013	2014	2015
GDP	369.06	495.41	599.77	597.31	601.33	655.75	626.01

数据来源:世界银行。

表2.8 2009—2015年缅甸和东亚与太平洋地区的GDP年增长率

GDP年增长率(%)	2009	2010	2011	2012	2013	2014	2015
缅甸	10.55	9.63	5.9	7.33	8.43	7.99	7.30
东亚与太平洋地区	8.3	7.4	7.1	6.9	6.7	6.7	6.6

数据来源:世界银行。

(三) 旅游业概况

1. 整体旅游业的发展状况

在缅甸,政府大力发展旅游业,积极吸引外资,建设旅游设施。自2012年以来,缅甸的旅游业发展迅猛。根据缅甸酒店和旅游部统计数据可得,其中

---

① http://www.gxtj.gov.cn:9000/pub/tjjmh/ztlm/zgdmtjlt/gjjs/201509/t20150911_56234.html.(2015年中国—东盟统计论坛)

客源国排名前五的分别是泰国、中国、日本、韩国和马来西亚①。2012年来缅游客达到近106万人，相较于2011年的81万，增幅为29.72%。此外，据缅甸旅游主管部门统计，2013年旅游人数达到204万，2014年旅游人数超过300万，并预计2015年旅游人数将达400万～500万②。

2. 出入境旅游的发展状况

由表2.9可得，近十年，缅甸的国际入境游客逐年增长，且在2011～2015年增长速度越来越快，到2015年已达到468.1万人次，呈现出非常好的旅游趋势。此外，2015年旅游外汇收入达2266百万美元，同比2014年的1613百万美元增加了653百万美元，增幅为40.5%，创历史新高。另据缅甸宾馆与旅游部的数据，这些收入中政府的占比仅为1/4。③

表2.9 2006—2015年缅甸出入境旅游人次变化趋势

年份	2006	2007	2008	2009	2010	2011	2012	2013	2014	2015
入境旅游人次（万人次）	63.00	71.60	73.10	76.30	79.20	81.60	105.90	204.40	308.1	468.1

数据来源：世界银行。

从缅甸的国际旅游收支情况来看，由表2.10可得，2006年到2010年缅甸的出境旅游消费较为稳定，保持在45百万美元左右，在2011年到2015年期间则呈现出不稳定的态势，2011年到2012年出境旅游消费有较大的增长，但到2013年却呈现出下降的趋势。由此可得，缅甸的出境游客消费仍处于不稳定状态。此外，入境旅游收入基本逐年增长，尤其是近几年，从2010年的91百万美元增长到2015年的2266百万美元，6年翻了24.9倍；而从2006年到2010年，入境旅游收入占总出口的百分比保持在1.30%左右，但从2011年开始，入境旅游收入占总出口收入的比例便开始迅速增长，在2015年达到16.4%，预测在未来几年将继续增长。

---

① http：//www.gxtj.gov.cn：9000/pub/tjjmh/ztlm/zgdmtjlt/gjjs/201509/t20150911_56234.html.
② http：//zgsc.china.com.cn/cyzn/jtly/2015-10-16/414044.html.
③ http：//www.chinadaily.com.cn/hqcj/xfly/2015-01-07/content_12995437.html.

从表2.10可得，2006至2008年期间，缅甸的出境旅游客运消费有下降的趋势，但是在2011年到2012年呈现出增长的态势，且增幅较大。缅甸交通部数据显示，截至2012年11月，内河航道约9219英里，而目前仅有缅甸五行轮船公司经营远洋运输。缅甸国际旅游客运支出的增长与近年来缅甸政府重视完善交通基础设施有关，多样化的交通为缅甸人民出境提供了较大的方便。但是，从2006年到2013年，缅甸的旅游客运收入呈现出不稳定状态，尤其是在2013年出现了下降态势。由此可见，虽然缅甸政府的交通设施在不断地完善，为游客提供了更多的选择和便利，但是其宣传力度不够，很多入境游客仍不能较好地使用。

表2.10 2006—2015年缅甸出入境旅游业发展情况

年份	出境旅游消费（百万美元）	出境旅游消费占总进口的百分比（%）	出境旅游客运项目消费（百万美元）	入境旅游收入（百万美元）	入境旅游收入占总出口的百分比（%）	入境旅游客运项目收入（百万美元）
2006	40	1.5	3	59	1.3	13
2007	39	1.2	3	97	1.7	12
2008	49.7	1.4	0.7	80	1.3	12
2009	52	1.3	/	75	1.2	19
2010	53	1.1	/	91	1.2	19
2011	132	1.5	9	334	3.9	9
2012	265	2.9	8	550	5.8	11
2013	131	1.2	16	934	8.3	5
2014	137	0.97	/	1613	12.25	/
2015	44	0.89	/	2266	16.40	/

数据来源：世界银行。

（四）旅游营销策略

1. 缅甸的旅游营销策略

（1）旅游交往政策支持

1998年1月31日至2月3日，唐家璇副外长访问缅甸并签署《中缅两国政府互免外交、公务护照签证协定》，为两国旅游交往奠定了良好的基础。在

2004年7月12日缅甸总理钦纽上将访华期间，为更进一步推进两国的友好往来签订了《关于信息通讯领域合作的谅解备忘录》①。

（2）新增两机场发放落地签证

中缅两国旅游交往密集，经过落地签证制度一度中止后，2015年6月1日，缅甸重新开始在仰光国际机场实行落地签证，此次落地签证政策将给包括东盟其他9国，以及美国、英国、日本、中国、印度、韩国等国在内的26个国家和地区的商务人员和游客发放。目前，缅甸的落地签证分为三类：缴纳50美元可在缅停留70天的商务签证、缴纳40美元可停留28天的旅游签证以及缴纳20美元可停留24小时的过境签证。

（3）优化信息服务

为了给广大游客提供更好的旅游信息化服务，以及提升游客的旅游体验，缅甸邮政与电信部制定了开放电信网络的改革计划，为广大民众提供便利，同时也让游客享有符合国际水准和价格低廉的电信服务。

2. 中国对缅甸的旅游营销策略

（1）中缅相关折叠双边协定

缅甸是中国的邻国，交往密切。2000年6月5日至12日，缅甸国家和平与发展委员会副主席貌埃上将应中国国家副主席胡锦涛的邀请前来访华，期间，双方签署《中缅关于未来双边关系合作框架文件的联合声明》，建立友好交往基础。同年7月16日至18日，中国国家副主席胡锦涛访问缅甸，同时签署了《中缅旅游合作协定》②，进一步推进两国旅游合作。此外，2004年3月24日，在中国国务院副总理吴仪访缅期间，中缅签订了《中缅两国政府关于促进贸易、投资和经济合作的谅解备忘录》，中国贸促会与缅甸工商总会也签订了合作备忘录。

2015年12月16日，云南省旅游发展委员会和德宏州政府联合主办的中缅边境旅游交流与合作研讨会在瑞丽举行，双方签订了中缅边境旅游合作协议。云南省旅发委主任段跃庆在研讨会上说，"2000年12月2日，中国政府批准

---

① http：//baike.haosou.com/doc/4720094－4934712.html.
② http：//baike.haosou.com/doc/4720094－4934712.html.

将缅甸列为中国公民自费出国旅游目的地国家。"通过多年努力，目前中缅已恢复开辟了8条边境旅游线路，开通了中国至缅甸仰光、内比都、曼德勒等城市的直飞航班，中国已成为缅甸第二大客源国。此外，云南省旅发委主任段跃庆提出中缅旅游合作五点建议：建议共同打造快捷便利的通关环境，提高游客、车辆出入境便利化和车辆在旅游线路上的安全保障；建议共同开展旅游服务标准化合作，对旅游宾馆酒店按照国际惯例和标准进行考评管理，对旅游从业人员进行全方位的教育培训，从而提高游客满意度；建议加大双方边境旅游产品开发，共同推动旅游目的地营销，着力推动腾冲猴桥口岸—缅甸密支那—缅甸曼德勒—瑞丽口岸等中缅边境旅游环线产品建设；建议加大旅游基础设施建设，共同推动跨国旅游规划的实施，增强边境旅游吸引力；建议建立完善旅游友好合作交流会晤机制，共同完善双方旅游合作机制。

德宏州副州长杨世庄则建议，发挥瑞丽、木姐的地缘优势组织自行车赛、国际马拉松赛和办好中缅胞波狂欢节等；建立政府、协会等机构的友好交流机制，定期沟通协商，解决问题；开通长线游和深度游线路；加强规范化管理和口岸设施建设等[1]。

3. 中缅旅游区域合作

2009～2013年，广西与缅甸货物贸易持续快速增长。2009年贸易额仅有2320万美元，2013年贸易额达到3655万美元，其中出口3616万美元，进口39万美元（见表2.11）。

在大湄公河次区域合作中，广西是中方参与的重要省区之一，具有举足轻重的作用。在深化GMS合作中，广西与缅甸共同推动了区域内互联互通建设、运输便利化等重要领域合作的深入。2011年12月17至22日，广西壮族自治区政府主席马飚作为中国政府代表团成员随国务委员戴秉国出席了大湄公河次区域经济合作第四次领导人会议，并率广西政府代表团对缅甸进行了友好访问，进一步扩大了广西GMS合作的参与度和影响力，深化了双方在各领域的合作。此外，在2012年中国—东盟博览会上，中缅两国在开展商务合作、共

---

[1] http://yn.yunnan.cn/html/2015-12/20/content_4075478.htm.

同办好中小企业博览会等方面达成重要共识,会议取得了丰硕的成果①。自中国—东盟博览会举办以来,2008年10月缅甸现任总统(时任总理)吴登盛率团参加第五届中国—东盟博览会,前总理梭温、现任副总统吴丁昂敏乌等缅甸领导人多次率团参加博览会。历年博览会的成功举办以及自贸区全面建成,有力促进了缅甸参与本地区贸易,尤其是在2012年缅甸作为主题国参加②。

表2.11 2009—2013年广西与缅甸贸易情况

(单位:万美元)	进出口额	出口额	进口额	上年同期对比 ±%		
				进出口	出口	进口
2009年	2320	2318	2	146.1	148.5	-76.9
2010年	1890	1855	35	-18.5	-20.0	1386.3
2011年	5619	1730	890	197.1	155.0	2349.4
2012年	6267	6233	35	11.5	31.8	-96.1
2013年	3655	3616	39	-41.7	-42.0	12.1

数据来源:中国—东盟统计论坛,http://www.gxtj.gov.cn:9000/pub/tjjmh/ztlm/zgd-mtjlt/gjjs/201509/t20150911_56234.html.

四、中国至柬埔寨旅游线路及营销策略

(一) 国家概况

柬埔寨,全名柬埔寨王国(Kingdom of Cambodia),是个历史悠久的文明古国,早在公元1世纪建立了统一的王国。截止到2012年,柬埔寨共计1480万人口,大约有20多个民族,其中高棉族是它的主要民族,占总人口的80%,还有占族、斯丁族、老族、泰族和普农族等少数民族。柬埔寨大约有70万的华人华侨。③

柬埔寨位于中南半岛西南部,总面积为181035平方公里,农业用地的占地面积约为总面积的20%。全国最南端至西边区域地处热带,北方以扁担山

---

① https://baike.baidu.com/item/%E6%9F%AC%E5%9F%94%E5%AF%A8/210375?fr=aladdin
② https://baike.baidu.com/item/%E6%9F%AC%E5%9F%94%E5%AF%A8/210375?fr=aladdin
③ 柬埔寨. 中国外交部.

脉与泰国柯叻交界，东边的腊塔纳基里台地和 Chhlong 高地与越南中央高地相邻。西边是狭窄的海岸平原。① 柬埔寨是热带季风气候，气温相对较高，年平均气温大概在 29～30℃ 的范围之内，柬埔寨的雨季分布在每年的 5 月至 10 月，旱季分布在 11 月至次年 4 月，全年最大降雨量为 5400 毫米，最小降雨量 1000 毫米，差异较大。②

图 2.5　柬埔寨的地理位置

资料来源：http://asean.zwbk.org/news/10465.html.

（二）经济概况

柬埔寨是一个传统的农业国家，也是世界上经济最不发达的国家之一。柬埔寨施行经济自由开放的政策，把发展经济和解决贫困问题作为国家发展的要务。农业是柬埔寨的主要产业，当地有 80% 的人从事农业生产，主要农作物

---

① 柬埔寨. 中国外交部.
② 柬埔寨. 新华网.

有水稻和天然橡胶等等。农作物的生产量不仅可以满足国内的需求，而且还可以出口到其他国家。工业被视为推动柬埔寨国内经济发展的支柱之一。柬埔寨政府虽然很重视工业的发展，但是其工业基础较为薄弱，其中制衣业是柬埔寨主要的工业产业，每年都会有大量的服装出口，一般是出口到韩国、美国、中国、加拿大、日本、欧盟和中国等地。由表 2.12 可知，2006～2015 年期间，柬埔寨的 GDP 和人均 GDP 分别由 7274.6 百万美元和 537.8 美元增加到 18050.0 百万美元和 1158.69 美元，都保持着持续上升的趋势（2009 年除外）。同期，其 GDP 年增长率基本维持在 7% 左右，只有在 2009 年，GDP 年增长率为 0.1%，相对较小，原因是受 2008 年金融风暴的影响。

表 2.12　2006—2015 年柬埔寨 GDP、人均 GDP 和 GDP 年增长率的变化趋势

年份	GDP（百万美元）	人均 GDP（美元）	GDP 年增长率（%）
2006	7274.6	537.8	10.8
2007	8639.2	629.3	10.2
2008	10351.9	742.9	6.7
2009	10401.9	735.4	0.1
2010	11242.3	782.7	6.0
2011	12829.5	879.2	7.1
2012	14038.4	946.5	7.3
2013	15449.6	1024.6	7.5
2014	16777.8	1094.6	7.1
2015	18050.0	1158.69	7.04

数据来源：世界银行。

（三）旅游业概况

1. 整体旅游业的发展状况

长期以来，柬埔寨国内动荡不安，国际局势紧张，导致其旅游业发展受阻。它的旅游业是近十年以来才蓬勃发展起来的。柬埔寨的旅游资源相对较为丰富。柬埔寨有着悠久的历史、迷人的海滩风情和多姿多彩的风土人情，更有着被誉为"东方古代四大奇迹"之一的吴哥寺。随着柬埔寨战争的结束以及

对外开放经济政策的施行，其旅游业才有了发展的契机。柬埔寨目前已开发的旅游项目主要有自然风光区、休闲度假区和历史文化景点等，著名旅游景区有金边王宫、吴哥古迹、湄公河生态旅游区、女王宫、洞里萨湖、万谷湖和柬埔寨东北生态旅游区等。因为旅游业具有产业波及性和关联性，所以旅游业的蓬勃发展带动了与其相关联产业的发展，如旅游餐饮业、交通业以及娱乐业等，据统计，2009年，柬埔寨的服务业总产值对其GDP的贡献率高达38%，远远高于柬埔寨的工业总产值。受到自身经济不景气的限制，其旅游业主要以入境旅游为主，国内游的发展速度较慢。

2. 出入境旅游的发展状况

伴随着政府的支持，柬埔寨的入境旅游迎来了春天。从表2.13可以看出，在2006~2015年期间，柬埔寨接待的海外游客由170万人次增加到501.2万人次，同期，国际旅游收入由1109百万美元增加到3441百万美元，两者都保持着稳步上升的发展趋势。在2012年，柬埔寨的国际旅游人次为358.4万人次，排在前五的入境旅游客源国分别是越南（76.3万人次）、韩国（41.1万人次）、中国（33.4万人次）、老挝（25.4万人次）和泰国（20.1万人次），中国排在第三位。可以看出其入境旅游市场基本集中在亚洲，因此，以后柬埔寨入境旅游的发展，一定要积极拓展欧洲和美洲市场，针对他们的旅游需求，开发旅游产品。另外，也可以看出其入境旅游较为发达，即使在2008与2009年的金融风暴时期，入境旅游也没受到很大的影响。

表2.13 2006—2015年柬出入境旅游业发展情况

年份	入境旅游人次（万人次）	出境旅游人次（万人次）	国际旅游收入（百万美元）	国际旅游消费（百万美元）	旅游服务贸易顺差额（百万美元）
2006	170.0	78.7	1109	176	933
2007	201.5	99.6	1169	194	975
2008	212.5	78.6	1280	180	1100
2009	216.2	34.0	1463	163	1300
2010	250.8	50.5	1671	269	1402
2011	288.2	71.0	2258	344	1914
2012	358.4	79.2	2663	406	2257

（续上表）

年份	入境旅游人次（万人次）	出境旅游人次（万人次）	国际旅游收入（百万美元）	国际旅游消费（百万美元）	旅游服务贸易顺差额（百万美元）
2013	421.0	87.2	2895	469	2426
2014	450.3	95.6	3220	527	2693
2015	501.2	143.4	3441	621	2820

数据来源：世界银行。

柬埔寨的出境旅游不发达，2006～2015年期间，出境旅游人次由78.7万人次缓慢增加到143.4万人次，同期，国际旅游消费由176百万美元增长到621百万美元，两者的增长幅度都相对较小（见表2.13）。不仅出境旅游人次远远小于入境旅游人次，而且国际旅游消费也远远小于其国际旅游收入。其旅游服务贸易表现为旅游服务贸易顺差，顺差额由2006年的933百万美元增长到2015年的2820百万美元。在2008年和2009年，出境旅游人次和国际旅游消费都出现了严重下滑的现象，后来随着其经济的恢复，出境旅游又发展了起来。柬埔寨的出境旅游目的地也集中在亚洲，例如泰国、老挝、中国和新加坡等。

（四）旅游营销策略

1. 柬埔寨的旅游营销策略

（1）政策的支持

在2000年初，柬埔寨政府鼓励施行"开放天空"政策，即希望发达国家的航空公司可以开通直飞金边和暹粒的国际航线，主要目的是方便海外游客来吴哥窟古迹和首都金边旅游。与此同时，柬埔寨政府还把水路和陆路交通都向外开放，使得海外游客有多种交通方式进入柬埔寨，游客们可以根据自身的喜好来选择交通工具。另外，柬埔寨还简化了来柬签证手续，这些政策的实施都有利于吸引海外游客特别是周边国家游客来柬埔寨游玩。

（2）设立旅游办事处

为了让全球更加了解柬埔寨旅游景点和旅游项目，柬埔寨政府在新加坡、法国、中国香港、马来西亚和泰国等亚洲和欧洲国家和地区设立旅游办事处。

旅游办事处致力于向所在地的居民宣传和推广柬的旅游资源，并组织一些旅游促销活动，促使他们来柬旅游。旅游办事处还会与当地的旅行社合作，共同规划与所在地的旅游合作项目，开发旅游产品。

（3）民俗旅游的推广

目前，柬埔寨正在推行民俗旅游产品，建立了一个民俗文化村。它地处暹粒市6号国道旁，距离吴哥寺这个著名的景点只有5公里，政府投资大约3000万美元，在2004年正式建成。民俗文化村内有着各种形式新颖的体验活动，这些活动都充分体现了高棉浓厚的风土人情气息。村内还有民间游戏表演、蜡像馆、民间杂技、历史文化博物馆、高棉古老婚礼表演以及民族舞蹈演示等。如果游客对村内的活动感兴趣，都可以去体验，而不是简简单单地观看。游客通过体验，对这项旅游活动印象深刻，有益于增加该景点的重游率。另外，民俗文化村的建立，也有利于柬埔寨对自身文化的保护和传承。

2. 中国对柬埔寨的旅游营销

（1）签署合作协议

近年来，中柬双方开展了众多交流活动，使得双方的关系越来越友好以及密切。两国先后签订了有关文化、工业、交通、旅游以及农产品等方面的合作文件。协议的签署，不仅有利于两国的经济发展与相互学习，而且促进了两国人民的相互了解。随着柬埔寨人民生活水平的提高，出境旅游的人数也越来越多。游客会首先选择与自己国家友好相处并且邻近的国家，中国这个旅游目的地正好符合要求。另外，中国与柬埔寨签订多项旅游合作协议，针对来自柬埔寨的游客提供一些优惠政策，更加增强了中国的旅游吸引力。

第二节　中国至新加坡、马来西亚、泰国旅游线路及营销策略

一、中国至新加坡旅游线路及营销策略

（一）国家概况

新加坡，旧称新嘉坡、星洲或星岛，别称狮城，是东南亚的一个岛国，政

治体制实行议会共和制。新加坡北隔柔佛海峡与马来西亚为邻，南隔新加坡海峡与印度尼西亚相望，毗邻马六甲海峡南口，国土除新加坡岛之外，还包括周围数岛。该国被誉为"亚洲四小龙"之一，其经济模式被称为"国家资本主义"。据2014年的全球金融中心指数（GFCI）排名报告，新加坡是继纽约、伦敦、香港之后的第四大国际金融中心，也是亚洲重要的服务和航运中心之一[①]。新加坡地处热带，长年受赤道低压带控制，为赤道多雨气候，气温年温差和日温差小，平均温度在23～34℃之间，年均降雨量在2400毫米左右，湿度介于65%～90%之间。11月至次年3月左右为雨季。

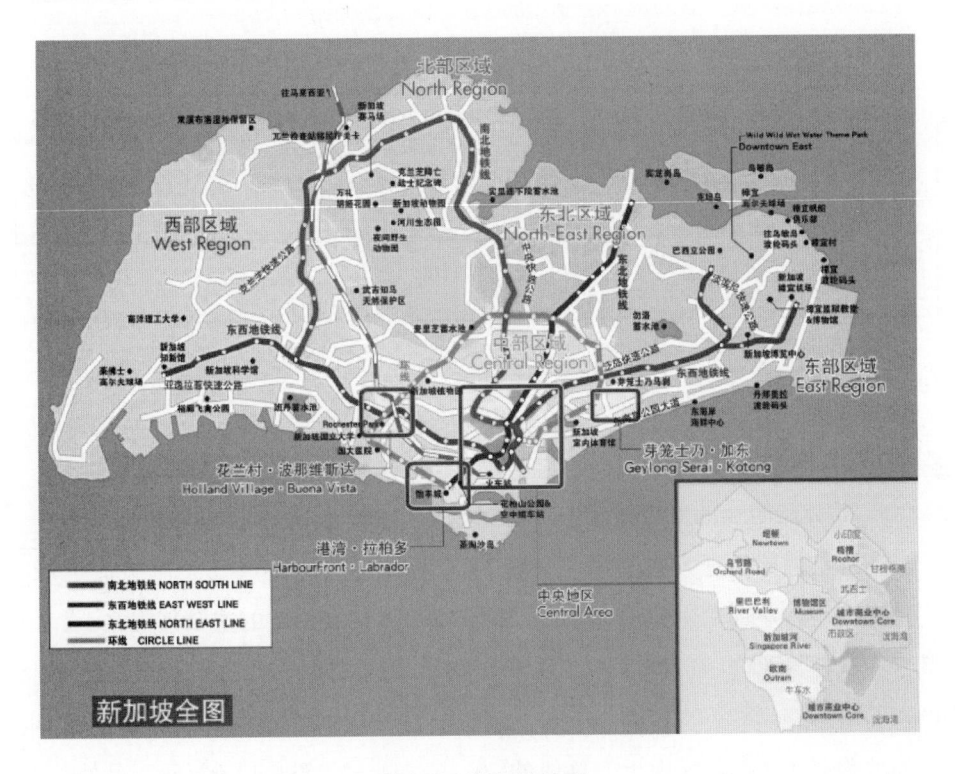

图2.6 新加坡地图

资料来源：http://image.haosou.com/i? src=360pic_normal&q=新加坡地图.

---

① http://baike.baidu.com/link?url=zyYGwZM5agNzWm3xrtc6hPi5iRytLqyUqquhkkvw9kWN1meNrzCp0ifkih0SBCuKrOLIqXT8BqaGp_BlBg70r.

(二) 经济概况

由表 2.14 可得，新加坡的 GDP 从 2008～2015 年持续增长，但是在 2008 年年增长率为负。由于 2008 年新加坡受国际金融危机影响，各方面都受到牵连，尤其是旅游等多个产业遭到冲击。2011 年受欧债危机负面影响，经济增长放缓，经济年增长率仅 12.45%。据了解，2012 年全年新加坡经济增速仅为 1.2%，全年通胀率达 4.6%。这是继 2009 年全球金融危机导致新加坡经济萎缩后，三年来最低的经济增长率①。据新加坡国际企业发展局统计，2012 年新加坡货物进出口额为 7885.6 亿美元，比 2011 年增长 1.7%。

表 2.14　2006—2015 新加坡的 GDP 和 GDP 年增长率的变化趋势

年份	2006	2007	2008	2009	2010	2011	2012	2013	2014	2015
GDP（亿美元）	1391.3	1684.3	1667.9	1759.4	2131.6	2397.0	2747.0	2979.4	3078.7	2927.4
GDP 年增长率（%）	12.64	21.07	-0.97	5.48	21.16	12.45	14.60	8.46	3.33	2.00

数据来源：新浪财经，http://finance.sina.com.cn/worldmac/indicator_NY.GDP.MKTP.CD.shtml.

(三) 旅游业概况

1. 整体旅游业的发展状况

新加坡的旅游业发展较早，1964 年，新加坡政府就成立了旅游促进局，它是亚洲旅游业最发达的国家之一。旅游业是新加坡外汇的主要来源之一，是其三大支柱行业之一。据新加坡旅游局统计数据显示，2013 年新加坡旅游业约占 GDP 总额 4%，支撑着 16 万个工作岗位，旅游形势较好。此外，2014 年新加坡服务业产值占国内生产总值的 70.4%，高达 2534.4 亿新元。另外，据新加坡联合早报网 2014 年 1 月 24 日报道，过去两年来，新加坡人越来越喜欢到较近的城市旅游②。新加坡地理位置优越、环境优美、基础设施完善以及高

---

① http://www.chinareform.org.cn/open/trade/201312/t20131204_182162.htm.
② http://www.china.com.cn/travel/txt/2014-01/25/content_31302248.htm.

品质的服务是其旅游业成功发展的重要原因。

2. 出入境旅游的发展状况

新加坡的入境游客逐年缓慢增长,由表2.15可得,主要集中在亚洲,其次是欧洲。从2010～2013年亚洲入境游客数量持续增长,其中,2011年增长率为15.68%,2012年为10.34%,2013年为8.38%,逐年减缓,而2014年的入境旅游人次相对2013年有所下降。而2015年相对于2014年,虽有所增长,但幅度较小。这说明亚洲虽仍是新加坡的大客源地区,但出现了减少的态势,须引起关注。另外,从中国的入境旅客来看,内地、台湾、香港的游客在2010～2013年逐年增长,而内地游客在2014和2015年也稍有减少。从总体上看,2010～2015年,中国内地与香港具有稳定的态势,其中内地和香港的平均年增长率均为8.2%或以上,而台湾为6.2%。

表2.15 新加坡的全球入境旅客(人次)和停留天数

按照居住国家和地区划分	美洲	亚洲	欧洲	大洋洲	合计	平均停留天数	中国内地	中国台湾	中国香港
2010	524846	8678618	1373528	989115	11641701	3.9	1171493	191186	387579
2011	563742	10039121	1401502	1093415	13171303	3.7	1577522	238488	464375
2012	616400	11077448	1537334	1189147	14496092	3.5	2034177	282203	472167
2013	641465	12006069	1591194	1261128	15567923	3.5	2269870	350308	539810
2014	635283	11568372	1617241	1207896	15095752	3.7	1722380	337431	631029
2015	657296	11684701	1635725	1186270	15251469	3.6	2106164	378026	609888
平均年增长率(%)	2.9	5.7	3.4	4.1	5.1	0.7	8.2	6.2	8.5

数据来源:新加坡旅游局。

由表2.16可得,入境旅游收入从2010年的18931百万美元增长到2015年的21777百万美元,平均年增长率为2.5%,其中服务出口及总出口的商品及服务平稳增长,百分比约为14%和3%。2015年新加坡的入境旅游收入增长率有所下降,可能因即将感受到地区邻国货币大幅贬值的冲击,这些国家居民赴新加坡旅行的成本大幅提升。此外,新加坡在"服务平衡"项目中除了2011年为正以外,从2010年到2015年均为负,说明其服务仍有待加强。

表2.16 旅游和国际收支的年度贡献

项目	2010	2011	2012	2013	2014	2015
	入境旅游收入(单位:百万美元)					
国内生产总值按当年价格计算	322361	346354	362333	378200	390089	402458
出口的商品和服务	642334	697111	708146	724454	731980	710318
产品	504849	547963	549052	552651	554044	518378
服务	137485	149148	159094	171803	177936	191940
进口商品和服务	557170	605682	626081	636638	636649	602166
产品	419167	457973	464715	459427	457286	404921
服务	138004	147709	161365	177211	179363	197245
网货和服务	85163	91429	82065	87816	95331	108152
贸易平衡	85682	89990	84337	93224	96758	113457
服务平衡	-519	1439	-2271	-5408	-1427	-5305
旅游收入	18931	22277	23081	23469	23560	21777
服务出口百分比(%)	14	14.9	14.5	13.4	12.3	11.3
总出口的商品及服务百分比(%)	3	3.2	3.3	3.2	3.2	3.1
增长率(%)	50	17.7	3.6	1.7	0.4	-7.6

数据来源:新加坡旅游局。

新加坡拥有世界一流的居住环境以及花园城市景观,吸引了众多国外游客。由表2.17可得,从2010~2015年,新加坡的入境旅游收入逐年增长,其中在各项收入的分配中，观光、娱乐和游戏一直占有较大比重。此外，随着经济的发展，人们对出游质量要求越来越高，从2010～2014年住宿比重越来越大，游客越来越关注出行住宿的要求。

从2010～2015年，新加坡旅游业五大市场为印度尼西亚、中国、马来西亚、澳大利亚和印度。其中，在近五年间中国一直稳居第二。由表2.18可知，近几年来自中国内地的新加坡入境旅游收入中缓慢增长，2014和2015年还有所减小，来自中国台湾、中国香港的入境旅游收入虽有有一定的增长，但增长幅度不大。由表2.19可见，2015年，中国内地在旅游过程中的花费较多用于购物、住宿，而中国香港和中国台湾游客在旅游过程中的花费较多用于住宿和食品及饮料，其中住宿所占的费用达到35%。中国内地游客出手阔绰，在新加坡的消费额达到25.37亿美元，其中大约一半的消费用于购物，比例为45%。据了解，新加坡也逐渐受到中国二线城市旅客的青睐，来自杭州、武汉、重庆等地的旅客人次增加近三成。[①]

表2.17 2010—2015年新加坡入境旅游收入分配情况

属性	2010	2011	2012	2013	2014	2015
	入境旅游收入（单位：百万美元）					
合计	18931	22277	23081	23469	23560	21777
住宿	3623	4390	5038	5332	5309	4680
食品与饮料	1903	2239	2246	2294	2263	2319
购物	3971	4489	4588	4553	4116	3913
观光、娱乐和游戏	4013	5391	5240	5471	5823	5093
其他	5422	5768	5970	5819	6049	5773

数据来源：新加坡旅游局。

---

① http://www.huoche.net/show_217547/.

表2.18　2010—2015年来自中国的入境旅游收入（按照居住国家和地区）

居住国家和地区	2010	2011	2012	2013	2014	2015
	入境旅游收入（单位：百万美元）					
中国内地	1644	2110	2516	2981	2634	2537
中国台湾	210	251	252	273	292	294
中国香港	500	534	488	507	552	534

数据来源：新加坡旅游局。

表2.19　2015年来自中国的入境旅游收入分配（按照居住国家和地区）

居住国家和地区	住宿	比例（%）	食品及饮料	比例（%）	购物	比例（%）	其他	比例（%）	合计
中国内地	460	18	250	10	1146	45	682	27	2537
中国台湾	102	35	41	14	69	23	83	28	294
中国香港	189	35	88	17	71	13	186	35	534

数据来源：新加坡旅游局。（单位：百万美元）

中国内地游客旅游消费半数用于购物。由表2.20可得，在众多商品中，中国游客购买花费金额最多的是时装及配饰，此外，中国内地游客在化妆品、香水及化妆品、保健及健康产品上的购买金额比例为22%，高科技产品为4%；中国香港游客在糖果和食品中花费较大，占38%，赶上时装及配饰的35%；中国台湾游客在珠宝中花费占1%，与其时装及配饰的39%还有一段距离。然而在旅游景点和遗址参观方面，由表2.21可得，一半中国游客倾向于综合度假胜地，可见新加坡的优美环境确实有很大的吸引力；其次，虽然中国游客是在他国旅游，但仍然很有民族情怀，将近一半的游客都会前往唐人街。

表 2.20 2015 年中国入境游客在新加坡旅游的购买花费情况

购买商品花费金额比例（%）	中国内地	中国台湾	中国香港
时装及配饰	37	39	35
化妆品/香水及化妆品/保健及健康产品	22	10	9
纪念品和礼品	2	12	8
高科技产品	4	1	3
珠宝	6	1	/
钟表	12	/	/
糖果和食品	8	31	38
其他	9	7	7

数据来源：新加坡旅游局。

表 2.21 2014 年中国入境游客在新加坡旅游的景点和遗址参观情况

付费接入景点和遗址参观比例（%）					免费接入景点和遗址参观比例（%）				
	全球合计	中国内地	中国台湾	中国香港		全球合计	中国内地	中国台湾	中国香港
综合度假胜地	38	51	49	39	乌节路	41	12	11	13
滨海湾花园	21	20	25	25	唐人街	36	44	35	46
圣淘沙	18	22	16	15	小印度	24	17	18	9
新加坡摩天观景	9	12	8	8	鱼尾狮公园	20	30	23	14
夜间野生动物园	7	7	6	5	新加坡植物园	7	9	8	4
新加坡动物园	7	9	5	5	莱佛士酒店	8	5	3	4
国家胡姬花园	4	4	3	1	新加坡河/克拉码头/驳船码头	14	15	17	15
裕廊飞禽公园	3	3	4	1	滨海艺术中心滨海湾	4	5	3	3
河川生态园	3	2	2	3					

数据来源：新加坡旅游局。

新加坡利用城市发展旅游的独特模式，以其魅力吸引了大量游客。然而，新加坡也是一个较大的旅游客源国。由表2.22可知，较多新加坡人通过航空方式离境，人数约为海运的3倍，且游客人数逐年缓慢增长，分配比例逐年增长。由图2.7可得，2006～2015年期间，新加坡的国际入境游客人次和出境旅游人次均逐年增长，入境游人次大于出境旅游人次。其中，入境旅游人次由2006年的758.8万人次增长到2015年的1205.1万人次，平均年增长率为5.88%，同期，出境人数由553.3万人次增长到912.5万人次，平均年增长率为6.49%。由表2.23可得，新加坡旅华游客逐渐增加，虽然自2013年呈现出下降的趋势，但是中国仍然是新加坡较大的目的地国家。舆情报告显示，新加坡旅华市场的平均消费仅为1300美元左右，3000美元以上仅占7.5%，这远远低于新加坡2845美元的平均水平①。由表2.24可得，新加坡出境旅游支出在2011～2013年逐年增长，2014～2015年有下降趋势，但占总进口的百分比较为稳定，保持在4.7%左右，可见旅游支出是新加坡居民支出的需要。

表2.22 2010—2015年新加坡出境游情况

交通工具 年份	离开的人次			增长的百分比（%）			分配比例（%）		
	航空	海运	合计	航空	海运	合计	航空	海运	合计
2010	5617110	1725166	7342276	13.3	-13.8	5.5	76.5	23.5	100.0
2011	6082620	1670306	7752926	8.3	-3.2	5.6	78.5	21.5	100.0
2012	6485268	1562540	8047808	6.6	-6.5	3.8	80.6	19.4	100.0
2013	6960428	1686638	8647066	7.3	7.9	7.4	80.5	19.5	100.0
2014	7163778	1738927	8902705	2.9	3.1	3.0	80.5	19.5	100.0
2015	7371377	1753954	9125331	2.9	0.9	2.5	80.8	19.2	100.0

数据来源：新加坡旅游局。

① http://www.ctnews.com.cn/zglyb/html/2014-12/24/content_100082.htm?div=-1.

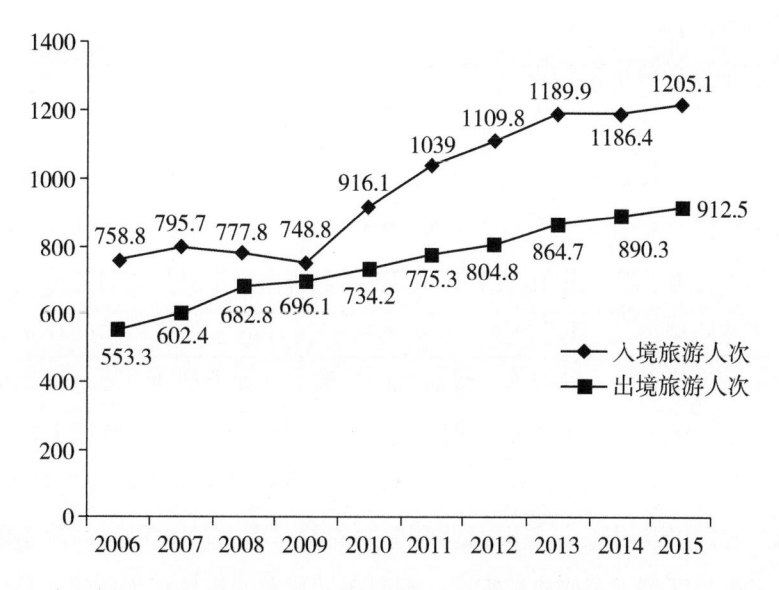

图2.7 2006—2015年新加坡出入境旅游人次的变化趋势（单位：万人次）

数据来源：世界银行，http：//data.worldbank.org.cn/indicator.

表2.23 新加坡前往中国出境游客 （单位：万人次）

年份	1995年	2000年	2005年	2010年	2012年	2013年	2014年	2015年
新加坡	26.15	39.94	75.59	100.37	102.77	96.66	97.14	90.53

数据来源：《中国统计年鉴》（2016）。

表2.24 2011—2015年新加坡国际旅游消费情况

年份	国际旅游消费（百万美元）	占总进口的百分比（%）
2011	21484	4.5
2012	23644	4.7
2013	24578	4.8
2014	23931	4.7
2015	22056	4.9

数据来源：世界银行。

(四) 旅游营销策略

1. 新加坡的旅游营销策略

(1) 旅游形象定位　花园城市国家

2013年,根据世界经济论坛发布的报告可知,新加坡被评为亚洲最具竞争力的旅游目的地国家,这不乏新加坡政府的不懈努力。在20世纪60~70年代,新加坡为了发展其国内游和入境游,政府决定把新加坡打造成一个环境优美的"花园城市",且进行了人工旅游吸引物打造、花草树木的保护以及城市的绿化美化等工作;随着其入境旅游的发展,新加坡把西方发达国家的游客定位为重要目标客源,根据自身拥有的旅游资源,推出了"地球上最神奇的热带岛屿""新亚洲·新加坡"的形象定位,以满足西方人对大自然的热爱、喜爱海滨旅游以及对东方文化充满遐想的旅游需求;2004年后,简单的观光游览已经不能满足游客的旅游需求,面对多元化客源市场和个性化体验旅游市场,新加坡致力于旅游产业结构的调整,进行产品深度开发,提炼出"非常新加坡""我行由我,新加坡"的概念定位,传递"完美转变,精彩无限"的全新主题,强调"以游客为中心"的个性之旅。

新加坡在不同的发展阶段,针对目标市场的需求,找准城市旅游价值主张,为目的地精心构思品牌形象定位。

(2) 完善基础设施　提供良好环境

2013年新加坡旅游局助理局长黄绪然指出:"旅游常客对服务素质的要求高,因此我们必须提供更好的服务[①]。"在服务设施的配置中,重视投入及旅游景区建设。新加坡是东南亚地区的航空中心,是重要的航空交通枢纽,联系着欧洲、美洲、大洋洲等各大洲地区,交通运输发达,从中国的北京、上海、广州、深圳、厦门等大都市都有直达新加坡的国际航班,使得中国游客前往新加坡更加便利。然而,地铁是新加坡最便捷的交通工具,新加坡有通往马来西亚、泰国等国家各个主要城市的火车及巴士,甚至在车站中进行完全自动化的运作。除了交通工具上的便利外,新加坡还在其他的服务设施上不断完善,比

---

① http://www.huoche.net/show_217547/.

如新加坡有着设计独特和服务齐全的星级宾馆以及不同类型的便利商店和商场，此外，还致力于给游客提供更贴心的良好服务。

（3）相关政策制定　政府大力支持

自1995年起，中新两国外交部建立磋商机制，迄今已举行8轮磋商。1996年7月，新加坡的观光振兴局发表了由6个战略组成的以"无限旅游观光业"为基础的观光政策"21世纪旅游业"。新加坡在广州、香港、上海、厦门和成都等旅游城市设立了总领事馆，2015年新加坡为中国提供了电子签政策，这些举措为中国游客前往新加坡旅游提供了便利。

2005年至2007年推出的"非常奖励新加坡"活动提供了三种奖励方案，根据旅游停留天数的不同会有不同的奖励。2014年10月，中新两国外汇市场正式推出货币直接交易，此外，中新两国签订了《出入境卫生检疫合作谅解备忘录》等协议，推进两国在旅游、质检和环保等领域的更进一步的密切的交流与合作。

（4）发展会议旅游　招揽商务游客

新加坡政府十分重视会议旅游的发展，它是世界上第五大会议中心。每年有很多的国际性的会议和展览在这里举办。它曾于2000年被总部设在比利时的国际协会联合会评为世界第五大会展城市，它连续17年成为亚洲首选会展举办地城市。这主要得益于其优美的环境和高水平的会展服务。此外，新加坡拥有丰富的展览硬件设施，增强了其会议接待能力。它有着新达新加坡国际展览与会议中心、新加坡博览中心及莱佛士城会议中心等三大会展中心，这些会议中心拥有有助于会议顺利展开的各种设施设备，例如同声传译、话筒以及多媒体等。新加坡博览中心是亚洲最大的展览馆。可见，良好的场馆设施为新加坡的会议和展览等商业旅游提供了基础。

2. 中国对新加坡的旅游营销策略

新加坡是我国第六大客源市场，具有重要的地位。2013年，新加坡赴华旅游人数为96.66万人次，居外国来华旅游市场前10位。强大的出境消费能力及其庞大的华裔人口构成使得新加坡旅华市场越来越值得高度关注。

(1) 顺应发展潮流　推动商务市场

2013年，新加坡是中国在东盟内的第二大贸易伙伴，而中国则是新加坡的第一大贸易伙伴，持续增长的双边贸易为两国旅游业的发展提供了发展空间。抓好现实市场消费能力的挖掘和面向回头客市场的中国魅力再发现，关注购物与体验平台的搭建，显然是当前新加坡旅华市场的内涵式发展之路[1]。

(2) 精简签证政策　吸引年轻游客

舆情报告显示，新加坡来华旅游的游客中，年龄在18～29岁的占25.9%、30～39岁的占28.9%；自由行的比重在四成以上。新加坡护照可以在170多个国家免签，如何提高签证环节的便利性以及推进入境旅游免签政策，显然是中国争取入境旅游客源最重要的手段之一。此外，中国在新加坡市场上的竞争对手新西兰对新加坡游客免签，印度则是落地签。根据如今新加坡年轻人市场的特点，便捷的签证服务能够让游客更加轻松简单地进行旅游，从而刺激更多的游客[2]。

(3) 重视特色旅游　带动市场增长

我国不仅人文资源丰富，自然资源也不少。据了解，影响新加坡游客来中国旅游的因素主要是自然风光和悠久历史。此外，在新加坡380多万居民中，74%是华族，多族群共融的环境，使得他们的文化具有极强的广度，但却缺少了各族文化本源的独特深度。因此，应该结合我国民族文化特色旅游资源来提高旅游竞争力，以著名经典旅游带为特色，吸引新加坡民众到旅游带上的二三线旅游目的地参与自助旅游活动，拉动新加坡来华旅游市场的再扩大[3]。

(4) 区域联合发展　促进中新合作

中新旅游走廊是指以泛亚铁路和公路为轴，以水路和空中通道为辅助，以中国广西南宁、云南昆明为起点，新加坡为终点，以沿线六国首都、重要旅游

---

[1] http://www.ctnews.com.cn/zglyb/html/2014-12/24/content_100082.htm?div=-1.
[2] 同上
[3] 同上

城市和旅游景区为支撑点,连接中、越、老、柬、泰、马、新七国的跨国旅游走廊。随着中国—东盟合作的深入开展,共建 21 世纪海上丝绸之路,中新旅游走廊邀请国际旅游组织牵头联合沿线各国,以指导和规范南新旅游通道建设。沿线各国智库应积极开展中新旅游走廊论坛,借助中国南宁"两会一节"、中国桂林"联合国世界旅游组织旅游趋势与展望国际论坛"和"中国—东盟旅游论坛"等平台,充分发挥中新资源优势,推动中新旅游走廊建设,共创海上丝绸之路旅游经济高峰。

二、中国至马来西亚旅游线路及营销策略

(一) 国家概况

马来西亚（Malaysia），全称马来西亚联邦，简称大马。马来西亚联邦被南中国海分为两个部分。位于马来半岛的西马来西亚，北接泰国，南部隔着柔佛海峡，以新柔长堤和第二通道连接新加坡。马来西亚是东南亚国家联盟的创始国之一，环印度洋区域合作联盟、亚洲太平洋经济合作组织、英联邦、不结盟运动和伊斯兰会议组织的成员国。主要参与的军事行动有五国联合防卫和联合国维和行动。它是一个新兴的多元化经济国家，经济在 1990 年代突飞猛进，为"亚洲四小虎"之一。旅游业是马来西亚的第三大外汇收入来源，知识经济服务业也在同步扩张[①]。马来西亚是一个多民族、多元化的国家，这在政治上起了很大的作用。宪法规定伊斯兰教为国教，保护宗教信仰自由。政府系统密切仿照威斯敏斯特的议会制度和法律制度是基于普通法。国家元首是国王，被称为最高元首，政府首脑是总理。

---

① http：//baike.haosou.com/doc/2231822 - 2361568.html#2231822 - 2361568 - 2.

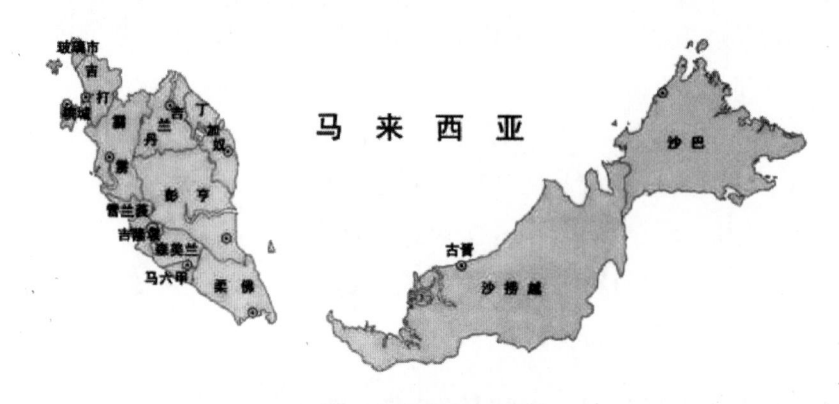

图2.8 马来西亚地图

资料来源：http://blog.sina.com.cn/s/blog_14ecf29600102y9qj.html.

（二）经济概况

马来西亚是中高等收入国家。从表2.25和表2.26可见，马来西亚从2005～2015年基本呈现出较为平缓的GDP年增长率，从1379.53亿美元增长到2962.83亿美元，在2014年最接近东亚与太平洋地区GDP年增长率。2012年，由于主要市场需求减少，马来西亚出口下降，经济增长主要靠强劲的内需以及投资拉动。2012年，马来西亚GDP达到3035.26亿美元，经济增长5.5%；人均收入达到9974美元，增幅约为5%[1]。

表2.25 马来西亚2005—2015年GDP的变化趋势

年份	GDP（亿美元）
2005	1379.53
2006	1566.01
2007	1867.77
2008	2227.44
2009	1929.12
2010	2377.97
2011	2786.71

[1] http://www.chinareform.org.cn/open/trade/201312/t20131204_182162.htm.

(续上表)

年份	GDP（亿美元）
2012	3035.26
2013	3124.35
2014	3269.33
2015	2962.83

数据来源：新浪财经，http://finance.sina.com.cn/worldmac/indicator_NY.GDP.MKTP.CD.shtml.

表2.26　2011—2015年马来西亚和东亚太平洋地区GDP年增长率的变化趋势

GDP年增长率（%）	2011	2012	2013	2014	2015
东亚与太平洋地区	8.3	7.4	7.1	6.9	6.7
马来西亚	5.3	5.5	4.7	6	4.7

数据来源：世界银行，http://data.worldbank.org.cn/country/malaysia.

由表2.27可得，2012年马来西亚进出口额增幅为14.61%，达到4616.4亿美元。其中，出口2540.2亿美元，进口2076.2亿美元。2015年进口总额达1874.01亿美元，出口总额达2100.78亿美元，出超226.77亿美元。连续五年，马来西亚均为出口额大于进口额，可见国家对外贸易仍是出口较多。

表2.27　2011—2015马来西亚年对外贸易情况

年份	2011	2012	2013	2014	2015
总额（亿美元）	4027.86	4616.4	4600.16	4675.81	3974.79
进口额（亿美元）	1810.99	2076.2	2155.25	2181.13	1874.01
出口额（亿美元）	2216.87	2540.2	2444.91	2494.68	2100.78
出超（亿美元）	405.79	464	289.66	313.55	226.77

数据来源：马来西亚统计局。

（三）旅游业概况

1. 整体旅游业的发展状况

马来西亚的旅游业起步晚于新加坡和泰国，但其发展较为迅速。1992年，马来西亚旅游促进局成立,其主要任务就是把马来西亚打造成为全球出色的国际旅游目的地,并希望可以通过旅游业的发展带动其他相关产业的发展,从而带动整体经济的发展。为了使经济多样化,并使马来西亚的经济减少对于出口货物的依赖,政府正推动马来西亚的旅游业发展。在政府政策的支持下,旅游业已成为马来西亚第三大的外汇收入来源,但它正受到成长中的工业经济所造成的空气和水源污染以及森林砍伐的威胁①。马来西亚旅游和文化部部长 Mohamed Nazri Abdul Aziz 表示:"我们很高兴去年旅游业收入有了大幅增长。这与国家重点经济区(NKEA)以及马来西亚旅游转型计划(MTTP)的宏大目标一致,即实现每位游客的消费增长。去年,人均旅游支出为2544.90马币,而2012年是2419.10马币。"他还提到,旅游业已成为马来西亚的第六大经济收入产业,比起2012年提升了一位。2013年马来西亚旅游业为其国民总收入(GNI)贡献了515亿马币②。

2. 出入境旅游的发展状况

由表2.28可知,马来西亚的国际入境游客人数逐年增长,从2006年1754.7万人次增长到2016年的2675.7万人次,平均年增长率为4.5%。从表2.29可知,马来西亚的亚洲入境游客数量在2010～2014年呈现上升趋势,2015年有所下降,2016年又呈现增长之势,由此可见,马来西亚的入境旅游市场仍在发展中,总体上呈现出较好的态势,仍有较好的发展前景。由表2.30可知,马来西亚来华入境游客人数从2005年的89.96万人次增长到2010年的124.52万人次,平均年增长率为7.7%左右,2010～2013年,来华入境游客人数稳定在120万人次以上,在2014～2015年则低于120万人次,总体上来看,马来西亚来华入境游客人数在2005～2010年处于上升状态,而从2011年起则出现下降之势。此外,据世界银行提供的数据显示,2015年赴马来西亚的外国游客人数已达到2572.1万人次。其中,中国游客达到117.5万人次③,约占4.57%。可见,中国已成为马来西亚的主要客源国之一。

---

① http://baike.haosou.com/doc/2231822-2361568.html#2231822-2361568-7.
② http://www.tourismmalaysia.cn/page/zh-CN/news-zh/malaysian-tourism-industry-2013.
③ http://www.fdi.gov.cn/1800000121_21_92196_0_7.html.

表2.28 2006—2016年马来西亚的国际入境游客情况

年份	2006	2007	2008	2009	2010	2011	2012	2013	2014	2015	2016
入境游客（万人次）	1754.7	2097.3	2205.2	2364.6	2457.7	2471.4	2503.3	2571.5	2743.7	2572.1	2675.7

数据来源：世界银行，http://data.worldbank.org.cn/indicator.

表2.29 2010—2016年马来西亚的亚洲入境游客情况

年份	2010	2011	2012	2013	2014	2015	2016
入境旅游人数（万人次）	2188.72	2197.92	2277.84	2332.83	2480.84	2336.10	2478.19

数据来源：世界银行。

表2.30 2005—2015年马来西亚来华游客情况

年份	2005	2006	2007	2008	2009	2010	2011	2012	2013	2014	2015
来华游客数（万人次）	89.96	91.06	106.20	104.05	105.90	124.52	124.51	123.55	120.65	112.96	107.55

数据来源：《中国统计年鉴》（2016）。

从游客数量的角度来看，马来西亚的旅游在居民的日常生活中具有较重要的地位。由表2.31可得，马来西亚的旅游支出从2006年到2015年连续八年的旅游支出占总进口的3.5%～5.7%，而旅游收入占总出口的6.7%～9.2%，所占比例较大，表现出旅游在马来西亚的经济发展中占有重要作用。马来西亚的国际旅游支出以及除去运输费用后的国际旅游支出都呈现出增长的态势，表明国际运输在国际游客的消费中仍占有较大的部分；此外，马来西亚的国际收入相对于除去国际运输的旅游收入增长态势更大，且近五年增长率持续增大，表现出在发展旅游的同时要注意关注国际旅游运输的完善与服务。

表2.31 2006—2015年马来西亚出入境旅游业发展情况

年份	2006	2007	2008	2009	2010	2011	2012	2013	2014	2015
出境旅游消费	5085	6600	7724	7196	8324	10180	11545	11950	12369	10589
出境旅游消费占总进口的百分比（%）	3.5	3.9	4.3	5	4.4	4.7	5	5.2	5.7	5.6
入境旅游收入	12280	17948	18553	17231	18152	19649	20251	21026	22600	17614
入境旅游收入占总出口的百分比（%）	6.7	8.7	8.1	9.2	7.8	7.4	7.6	8.1	9.1	8.4

数据来源：世界银行，http：//data.worldbank.org.cn/indicator.

（四）旅游营销策略

1. 马来西亚的旅游营销策略

（1）发展旅游特色　展现马来魅力

马来西亚旅游局为了促进旅游业更好更快地发展，把落脚点放在旅游特色上。二十几年前，马来西亚就开始以"马来西亚，亚洲魅力所在"的口号在全球进行宣传推广。马来西亚将亚洲各国的景观浓缩于一体，游客可以在此实现多国体验，而这也正是马来西亚的魅力和特色所在。

随着体验经济时代的到来，马来西亚旅游促进局一直支持旅行社开发出一些具有马来西亚本土特色和魅力的旅游产品和旅游项目，包括自由行项目、海滨度假项目等。马来西亚旅游促进局注重与中国的旅行社合作旅游项目，双方共同对马来西亚的旅游产品进行推广和宣传，其中包括传统的特色旅游产品例如海岛旅游、休闲旅游、高尔夫旅游，还致力于开发儿童、白领和乐龄人士的旅游项目。

（2）完善基础设施　提供贴心服务

中国是马来西亚的重要旅游客源国，为接待更多中国游客马方作出了不懈的努力。在接待服务方面，旅游培训中心注重培养导游的中文水平，希望可以减少游客与服务人员的语言障碍。在吉隆坡国际机场增设了中文指示牌以及中文航班播报；在旅游购物方面，吉隆坡与槟城的国际机场及城市中心都可以看到免税商店，最大程度上满足游客的购物需求，以优惠价格来吸引更多游客；

在宣传方面，马来西亚在北京、上海、广州等大都市设立了旅游处，它们致力于向当地的居民推广和宣传马来西亚的旅游资源和旅游产品；在交通方面，亚航和马航都在积极拓展业务，值得一提的是，马航开展包机服务，以满足游客的个性化需求，为旅游者提供高质量的服务；在签证方面，马来西亚在香港、广州、上海等多个地方都有领事馆，游客们可以根据自身的需求在这些城市办理签证，随着两国交流的增多，办理签证的手续更加便利和简化。此外，2015年12月，马来西亚内阁宣布，从2016年1月2日起开始对中国实施"电子签证"措施①。

（3）加强推广力度　树立良好形象

据统计，大多数中国游客在马来西亚仅停留两三夜，很少有游客在马游玩时间超过一个星期，游客们都将马来西亚当作行程的中转站，会错过许多的旅游观光胜地。因此应当加强马来西亚旅游推广力度，打造马来西亚旅游圈。

马来西亚政府旅游部门一直同中国旅游界保持着密切的合作关系，每年会前往中国参加一些旅游展览和推广活动，也会邀请中国的业界和媒体代表前往马来西亚考察一些新的路线或推出诸如购物嘉年华、F1方程式赛车等旅游新产品。马来西亚一直致力于开发中国旅游市场，相继在中国开展多项旅游促销活动，且力度越来越大，马来西亚旅游促销团队仅2002年就已在中国各大中心城市进行了三轮巡回。除此以外，马来西亚致力于与中国媒体的合作，向中国游客全面而又系统地介绍马来西亚最新和最受喜爱的旅游产品，这种宣传方式既省时又省力，可以更直观地把旅游吸引物呈现在游客面前，从而吸引更多中国游客。

2. 中国对马来西亚的旅游营销策略

（1）重视马来人游客市场的开发

马来西亚华人是中国在东南亚国家旅华市场的主力军之一。但是，在马来西华人的数目与本土马来人相比相对较少，因此中国应该适当地拓宽市场。随着社会的发展，马来人不仅社会地位高于其他族群，而且其拥有的财富也越来

---

① http：//www.xxcb.cn/lvyou/2015 - 12/9037728.html.

越多,支付能力越来越强,尤其是外出旅游的动力越来越大。因此,马来人旅华市场的开发不仅可以拓宽市场,更是具有示范效应,以带动其他地区旅华客源市场的发展。

(2) 有针对性地加强旅游接待设施和服务建设

由于较多马来人都是穆斯林,因此马来游客对旅游接待设施和服务等有着严格的宗教要求,应根据伊斯兰教教规有针对性地配套旅游接待设施和提供相关服务。比如广西桂林市在2008年10月底,接待了首个马来西亚穆斯林旅游团,成为全国少数能够接待穆斯林旅游团的城市;此外,桂林专门建设了接待穆斯林教徒的星级宾馆,宾馆内部的装饰全部按照穆斯林的习惯来安排,让穆斯林感觉像是生活在家中一样舒适。这些接待设施的建设为开发马来西亚穆斯林旅游市场建立了良好的开端,也奠定了厚实的基础。

(3) 加强与马来西亚政府和穆斯林旅行商的合作

东南亚国家是一个多民族文化融合的地区,文化的多元化也催生了文化区分性的不同旅行商,而信仰伊斯兰教的马来西亚除了专门经营华人的旅行社外还有专门经营穆斯林的旅行社。因此,中国各地方政府和旅游企业都十分重视与马来旅行商进行合作与交流,在双方的合作之下,不仅可以帮助中国旅游产品在马来西亚的传播,而且还可以加强与马来西亚政府旅游管理部门的沟通,从而全面推动中马旅游发展,比如为推动广东与马来西亚的旅游合作,广东省在2009年7月与马来西亚国家旅游局签署了《旅游合作与交流谅解备忘录》。

三、中国至泰国旅游线路及营销策略

(一) 国家概况

泰国,全称泰王国,原名暹罗,1945年5月11日,泰国人用自己民族的名称,把"暹罗"改为"泰",主要取"自由"之意。它是一个位于东南亚的君主立宪制国家。2014年3月,泰国总人口6450万。全国共有30多个民族。泰族为主要民族,占人口总数的40%,其余为佬族、华族、马来族、高棉族,以及苗、瑶、桂、汶、克伦、掸、塞芒、沙盖等山地民族。泰语为国语。90%以上的民众信仰佛教,马来族信奉伊斯兰教,还有少数民众信仰基督教、天主教、印度教和锡克教。①

泰国位于亚洲中南半岛的中南部，与柬埔寨、老挝、缅甸、马来西亚接壤，东南临泰国湾（太平洋），西南濒安达曼海（印度洋），西和西北与缅甸接壤，东北与老挝交界，东南与柬埔寨为邻，疆域沿克拉地峡向南延伸至马来半岛，与马来西亚相接，其狭窄部分居印度洋与太平洋之间。泰国气候属于热带季风气候。全年分为热、雨、旱三季。年均气温24～30℃②。

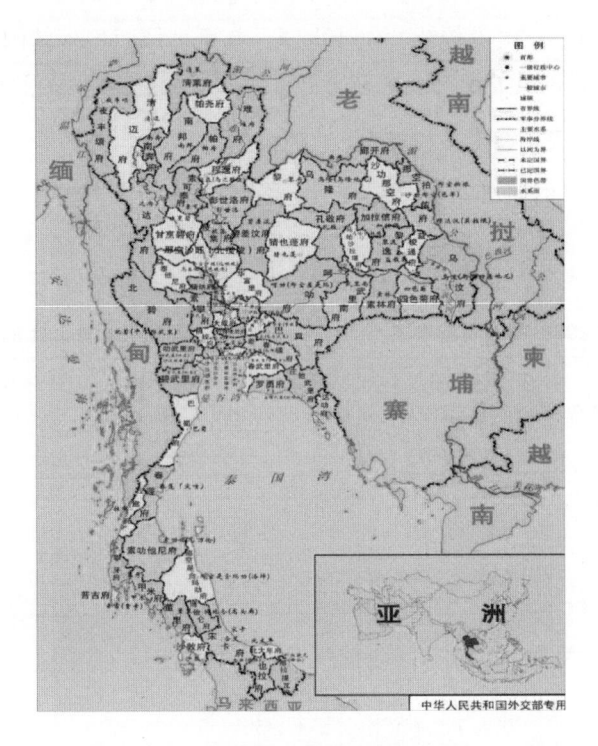

图2.9　泰国地图

资料来源：http：//map.zolsky.com/world/asia/thailand.htm.

（二）经济概况

20世纪90年代中后期，泰国的经济有了飞跃式的发展，在1995年，泰国人均国民收入第一次超过了2500美元。1996年，泰国终于成为了中等收入国

---

① 泰国国家概况. 中国外交部.
② 泰国概况. 新华网.

家之一，脱离了低等收入国家的行列。随着泰国经济的快速进步，它在亚洲国家共同发展中所起的作用也越来越大，它的地位也逐渐被大家肯定，它被称为"亚洲第五小龙"，同时也成为了"亚洲四小虎"之一。2006～2015年期间，泰国的GDP和人均GDP分别由2217.6亿美元和3351.1美元逐渐增长到3951.7亿美元和5814.7美元（2009年除外）。其GDP的年增长率波动较大，在2009年GDP的年增长率为负值，这主要是受金融风暴和泰国政局动荡的影响（见表2.32）。泰国是传统的农业大国，其可种植面积占其国土总面积的比重约41%，它是世界上稻谷和天然橡胶的最大出口国。主要的农产品有稻米、木薯、橡胶、椰子、烟草、棉花等。[1] 随着泰国工业生产的发展，制造业的发展也取得了一定的进步。制造业已经成为泰国所有产业当中比重最大的产业[2]。

表2.32 2006—2015年泰国GDP、人均GDP和GDP年增长率的变化趋势

年份	GDP（亿美元）	人均GDP（美元）	GDP年增长率（%）
2006	2217.6	3351.1	5.0
2007	2629.4	3962.8	5.4
2008	2913.8	4384.8	1.7
2009	2815.7	4231.1	-0.7
2010	3409.2	5111.9	7.5
2011	3706.1	5539.5	0.8
2012	3974.7	5917.9	7.3
2013	4201.7	6229.2	2.8
2014	4048.2	5977.4	0.9
2015	3951.7	5814.7	2.8

数据来源：世界银行。

---

[1] 经济. 新华网.
[2] 经济. 新华网.

(三) 旅游业概况

1. 整体旅游业的发展状况

尽管泰国发展旅游业的时间相对较短,但是其旅游业总收入的增长速度却越来越快。1959 年泰国政府成立了"泰国旅游业促进机构",1960 年成立了旅游管理局,旅游业发展正式起步。1980 年,泰国的旅游业进入繁荣发展的时期,旅游创汇能力逐渐增长并成为创汇最多的行业。泰国旅游业的经营管理水平较高,值得全世界发展旅游业的国家学习。它拥有着具有专业技能和丰富经验的旅游从业人员、独具特色的旅游项目和产品以及便利优惠的购物消费体验。根据世界银行 2012 年发布的数据可知,在 2009～2011 年期间,泰国的旅游总收入分别为 194 亿、234 亿和 251 亿美元,它对 GDP 的贡献率达到了 7% 左右,在 2013 年,贡献率超过了 10%,可见泰国的旅游业逐渐成为了其支柱型产业。随着泰国旅游业的高速发展,由于其自身具有波及性的特点,旅游业也会对与其相关联的产业产生较大的影响,间接地促进它们的发展。在泰国的所有服务业中,旅游业约占五成的比重。来泰游客的游览地主要有曼谷、普吉岛和清迈等城市。

2. 出入境旅游的发展状况

泰国的外贸经济对国民经济的发展有着举足轻重的作用,据世界银行数据可知,2014 年进出口总额达到了 4552 亿美元,其中出口额为 2275 亿美元,进口额为 2277 亿美元。[①] 根据世界银行数据显示,在 2006～2015 年期间,入境旅游收入占总出口的比例逐渐从 10.9% 上升到 17.6%(除 2008、2010 和 2014 年)。特别是 2010～2013 年期间,所占比例增长速度较快,可见泰国旅游业对其出口总额的贡献度较大。2006～2015 年期间,其出境旅游消费占总进口的比例变化幅度较小,基本维持在 3%～5% 之间,其比重明显小于前者(见表 2.33)。

---

① 泰国国家概况. 中国外交部.

表 2.33 2006—2015 年泰国的旅游收入占总出口的比例和国际旅游消费占总进口的比例

年份	入境旅游收入占总出口的比例（%）	出境旅游消费占总进口的比例（%）
2006	10.9	4.2
2007	11.4	4.2
2008	10.8	3.3
2009	11.0	3.7
2010	10.5	3.5
2011	11.9	2.9
2012	13.7	2.9
2013	16.2	3.1
2014	14.9	3.5
2015	17.6	4.2

数据来源：世界银行。

泰国的入境旅游发展较为迅速，在入境旅游人次和国际旅游收入上都有所体现。入境旅游收入和入境旅游人次分别从 2006 年的 16614 百万美元和 1382.2 万人次增加到 2015 年的 48527 百万美元和 2992.3 万人次，二者的增长速度都相对较快（见表 2.34）。泰国接待的海外游客大多数来自于亚洲国家，其中马来西亚、中国、日本等国家是泰国的主要入境旅游客源市场。2011 年，泰国入境旅游的五大客源国分别为马来西亚、中国、日本、韩国和印度。它们全都分布在亚洲。1988 年，泰国成为中国全面开放的出境旅游目的地国家，2012 年，中国赴泰的旅游人次为 250 万人次，超过了马来西亚，成为了泰国的第一大旅游客源国。

表 2.34 2006—2015 年泰国的出入境旅游业发展情况

年份	入境旅游人次（万人次）	出境旅游人次（万人次）	入境旅游收入（百万美元）	出境旅游消费（百万美元）
2006	1382.2	338.2	16614	6173
2007	1446.4	401.8	20623	6887

（续上表）

年份	入境旅游人次（万人次）	出境旅游人次（万人次）	入境旅游收入（百万美元）	出境旅游消费（百万美元）
2008	1458.4	390.8	22497	6700
2009	1415	465.3	19814	5749
2010	1593.6	545.1	23809	7151
2011	1923	539.7	30926	7320
2012	2235.4	572.1	37740	7864
2013	2654.7	597	46042	8385
2014	2481	644.4	42063	8822
2015	2992.3	679.4	48527	9539

数据来源：世界银行。

近几年来，泰国出境旅游业的发展相对其他亚洲国家较为发达。从表2.34中，可以看出：2006年，国际旅游消费和出境旅游人次分别为6173百万美元和338.2万人次，2015年，两者分别为9539百万美元和679.4万人次。其主要目的地国家有中国、马来西亚、老挝、新加坡、日本、美国等。出境旅游的目的地国家也主要集中在亚洲。其中中国是泰国出境旅游的第一大旅游目的地。在1995～2015年期间，泰国来华旅游人次由17.33万人次增长到64.15万人次，占其出境旅游总人次的比例较大，为9.4%。2009年，泰国来华旅游人次为55.18万人次，成为中国入境旅游的第十大客源国。游客入境方式主要为飞机。来华的泰国游客以观光和休闲为主。泰国的旅游业一直表现为旅游服务贸易顺差，顺差额也在不断地变大，可见泰国的入境旅游较为发达。

（四）旅游营销策略

1. 泰国的旅游营销策略

（1）成立旅游办事机构

泰国政府在一些影响力较大的城市成立专门的旅游办事机构。这些城市基本上都是发达国家的首都例如巴黎、东京等，这些旅游办事机构会在所在城市有秩序地组织入境旅游客源市场调查工作，也会与所在城市的旅游企业合作，共同来宣传当季泰国的主要旅游线路、介绍景点特色和旅游环境等，这些工作的实施扩大了泰国在这些大都市的知名度。

（2）研发特色的旅游项目

泰国是"亚洲最具异国风情的国家"。其特色文化主要表现在语言文化、宫廷文化和传统文化三个方面。泰国的旅游局根据这些特色文化开发旅游产品。例如佛教文化之旅、人妖表演之旅、医疗旅游、探险旅游等。近年来，泰国致力于发展医疗旅游，深受海外游客的喜爱，成为了全世界医疗旅游的主要目的地国家之一，凭借其特色的医疗资源和先进的医疗技术优势开展医疗旅游项目。具体旅游项目有变性、美容、牙医等，其中最受海外游客欢迎的项目是牙科整形矫正。另外，尽管泰国北部山区经济和文化都相对较为落后，但是这里的民族风情和自然景观都具有很大的吸引力，泰国旅游局就在北部区域开辟了山区森林徒步和探险、特色民族风情体验、民族文化考察等旅游产品。

（3）利用电影进行宣传

近几年来，利用电影来进行旅游宣传已经屡见不鲜，在这些电影中，可以随处可见虔诚拜佛的泰国人、人妖表演以及凶猛的泰拳等。这些画面处处体现着泰国的文化，同时新奇的画面也引发了游客的好奇心，激发旅游欲望。2012年，《泰囧》上映，这部影片使得清迈成为了中国游客去泰国旅游的必去之地，极大地推动了泰国的入境旅游。泰国政府整合影片中所出现的旅游景点，设计多种组合的旅游线路，推出"跟着电影去旅游"的口号，极大地满足中国影迷的旅游需求。

2. 中国对泰国的旅游营销

（1）可达性的建设

可达性建设主要体现在两个方面。一是交通。在 2008 年以前，泰国人入境中国只能通过飞机的形式，极大地约束了泰国人来华旅游。在 2008 年 12 月，中国第一条国际高速公路——昆曼公路正式通车，2013 年 12 月，会晒大桥正式开通，起点是我国云南昆明，终点是泰国曼谷，横跨中国、老挝和泰国三个国家。随着沿线相关设施的进一步完善，泰国来华旅游变得更加便捷，从而促进泰国旅华市场的发展。二是签证。2013 年，中泰双方施行互免旅游签证政策，这一政策的颁布，有利于进一步促进中国入境旅游市场的发展特别是针对泰国客源市场。

（2）旅游合作的推进

中国和泰国都是双方重要的旅游客源国，双方重视两者之间的旅游合作。这些合作不仅有利于加深双方的深厚友谊，而且能够促进双方旅游的发展。2015 年，为热烈祝贺中泰建交 40 周年，中泰旅游文化交流会在泰举行，双方就如何推动旅游合作进行了深入的探讨，表示致力于将旅游经济作为国民经济发展的新增长点，愿意加大对对方的旅游投资。①

第三节　中国至印度尼西亚旅游线路及营销策略

一、中国至印度尼西亚旅游线路及营销策略

（一）国家概况

印度尼西亚共和国，简称印度尼西亚或印尼，是东南亚国家，首都是雅加达。印尼总人口达 2.48 亿人（至 2013 年），是世界第四人口大国，仅次于中国、印度和美国。它有 100 多个民族，其中爪哇族 47%，巽他族 14%，马都拉族 7%，华人 3%～4%，此外还有米南卡保人、巴厘人等 100 多个民族的居民，共占 23%。民族语言 200 多种，通用印尼语。②-③

印度尼西亚位于亚洲东南部，地跨赤道，与巴布亚新几内亚、东帝汶、马来西亚接壤，与泰国、新加坡、菲律宾、澳大利亚等国隔海相望。它地跨赤道（12°S—7°N），其 70% 以上领地位于南半球，因此是亚洲南半球最大的国家（东帝汶也是南半球国家）。经度跨越 96°E 到 140°E，东西长度在 5500 千米以上，是除中国之外领土最广泛的亚洲国家。④

---

① http：//culture.gmw.cn/2015-08/17/content_16703621.html.
② 印尼语 5 年增加 17% 新词汇. 新华网.
③ 鲁虎. 印尼华人资本的历史发展 [M]. 中国档案出版社，2000.
④ 印度尼西亚概况. 新华网.

图2.10 印度尼西亚地图

资料来源：http://www.onegreen.net/maps/HTML/46175.html.

（二）经济概况

印尼是东盟最大的经济体。农业、工业、服务业均在经济发展的过程中扮演重要的角色。建国初期，印度尼西亚人民的生活水平相对较低，国民生产总值不高，GDP 年均增长仅为 2%。20 世纪 60 年代后期，经济发展速度有所加快，直到 20 世纪 70 年代至 90 年代，印尼的经济地位发生了很大的变化，成功跨入中等收入国家的行列，GDP 年均增长率高达 6%，但是在 1997 年受亚洲金融风暴的影响，经济体系受到破坏，经济发展严重后退。直到 1999 年底，其经济开始出现再次增长的迹象。[①] 自 20 世纪中期以来，印尼的经济发展速度相对较快，2006～2015 年期间，印尼的 GDP 和人均 GDP 分别由 3645.7 亿美元和 1590.2 美元分别增长到 8619.3 亿美元和 3346.5 美元，从 GDP 和人均 GDP 这两方面，可以看出印尼的经济发展呈现出持续增长的发展趋势，但是在 2014 年，GDP 的增长率却有所下降，这主要是受全球经济不景气和美联储调整货币政策等影响。根据印尼国家统计局数据可知：2013 年，工业生产总值对 GDP 的贡献率为 46.04%。印尼是一个农业大国，国内可种植面积高达 8000 万公顷，直接或间接从事农业生产的居民有 4200 万人。2012 年，印尼成

---

① 印度尼西亚. 中国外交部.

为全世界最大的棕榈油生产国。①

表 2.35　2006—2015 年印度尼西亚 GDP、人均 GDP 和 GDP 年增长率的变化趋势

年份	GDP（亿美元）	人均 GDP（美元）	GDP 年增长率（%）
2006	3645.7	1590.2	5.5
2007	4322.2	1860.6	6.3
2008	5102.3	2167.9	6.0
2009	5395.8	2262.7	4.6
2010	7550.9	3125.2	6.2
2011	8929.7	3647.6	6.2
2012	9178.7	3700.5	6.0
2013	9104.8	3623.5	5.6
2014	8885.4	3491.9	5.0
2015	8619.3	3346.5	4.8

数据来源：世界银行。

（三）旅游业概况

1. 整体旅游业的发展状况

印度尼西亚发展旅游业起步比较晚，特别是在刚开始发展旅游业的时候，政府也没有给予一定的支持和鼓励，使得其旅游业发展速度缓慢。直到 20 世纪中后期，印度尼西亚的政局相对较为稳定，为旅游业提供了有利的发展条件。旅游业的高速发展，不仅为国民经济及旅游业关联产业的快速发展带来了福音，而且给印度尼西亚带来了大量的有关旅游行业的就业职位，缓解了当地居民的就业压力。根据印尼 2014 年统计年鉴可知，旅游业创汇能力较强，缓解了印尼的出口贸易逆差。凭借着印尼不懈地发展旅游业，它终于成为全球 20 大旅游强国之一。虽然在旅游业方面，印尼取得了显著的成果，但是它仍

---

① 中国驻印度尼西亚大使馆经济商务参赞处. 对外投资合作国别（地区）指南——印度尼西亚 [M]. 商务出版社，2014.

旧远远落后于与其相邻的一些亚洲国家例如泰国、马来西亚、中国和新加坡。印度尼西亚的经济发展速度不断加快，其中旅游业取得的收入所占比例也逐渐升高，因此旅游业受到政府的重视。巴厘岛是印度尼西亚最为著名的旅游景点。2005年，美国的《旅游与休闲》这本杂志把巴厘岛称为"全球最佳度假海岛"。同年，巴厘岛被美国亚洲版《时代》杂志选为最佳度假胜地。

2. 出入境旅游的发展状况

印度尼西亚入境旅游的主要客源地有新加坡、马来西亚、中国、日本、印度、澳大利亚、美国等国家。2014年，中国是印度尼西亚的第四大客源国，位于新加坡、马来西亚和澳大利亚之后。由表2.36可知：2006～2014年，印尼接待的外国游客从487.1万人次增长到943.5万人次，表现出递增的趋势且增长幅度较大，年均增长率为9.1%，在2007年的年增长率最大为14%。2006～2014年期间，旅游外汇收入由48.9亿美元增长到2008年的81.5亿美元，之后降到2009年的60.53亿美元，最后增长到2015年的120.54亿美元，整体上是逐渐增长的（2009年除外）。海外游客进入印度尼西亚旅游主要是利用航空和水路这两种交通方式。最受海外游客欢迎的景点有巴厘岛、撒努尔海滩和马斯村等。

印尼出境旅游人次从2006年的496.7万人次增加到2015年的817.6万人次，年均增长速度为8.5%。在2009年的时候出现了负增长，是受印度尼西亚国民经济快速下滑的影响。同期，国际旅游消费由54.78亿美元增长到98亿美元。在2006～2010期间，国际旅游收入一直小于国家旅游消费，表现为旅游贸易逆差且逆差额有增大的趋势。但是在2011～2015年期间，国际旅游收入大于国际旅游消费，表现为旅游贸易顺差。政府对旅游业的重视以及加大投资宣传力度在这一转变中起到了重要作用。印度尼西亚的主要目的地国家有新加坡、印度、日本、马来西亚和泰国等。印尼来华的旅游人数从2000年的22.06万人次增加到2015年的54.48万人次，成为中国第15大客源国。

表 2.36　2006—2015 年印度尼西亚的出入境旅游业发展情况

年份	入境旅游人次（万人次）	出境旅游人次（万人次）	入境旅游收入（亿美元）	出境旅游消费（亿美元）
2006	487.1	496.7	48.9	54.58
2007	550.6	515.8	58.31	65.78
2008	623.4	548.6	81.5	88.01
2009	632.4	505.3	60.53	69.08
2010	700.3	623.5	76.18	84.32
2011	765.0	675	90.38	86.53
2012	804.4	745.4	94.63	90.55
2013	880.2	797.3	103.02	102.8
2014	943.5	877	115.67	102.6
2015	1040.7	817.6	120.54	98

数据来源：世界银行。

（四）旅游营销策略

1. 印度尼西亚的旅游营销策略

（1）加大旅游业人力和物力的投资，提高服务质量

近几年，印尼政府越来越意识到发展旅游业的重要性，开始不断地加大了对旅游业的投资力度。主要体现在两个方面：一是物力。在 2009 年，印尼政府在棉兰连续开设了两座高级型酒店即万豪酒店和巴黎岛瑞士大酒店。这两座五星级酒店的目标客户是商务旅游的海外游客。二是人力。印尼旅游局很重视旅游服务型人才的培养，它们在国内成立了约有 35 所旅游院校、60 所旅游中专科学校以及 30 多个旅游人才培训中心，这些学校和培训中心都致力于为旅游部门输送有旅游专业技能和高水平服务的人才，从而从根本上提高印尼景区的服务质量。服务质量的提高，必定对当地旅游业的发展产生深远的影响。

（2）加强与邻近国家的旅游合作

印尼为了发展旅游业，重视与其相邻的国家的旅游合作，特别是那些旅游

业比它发达的国家。印尼、新加坡以及马来西亚这三个国家在关于旅游合作方面达成了统一的意见,它们决定共同投资5.7亿美元,目的是对三国的沿海地区进行开发,利用三国的旅游优势,打造一个竞争力较强的国际性旅游度假胜地,从而建立"东方加勒比旅游区",增强三国的旅游吸引力,吸引更多的海外游客。2013年10月2日,习近平主席赴印度尼西亚访问,中印(尼)双方签订了有关旅游业合作协议(Mou)的后续条款。此条款包含了印尼景区的旅游设施的改善、旅游项目的共同开发以及中印(尼)双方有关旅游业的信息和数据的可获得性。① 这些协议的签署不仅推动了双方的旅游业务交流合作,而且加深了彼此的了解。

(3) 推出新兴旅游产品

1982年,苏哈托总统夫人意识到发展旅游业的重要性,在她的提议之下,印尼旅游局开始建设"缩影公园"。"缩影公园"占地面积约为116公顷,园内有很多种类的花草树木,到处溢满着花香的气息。它共有27个展馆,每个馆的内容都大不相同,反映了各省的文化艺术特点。1984年,"缩影公园"刚建成,当年参观"缩影公园"的国内外游客竟然高达200多万人次,给印尼带来了可观的旅游收入。另外随着城市化进程的加快,大部分城市人想逃离城市,去郊区散心和休息,此时,印尼政府又推出了具有印度尼西亚风格的"乡村旅游",受到了国内外游客的喜爱。

2. 中国对印度尼西亚的旅游营销

中国对印度尼西亚的旅游营销主要是利用旅游推介会进行宣传。随着印度尼西亚经济的发展,其出境旅游人次逐渐增加,来华旅游人数也在逐渐增加。2011年,为热烈庆祝中国与东盟建交20周年,中国在印尼雅加达、泗水、棉兰、三宝垄四座城市举办"感知中国"活动。这次活动主要展示了中国独具特色的民族歌舞、博大精深的少林武术、诙谐有趣的中国电影等文化。② 近年来,印尼成为了中国河南省在东南亚地区重要的客源地。2014年4月15日下午,由河南省旅游局主办的河南旅游新产品发布会在印度尼西亚首都雅加达隆

---

① http://sh.sina.com.cn/travel/message/2014-05-02/105493417.html.
② http://id.china-embassy.org/chn/zgyyn/hfyjl/t831673.html.

重举行。寇武江局长围绕千年古都之旅、中原山水之旅、中国功夫之旅等新兴旅游项目,重点介绍了近年来河南省涌现的新型旅游产品,提高了中国对印度尼西亚游客的吸引力①。

---

① http://www.cic.mofcom.gov.cn/ciweb/cic/info/Article.jsp?a_no=347935&col_no=456.

第三章 中国至南亚精品旅游线路及营销策略

第一节 中国至印度、巴基斯坦旅游线路及营销策略

一、中国至印度旅游线路及营销策略

(一) 国家概况

印度共和国,简称印度,是南亚次大陆最大的国家,东北部同中国、尼泊尔、不丹接壤,孟加拉国夹在其东北部国土之间,东部与缅甸为邻,东南部与斯里兰卡隔海相望,西北部与巴基斯坦交界。印度东临孟加拉湾,西濒阿拉伯海,海岸线长5560公里。大体属热带季风气候,一年分为凉季(10月至翌年3月)、暑季(4月至6月)和雨季(7月至9月)三季。降雨量忽多忽少,分配不均。[1]

印度地处北半球,是南亚地区最大的国家,面积为298万平方公里,居世界第7位。从喜马拉雅山向南,一直伸入印度洋,北部是山岳地区,西部是印度河、恒河平原,南部是德干高原及其东西两侧的海岸平原。平原约占总面积的40%,山地只占25%,高原约占33%[2]。印度人口为13.04亿人(2016年),是世界上仅次于中华人民共和国的第二人口大国,人口数世界排名第二[3]。

---

[1] 印度国家概况.中华人民共和国驻印度大使馆网.
[2] 印度.印度驻华大使馆.
[3] 2016年世界各国人口数量排行榜.http://mt.sohu.com/20161209/n475437966.shtml.

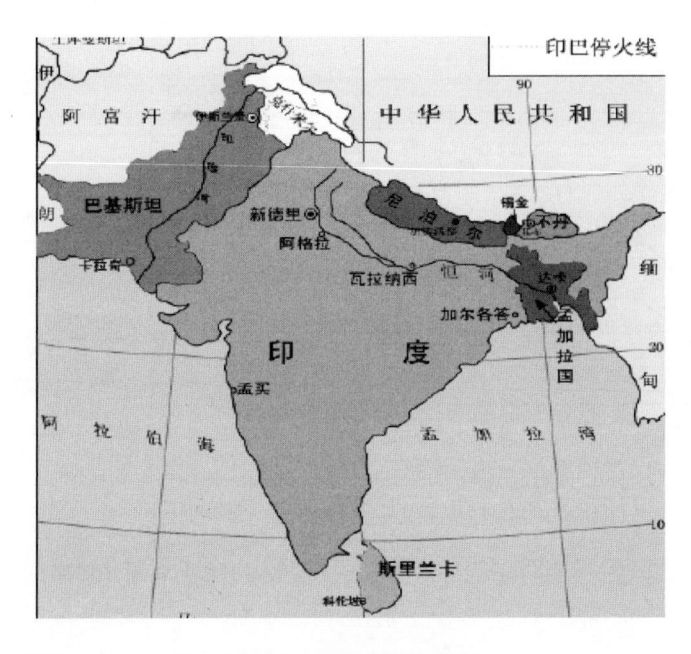

图 3.1　印度的地理位置

资料来源：https：//image.baidu.com/search/detail? ct = 503316480.

（二）经济概况

印度是全球经济发展最快的国家之一。根据世界银行报告，印度的 GDP 在 2006～2015 年期间，由 9491.2 亿美元增长到 20950.0 亿美元，同期人均 GDP 由 816.7 美元增长到 1598.3 美元，两者的变化趋势大致相似，都呈现上升的趋势（见图 3.2）。GDP 的年增长率由 2006 年 9.3% 下降到 2015 年的 7.6%，在这期间 GDP 的年增长率波动较大，在 2010 年达到最大值为 10.3%，在 2008 年降到最小值为 3.9%（见图 3.3）。但是印度的社会财富分配极不公平，有数据表明：印度全国 10% 的人却拥有着全国 33% 的收入。印度的经济体系多元化，包括农业、手工业、纺织业以及服务业等。虽然目前印度仍有大部分的居民主要以种植农作物来获取生活来源，但是近年来服务业增长迅速，使得从事服务业的居民也越来越多，服务业的发展，对印度经济的转型起到了相当重要的作用。

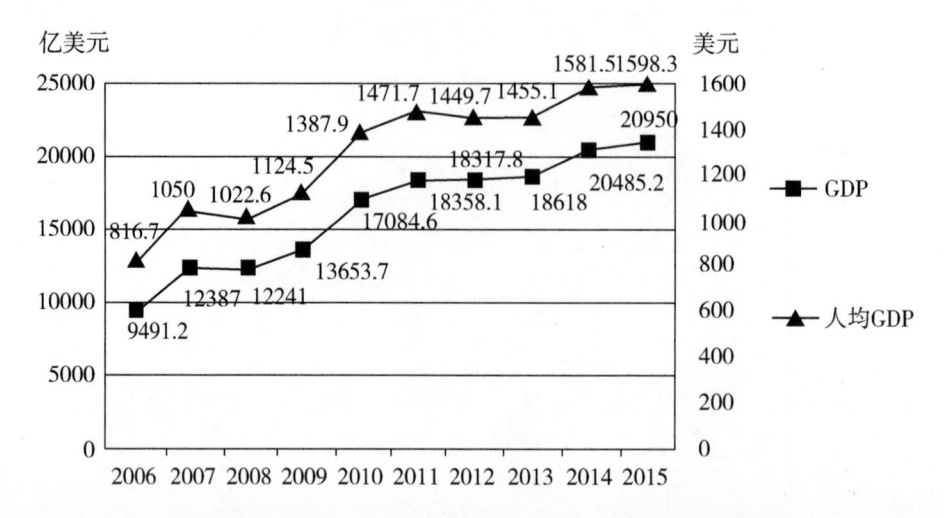

图 3.2　2006—2015 年印度 GDP 和人均 GDP 的变化趋势

数据来源：世界银行。

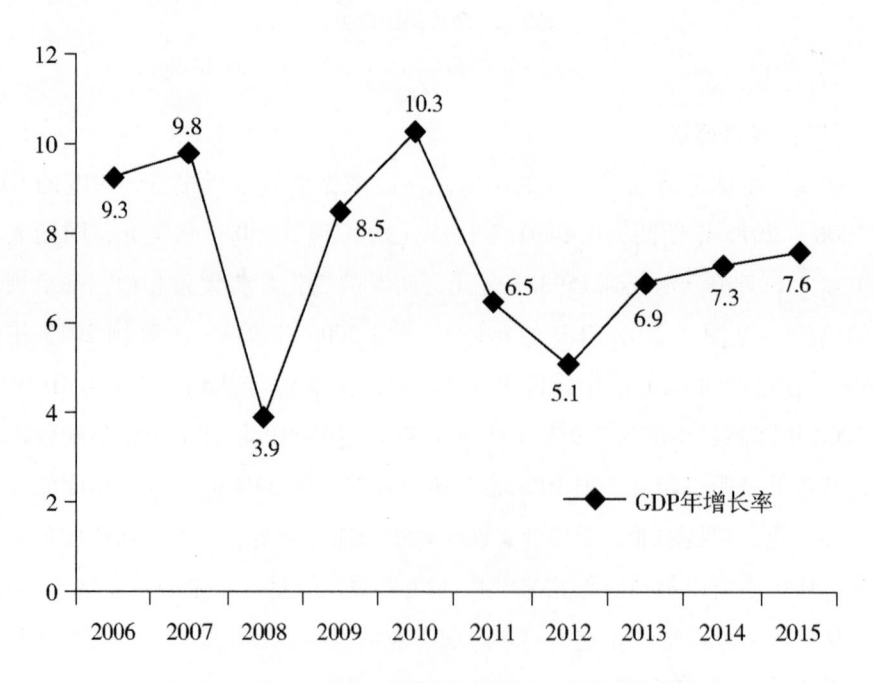

图 3.3　2006—2015 年 GDP 的年增长率的变化趋势

数据来源：世界银行。

(三) 旅游业概况

1. 整体旅游业的发展状况

1966 年，印度政府成立旅游开发公司，1982 年制定旅游业全国行动计划，并宣布承认旅游业是一项正式的事业，自此旅游业开始得到政府的重视和扶持。随着印度经济的发展，其旅游业和服务业的发展也取得了一定的成果，所获得的收入在国内生产总值中占有相当重要的比例。旅游业逐渐成为了印度支柱性产业，它为当地居民直接或者间接地提供了约有两千多万个工作岗位。印度的旅游总人数和旅游总收入也在不断地增长。国内旅游人数从 2000 年的 22011 万增加到 2011 年的 85966 万，比 2000 年增长三倍多。主要旅游点有阿格拉、风之宫殿、斋浦尔、琥珀堡、那烂陀、梅兰加尔古堡、果阿、泰姬陵、海德拉巴以及贾玛清真寺等①。据世界旅游理事会预测，2023 年，印度旅游业的直接收入将达到 43606 亿卢比，间接收入将增加到 82752 亿卢比，诱导收入将增长到 20865 亿卢比，总收入将是 147223 亿卢比，预计对国内生产总值的贡献率将达到 7.0%。②

印度的外贸经济较为发达，取得了相当显著的成果。2011 年，印度成为了全球第十大进口国及第十九大出口国，但是近几年来，受国际经济不景气以及卢比贬值的负面影响，印度的外贸经济发展速度有所减慢，服务贸易表现为总出口额小于总进口额，服务贸易逆差额逐渐增大。由表 3.1 可知：2006～2015 年期间，入境旅游收入即旅游出口占总出口额的比例整体上呈现下降的趋势，但下降幅度较小。同期，出境旅游消费即旅游进口占总进口额的比重由 3.9% 下降到 3.2%，下降幅度相对较大。

---

① 印度国家概况. 人民网.
② Travel&Tourism Economic Impact 2013 (India) World Travel&Tourism Council, http://www.wttc.org/.

表 3.1 2006—2015 年印度的入境旅游收入占总出口的比例和出境旅游消费占总进口的比例的变化趋势

年份	国际旅游收入占总出口的比例（%）	国际旅游消费占总进口的比例（%）
2006	4.6	3.9
2007	4.7	3.8
2008	4.1	3.2
2009	4.3	2.8
2010	4.2	2.4
2011	4.0	2.5
2012	4.1	2.4
2013	4.1	2.5
2014	4.3	3.2
2015	5.1	3.6

数据来源：世界银行。

据世界银行的官方统计，印度在2006年接待了444.7万外国游客，旅游外汇收入为8915百万美元，2014年，入境旅游人数达到767.9万人以及旅游外汇收入达到了20756百万美元（见表3.2）。总体上来看，入境旅游人次和入境旅游收入都保持着逐渐上升的发展趋势，除了在2009年，两者都有所下降，这是受2008年金融风暴的影响。据印度旅游局官方数据，2013年的入境游客中，其中91%的游客选择了航空交通方式入境，8.5%的选择陆路入境，剩下0.5%的游客选择水路入境。从他们的旅游目的来看，占有最大比例的是休闲度假，占总入境旅游人次的30.3%，有25.9%的游客是以探亲访友为主要旅游目的，还有20.9%的游客主要是以商务旅游为目的。2013年印度的前十大客源国为：美国、英国、孟加拉国、斯里兰卡、俄罗斯、加拿大、德国、法国、马来西亚以及日本，而中国位于第12位。

随着印度居民年收入的逐渐增加，其出境旅游的人数与花费也逐渐增长。由表3.2可知，印度的出境旅游人次和国际旅游花费分别由2006年的834万人和8738百万美元增长到2015年的2037.6万人和17686百万美元。印度出境游的主要目的地国家有沙特、新加坡、马来西亚、中国以及美国等。其中来华的游客从 2005 年的 35.65 万人次增加到 2014 年的 70.99 万人次。2014 年，印度已经成为中国的第 9 大客源国。虽然其出境旅游人次要大于入境旅游人次，但是出境旅游花费却小于入境旅游收入，表现为旅游服务贸易顺差，并且顺差额由 2006 年的 177 百万美元迅速增长到 2013 年的 5202 百万美元，有逐渐增大的趋势。

表 3.2　2006—2015 年印度的出入境旅游业发展情况

年份	入境旅游人次（万人）	出境旅游人次（万人）	入境旅游收入（百万美元）	出境旅游消费（百万美元）
2006	444.7	834	8915	8738
2007	508.2	978.3	11234	10690
2008	528.3	1086.8	12462	12083
2009	516.8	1106.7	11136	9310
2010	577.6	1298.8	14490	10490
2011	630.9	1399.4	17708	13699
2012	657.8	1492	18340	14107
2013	696.8	1662.6	19042	13840
2014	767.9	1833	20756	17393
2015	1328.4	2037.6	21472	17686

数据来源：世界银行。

（四）旅游营销策略

1. 印度的旅游营销策略

（1）独具特色的医疗旅游

印度不仅拥有丰富的人文和自然资源，而且拥有较为先进的医疗系统。印度政府利用现有的医疗资源，致力于发展医疗旅游。21 世纪以来，医疗旅游逐渐成为印度入境旅游的特色旅游项目。据统计，印度的医疗旅游每年为印度带来收入大约有20亿美元。印度不仅拥有最集中的医疗专家队伍和先进设备，而且医疗费用相对较低，号称有"第三世界的价格和第一世界的医疗服务"，这是海外游客来印度医疗旅游的最大吸引点。

（2）充分发挥媒体和网络的作用

印度的电影产业相对较为发达，每年有7000多部影片在这里产生，它是全球产量最多的电影大国。其电影大多数与音乐相结合，诙谐有趣。例如《三傻大闹宝莱坞》，获得了2009年印度电影票房冠军。通过电影，海外游客了解了印度的文化、建筑和音乐。这些都成为他们来印度旅游的吸引物。印度政府抓住互联网所带来的机遇，利用网络来宣传印度的旅游资源，例如在其旅游局官网上，游客可以看到所有关于印度旅游的信息。官网有多种语言格式包括中文、日文、法文以及英文等，游客们可以根据自己的语言需求进行转换。2010年12月，印度旅游局在Doordar-shan（新闻和广播部的官方电视频道）和其他有影响力的电视频道分别投放了东北地区的旅游广告。

（3）主题活动的推广

2002年，印度旅游局推出以"不可思议的印度"为主题的大型旅游促销活动，采用电影、音乐等形式进行推广，甚至还在一些分布于欧洲、亚洲和美洲的主要入境旅游客源国组织和规划户外巡演活动，宣传印度最具特色的旅游资源和旅游产品。"不可思议的印度"这一活动中，包含了印度最值得游玩的旅游路线，各具特色的旅游线路满足不同旅游者的需求。"不可思议的印度"这一主题活动一直延续至今，对印度的入境旅游产生了深远的影响。另外，在2006～2007年，印度针对中国客源市场推出了"瑜伽之旅"的主题活动，充分得到了中国游客的认可。

2. 中国对印度的营销策略

（1）互办旅游年

中印双方通过互办旅游年，加强两国的沟通，促进双方在旅游业务方面的合作。2016年1月14日，中国在印度举办"中国旅游年"，此次活动主要是为印度游客展示一个山川秀美、人文深厚的美丽中国，来自中国安徽的黄梅戏剧团在开幕式上表演了传统戏剧《天仙配》，受到观众热烈欢迎，刺激了印度人来华旅游的欲望①。中国国家旅游局在"中国旅游年"的主题下,制定了近百项形式新颖的旅游宣传和交流活动,这些宣传和交流活动都有利于印度对中国的重新解读,有利于两国的旅游合作。

(2) 开发特色旅游产品

为了刺激印度游客来华的旅游欲望,中国旅游局要开发符合印度偏好的旅游产品。中印两国都是佛教大国,印度对中国的佛教文化有着浓厚的兴趣。在2015年,习近平主席在印度访问时承诺,为了给印度佛教爱好者赴中国西藏神山、圣湖朝圣和游览提供方便,中方将会增开乃堆拉山口的朝圣路线,这些特色的旅游路线,有助于帮助我们抓住游客的眼球,有助于旅游产品的宣传推广。

二、中国至巴基斯坦旅游线路及营销策略

(一) 国家概况

巴基斯坦伊斯兰共和国,简称巴基斯坦,意为"圣洁的土地""清真之国"。巴基斯坦全国领土为796095平方公里(不包括巴控克什米尔地区)。人口总数为1.97亿。它是多民族国家,其中旁遮普族占63%,信德族占18%,帕坦族占11%,俾路支族占4%。乌尔都语为国语,英语为官方语言,主要民族语言有旁遮普语、信德语、普什图语和俾路支语等。95%以上的居民信奉伊斯兰教(国教),少数信奉基督教、印度教和锡克教等②。

巴基斯坦位于南亚次大陆西北部。东接印度,东北与中国毗邻,西北与阿富汗交界,西邻伊朗,南濒阿拉伯海。海岸线长980公里。除南部属热带气候外,其余属亚热带气候。南部湿热,受季风影响,雨季较长;北部地区干燥寒冷,有的地方终年积雪。年平均气温27℃。③

---

① http://news.xinhuanet.com/world/2016 - 01/15/c_128630128.htm.
② 巴基斯坦国家概况. 中国外交部.
③ 巴基斯坦国家概况. 中国外交部.

图3.4 巴基斯坦的地理位置

资料来源：http://image.baidu.com/search/detail?ct=503316480&z=0&ipn=d&word.

（二）经济概况

巴基斯坦的经济结构相对较为复杂，它是世界贸易组织、伊斯兰会议组织、77国集团、不结盟运动和英联邦成员国。它对整个亚洲和世界的经济都有着举足轻重的作用。[①] 近年来，巴基斯坦的经济结构发生了很大的变化，起初，巴基斯坦以农业为主要的产业，随着服务业的发展，服务业逐渐成为了其相对重要的产业。巴基斯坦的工业发展缓慢，主要生产毛纺织、制糖、造纸、烟草等产品为主，其中棉纺织业是工业发展过程中最大的部门。在2006～2015年期间，其GDP由1372.6亿美元快速增长到2710.5亿美元（2009年除外）。由于受到金融风暴的影响，在2009年时，GDP有小幅度的下降，但是在2010年以后又呈现上升的趋势。同期，其人均GDP也由877美元增长到

---

① 巴基斯坦国家概况．中国外交部．

1434.7 美元。GDP 的年增长率有很大的波动。

表3.3 巴基斯坦2006—2015 年的 GDP、人均 GDP 和 GDP 年增长率的变化趋势

年份	GDP（亿美元）	人均 GDP（美元）	GDP 年增长率（%）
2006	1372.6	877.0	6.2
2007	1523.9	953.8	4.8
2008	1700.8	1042.8	1.7
2009	1681.5	1009.8	2.8
2010	1774.1	1043.3	1.6
2011	2137.6	1230.8	2.7
2012	2246.5	1266.4	3.5
2013	2310.9	1275.4	4.4
2014	2436.3	1316.6	4.7
2015	2710.5	1434.7	4.7

数据来源：世界银行。

（三）旅游业概况

1. 整体旅游业的发展状况

巴基斯坦的旅游业起始于20世纪50年代，相对较晚。1970 年，巴基斯坦第一家旅游公司即旅游发展公司正式成立，这不仅是巴基斯坦旅游发展史上的里程碑，而且标志着巴基斯坦的旅游业进入了一个新时代，对旅游业的发展具有划时代的意义。该公司拥有三个子公司和多个分支机构，三家子公司分别为旅游有限公司、南方汽车游客旅馆公司以及北方汽车游客旅馆公司。它们致力于在全国范围内规划和开展旅游事务，包括旅游安全、旅游线路以及旅游产品等。巴基斯坦有相当多的自然景观和历史文化景观，但是受到国内局势动荡不安以及恐怖袭击活动盛行的影响，其旅游业一直处于低迷状态。随着巴基斯坦经济的发展和政府的支持，旅游业的发展迎来新的机遇，为巴基斯坦带来了大量的旅游外汇收入。其旅游业有着相对较大的发展潜力和发展条件，旅游业的发展在国民经济发展中起了相当重要的作用。

2. 出入境旅游的发展状况

巴基斯坦的主要客源国有印度、阿富汗、孟加拉国和中国等。他们赴巴基斯坦的主要目的是探亲访友和朝圣。同时，也有少量的西方游客来巴旅游，他们的主要目的则是观光旅游、休闲度假和探险。近几年来，由于巴基斯坦国内形势动荡以及国际经济不景气等的影响，巴基斯坦入境旅游人次不断地波动，但是总体上表现出不断上升的趋势（2008、2009、2012年除外）。2006~2012年期间，其入境旅游人次由89.8万人次上升到96.6万人次，上升幅度较小。同时，其入境旅游收入由2006年的919百万美元波动地增加到2011年的1123百万美元，又下降到2015年的906百万美元（见表3.4）。无论从入境旅游人次还是国际旅游收入，都可以看出巴基斯坦的入境旅游发展较不稳定，容易受国际形势的影响。因此，为了发展入境旅游，巴基斯坦必然要不断提升国际地位和维持经济的稳定发展。

巴基斯坦出境旅游的主要目的地国家有印度和中东国家。他们出国的目的不是去旅游，而是去海外谋求工作，获取生活来源。这是因为其国内动荡不安，一些国民为了寻求安定的生活环境，就去到别的国家工作和生活。巴基斯坦出国旅游者相对较少。2006~2015年期间，其国际旅游消费在2008年达到最大为2163百万美元，在2009年降到最低为1098百万美元。这期间有上升也有下降，波动幅度比较大（见表3.4）。

从旅游服务贸易逆差额中可以看出：巴基斯坦的国际旅游收支呈赤字状态。国际旅游收入明显小于国际旅游消费。2006~2015年，旅游服务贸易逆差额在2008年升到最高为1177百万美元，在2009年表现为最低，逆差额为148百万美元。整体上呈下降趋势。

表3.4 2006—2015年巴基斯坦出入境旅游业发展情况

年份	入境旅游人次（万人次）	国际旅游收入（百万美元）	国际旅游消费（百万美元）	旅游服务贸易逆差额（百万美元）
2006	89.8	919	2029	1110
2007	84	912	2083	1171

（续上表）

年份	入境旅游人次（万人次）	国际旅游收入（百万美元）	国际旅游消费（百万美元）	旅游服务贸易逆差额（百万美元）
2008	82.3	986	2163	1177
2009	85.5	950	1098	148
2010	90.7	998	1370	372
2011	116.1	1123	1851	728
2012	96.6	1016	1852	836
2013	/	929	1618	689
2014	/	971	2000	1029
2015	/	906	2333	1427

数据来源：世界银行。

（四）旅游营销策略

1. 巴基斯坦对中国的旅游营销策略

（1）加强旅游合作

根据 2004 年中巴签署的旅游协定可知：巴基斯坦已成为中国公民出境旅游目的地之一。巴基斯坦通过与中国所属城市的合作，对其所有旅游产品和旅游项目进行宣传和营销，吸引中国人前往巴旅游。例如巴航还计划在上海设立办事处，并且增开伊斯兰堡与上海之间的航线，增加了巴基斯坦的可进入性。

（2）旅游签证手续的简化

我国与巴基斯坦签订有关简化办理签证手续的协议：两国人民办理对方的签证可免签证费；普通护照持有者因为外交出差等公事前往巴基斯坦不需要再办理签证；因为个人事情例如探亲和旅游等前往巴基斯坦的护照持有者可免费办理签证，办理签证的手续也不再像以前那样繁琐。这些政策的落实，不仅有利于促进巴基斯坦的商务旅游的发展，而且可以提高其知名度。

2. 中国对巴基斯坦的旅游营销

中国在巴基斯坦的旅游营销主要是通过旅游推介会。中国的省级政府代表赴巴基斯坦组织承办旅游推介会。2015 年 7 月 27 日，四川旅游局代表团在巴基斯坦拉合尔的 Hospitality Inn（好客酒店）举办了旅游推介会，这是四川旅游代表团第一次访问巴基斯坦，受到了当地旅游公司、企业以及电视媒体的热烈欢迎和重视。此次四川旅游推介宣传了四川的丰富旅游资源，包括自然景观和人文文化资源，介绍形式较为新颖，与同行互相交换了意见和建议。让当地旅游企业更加了解四川魅力，坚定了他们对四川旅游产品和项目的信心。①

第二节　中国至尼泊尔、斯里兰卡旅游线路及营销策略

一、中国至尼泊尔旅游线路及营销策略

（一）国家概况

尼泊尔联邦民主共和国，简称尼泊尔，是南亚山区内陆国家，也是佛教的发源地。尼泊尔国土面积约为14.71万平方公里，总人口为2668.79万人，其中男性的比例为48.50%，女性所占比例为51.5%。尼泊尔境内有拉伊、林布、苏努瓦尔、达芒、马嘉尔、古隆、谢尔巴、尼瓦尔、塔鲁等30多个民族。其中有86%的居民信奉印度教，7.8%信奉佛教，3.8%信奉伊斯兰教，信奉其他宗教人口占2.2%，可见虽然尼泊尔是佛教的发源地，但是信奉佛教的人却不是很多。②尼泊尔分为5个经济发展区，5个发展区又开设了14个专区，14个专区下共有75个县，36个镇，3995个村。③

尼泊尔位于喜马拉雅山脉南麓，北与中华人民共和国西藏自治区相接，东与印度共和国锡金邦为邻，西部和南部与印度共和国西孟加拉邦、比哈尔邦、北方邦和北阿坎德邦接壤。地势北高南低，境内大部分属丘陵地带，海拔1000米以上的土地占总面积近一半。东、西、北三面多高山；中部为河谷区，多小山；南部是冲积平原，分布着森林和草原。尼泊尔南北地理变化巨大，地

---

① http：//www.china.com.cn/travel/txt/2015－07/28/content_36165876.html.
② 尼泊尔概况．中国外交部．
③ 尼泊尔行政划分概况．新浪网．

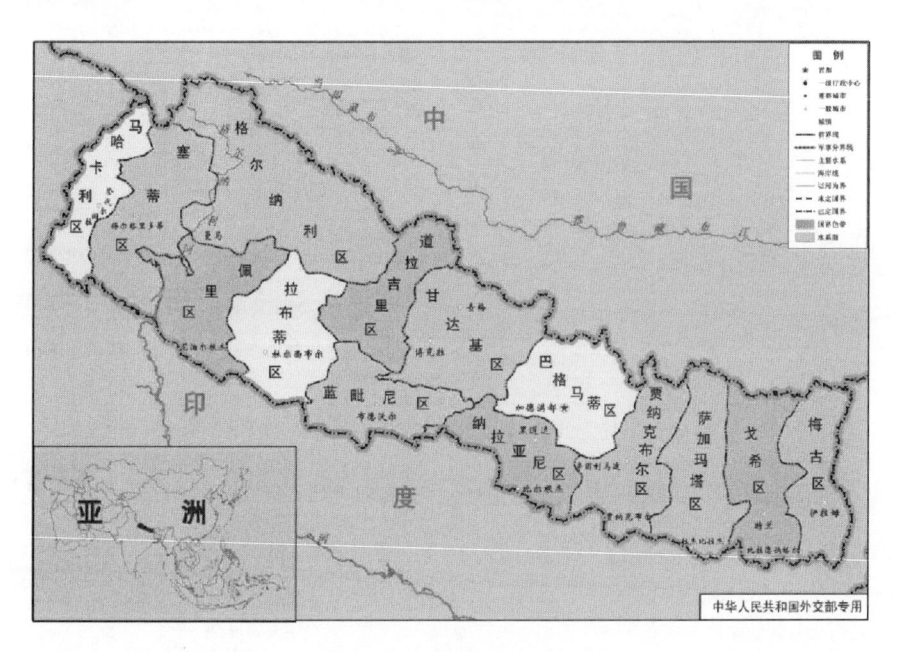

区气候差异明显。全国分北部高山、中部温带和南部亚热带三个气候区。[①]

图 3.5 尼泊尔行政区

资料来源：http://blog.sina.com.cn/s/blog_1440c3ebb0102vi0x.html.

（二）经济概况

尼泊尔是一个农业国家，从事农业生产的尼泊尔居民占总人口的 80% 左右，是世界上最不发达国家之一。[②] 虽然其经济较为不发达，但是经济的发展速度在不断地加快。由图 3.6 可知，尼泊尔的 GDP 由 2006 年的 9043.7 百万美元逐渐增加到 2015 年的 21195 百万美元。人均 GDP 由 2006 年的 350.6 美元增长到 2015 年的 743.3 美元。可以看出两者的变化趋势基本相同，整体上都呈现上升的趋势（除 2012 年外）。我们从图 3.7 中，可以看出尼泊尔的 GDP 年增长率从 2007 年的 3.4%，波动地增长到 2014 年的 5.4%，后又在 2015 年下降到 2.7%，其中在 2008 年的时候，GDP 年增长率最大，为 6.1%。尼泊尔主要以农业生产为主，2012 年，尼泊尔农业生产总值达到 31.2 亿美元，比上一

---

① 尼泊尔的地理气候. 浙江在线.
② 尼泊尔概况. 中国外交部.

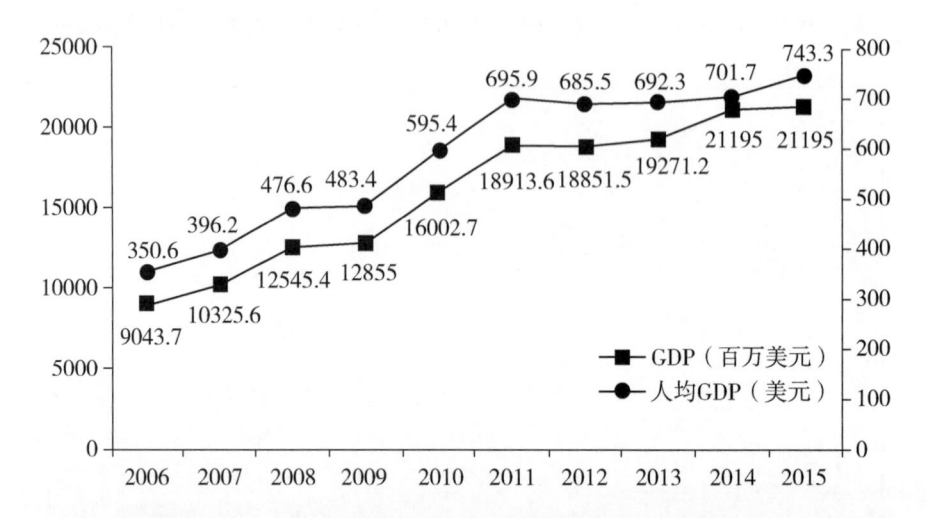

图 3.6　2006—2015 年尼泊尔的 GDP 和人均 GDP 的变化趋势

数据来源：世界银行。

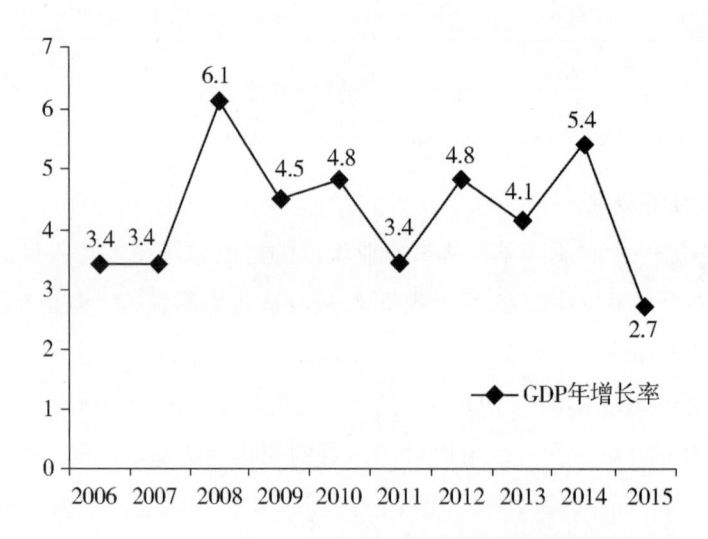

图 3.7　2006—2015 年尼泊尔的 GDP 年增长率的变化趋势

数据来源：世界银行。

年同比增长了 4.9%。它总共有 325 万公顷的种植面积，占其国土总面积约 18%，尼泊尔的耕地面积分布较不均衡，地势高低不平。虽然尼泊尔工业发展取得了一定的进步，但是其发展速度较为缓慢，这主要因为工业基础薄弱、工业设施不完善、规模较小以及机械化水平较低。2012 年,尼泊尔工业生产总产值是 12.69 亿美元,对国内生产总值的贡献率为 10% 左右,远远小于农业对 GDP 的贡献率。①

(三) 旅游业概况

1. 整体旅游业的发展状况

尼泊尔拥有着得天独厚的自然资源和丰富的人文资源,吸引了大量的海外游客。旅游业发展开始于上世纪 60 年代初,它是尼泊尔的重要支柱性产业,在其经济发展的过程中起到了举足轻重的作用。2014 年旅游业为尼泊尔直接创造就业岗位 487000 个,旅游业从业人数占到尼泊尔就业总人数的 3.5%,从旅游业对 GDP 的直接贡献考虑,2014 年创造国民生产总值 837 亿卢比,占 GDP 的 4.3%。② 尼泊尔开展的主要旅游项目有徒步、漂流、野外探险、观看野生动物、宗教朝圣以及登山等,其中尼泊尔的徒步和登山旅游是最受海外游客欢迎和青睐的,也是最为成熟的,每年都吸引很多海外游客。这些游客可以在徒步和登山的过程当中,欣赏尼泊尔的自然景观,他们常常会被一些自然景观吸引,流连忘返。

2. 出入境旅游的发展状况

近几年来,尼泊尔的出入境市场增长平稳,据世界银行数据可知,尼泊尔的入境旅游人数由 2006 年的 38.4 万人次增加到 2014 年的 79 万人次(2015 年有所下降),同期,出境旅游人次由 41.5 万人次(2006 年)增加到 98.3 万人次(2013 年),两者整体上都呈现逐年上升的趋势(见表 3.5)。印度和中国分别是尼泊尔的第一和第二大客源国。另外,尼泊尔出境的游客,大多数是以工作为主要目的,原因是尼泊尔的经济不发达,没有足够的工作岗位提供给当地居民,它们只好出国找工作。出国工作逐渐成为尼泊尔当地居民增加工作收入,减少贫困的主要途径之一。出国务工在尼泊尔是十分普遍的现象,根据世界银行报告,尼出国务工人员的外汇总收入对 GDP 的贡献率高达 20% 左右。

---

① 尼泊尔. 中央银行网站.
② 中国驻尼泊尔经商参处. http://www.mofcom.gov.cn/article/i/jyjl/j/201503/20150300924748.shtml.

尼泊尔的国际旅游收入由 2006 年的 15700 万美元增加到 2015 年的 50900 万美元，一直呈现上升趋势且上升的速度较快。同期，国际旅游花费由 26100 万美元增加到 66900 万美元。表现为旅游服务贸易逆差，其旅游服务贸易逆差额波动幅度较大且有逐渐增长的趋势，在 2008 年达到最大为 19200 万美元，在 2011 年逆差额是 500 万美元，此时的逆差额为最小。从以上数据，我们可以看出尼泊尔的出境旅游相对于入境旅游要较为发达。

表 3.5　2006—2015 年尼泊尔出入境旅游业发展情况

年份	入境旅游人次（个）	出境旅游人次（个）	入境旅游收入（美元）	出境旅游消费（美元）
2006	384000	415000	157000000	261000000
2007	527000	469000	234000000	402000000
2008	500000	561000	353000000	545000000
2009	510000	589000	439000000	572000000
2010	603000	765000	378000000	528000000
2011	736000	774000	415000000	420000000
2012	803000	862000	379000000	562000000
2013	798000	983000	457000000	594000000
2014	790000	/	502000000	665000000
2015	53900	/	509000000	669000000

数据来源：世界银行。

（四）旅游营销措施

1. 尼泊尔对中国的旅游营销策略

（1）借助宗教文化进行营销

尼泊尔当地的居民 86.2% 信奉印度教，7.8% 信奉佛教，3.8% 信奉伊斯兰教，信奉其他宗教人口占 2.2%，可见其有着多姿多彩的宗教文化。因此在其丰富的旅游资源中，许多都是推广宗教文化，例如帕坦博物馆、尼亚塔波拉庙等。尼泊尔借助自身丰富的宗教文化,吸引很多的海外游客前来游览和朝圣。另外,尼泊尔的国内环境一直动荡不安,为宣传佛教和平安定理念,表达当地人们对和平的渴望,政府致力于将佛陀诞生地蓝毗尼打造为世界佛教中心,促进当地旅游业的发展,推动尼泊尔入境市场的整体增长,尼泊尔政府将2012年确定为"蓝毗尼访问年",这一宣传吸引很多信奉佛教的海外游客。

(2) 借助政策进行营销

尼泊尔是一个内陆国家,游客进入尼泊尔可利用的交通方式较少。据统计,有将近90%的海外游客选择飞机这种交通方式进入尼泊尔。可见,飞机成为进入尼泊尔最主要的交通手段。但是,在过去几年里,尼泊尔航空事业相对较不发达,这严重影响了尼泊尔的可进入性,限制了外贸经济尤其是入境旅游的发展。目前,尼泊尔政府非常重视这个问题,提出一些政策来增强尼泊尔的可进入性。例如尼泊尔政府大力鼓励当地居民发展私人航空公司,加强与其他国家的航空公司的合作,通过租用它们的飞机来为本国的航空业服务。同时,尼泊尔还针对一些主要的客源国提出落地签或者免签证的政策。例如2015年,尼泊尔提出对中国的游客免收签证费。这些政策的实施无疑是给尼泊尔的入境旅游带去了春天。

(3) 借助推介会进行营销

从尼泊尔的地理位置可以看出,尼泊尔的北边与中国的西藏接壤。中国和尼泊尔的旅游营销是通过两者之间的合作尤其是西藏与尼泊尔的合作。西藏与尼泊尔的旅游资源各有特色,互补性很强。例如在拉萨举行的中国西藏与尼泊尔旅游推介会上,中国西藏自治区鼓励当地旅游企业与尼泊尔的旅游企业进行合作,开发一些针对尼泊尔游客的旅游项目,双方将实施一系列的联合促销活动,并探讨在双方的边境地区开发边境一日游的旅游产品。① 尼泊尔为了吸引更多的中国游客,在中国的其他相对较为发达的城市也举办了旅游推介会,尼泊尔国家旅游局借此机会详细介绍尼泊尔的旅游资源、特殊的旅游项目以及未

---

① http://www.lvmama.com/lvyou/guide/2010-1129-66455.html.

来的关于旅游的计划等,让中国游客更加全面地了解了尼泊尔,同时刺激了中国游客前往尼泊尔旅游的欲望。2013年5月22日下午,尼泊尔在西安承办旅游推介会,会上不仅向中国游客展示尼泊尔令人沉醉其中的旅游胜地,而且重申了中尼双方的良好的合作关系。与此同时,推介会上尼泊尔旅游局推出"伟大喜马拉雅山之旅"旅游产品,全程共计1700公里,吸引了广大探险和徒步旅游爱好者。①

二、中国至斯里兰卡旅游线路及营销策略

(一) 国家概况

斯里兰卡,全称斯里兰卡民主社会主义共和国(The Democratic Socialist Republic of Sri Lanka)②,旧称锡兰,是个热带岛国,位于印度洋上,英联邦成员国之一。中国古代曾经称其为狮子国、僧伽罗。斯里兰卡在僧伽罗语中意为"乐土"或"光明富庶的土地",它有"宝石王国""印度洋上的明珠"的美称,被马可·波罗认为是最美丽的岛屿。斯里兰卡为多民族国家,有僧伽罗族、泰米尔族、摩尔族(穆斯林)等民族,其中,僧伽罗族占74.9%,泰米尔族占15.4%,摩尔族占9.2%,其他民族占0.5%。③

斯里兰卡是印度洋上的岛国,位于北纬5°55′~9°50′,东经79°42′~81°53′之间,在南亚次大陆南端,西北隔保克海峡与印度半岛相望。南北长432公里,东西宽224公里,国土面积为65610平方公里。④ 斯里兰卡属热带季风气候。终年如夏,年平均气温28℃。各地年平均降水量1283~3321毫米不等。⑤

---

① http://finance.huanqiu.com/events/2013-05/3977424.html.
② 斯里兰卡国家概况.中国外交部.
③ 民族.驻斯里兰卡经商参赞处.
④ 斯里兰卡概况.新华网.
⑤ 周敏.世界地图册[M].中国地图出版社,2008.

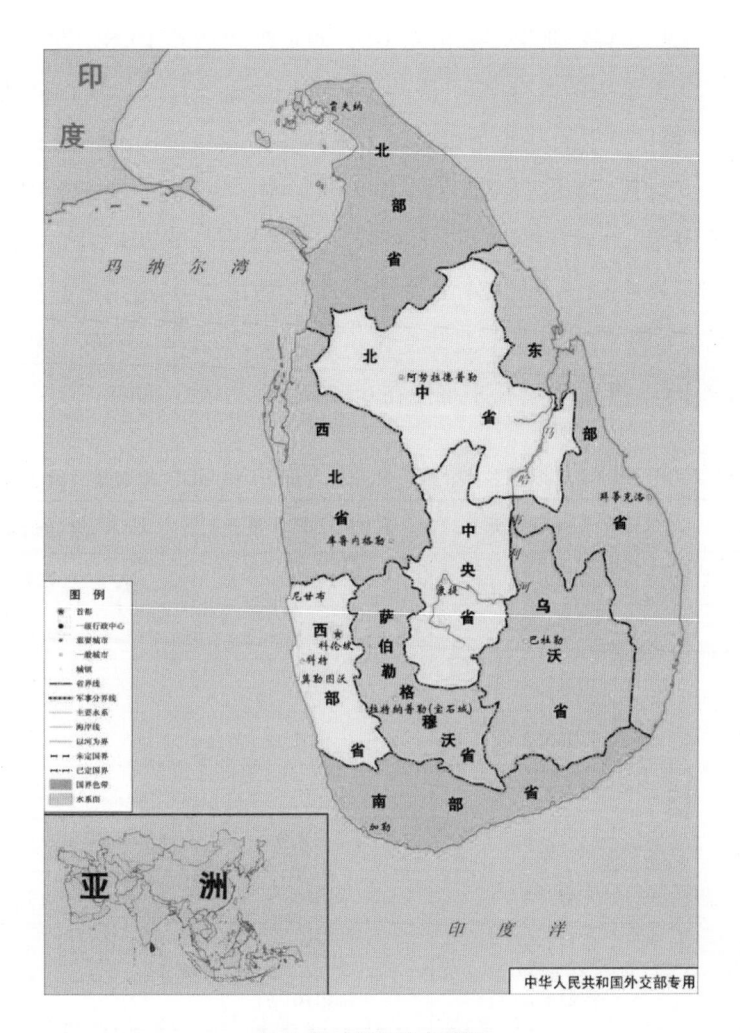

图 3.8 斯里兰卡地图

资料来源：http://map.ps123.net/world/4665.html.

（二）经济概况

斯里兰卡以种植经济为主，生产的主要作物有茶叶、橡胶、椰子和稻米等。其生产的茶叶深受一些欧洲发达国家的喜爱，例如法国、英国以及德国等，尤其是红茶产品享誉全球，它是世界上最大的红茶生产基地。斯里兰卡工业基础薄弱，大多数工业生产基地集中于科伦坡地区。2013年工业生产总值对GDP的贡献率为31.1%，同比增长了9.9%。斯里兰卡可种植面积大约为

400万公顷。2013年农业生产总值对GDP的贡献率达到10.8%左右,同比增长了5%。2013年服务业生产产值对GDP的贡献率为58.1%,同比增长了6.4%,可见斯里兰卡的服务业相对较为发达,是发展国民经济过程中必不可少的一部分,对其经济的进步产生了很大的影响。①据世界银行数据可知,斯里兰卡的GDP由2006年的28279.8百万美元快速增长到2015年的82315百万美元,同期,人均GDP由1424.1美元增长到3926.2美元,两者都呈现不断上升的趋势,GDP的年增长率波动变化不大,在2012年,GDP的年增长率达到最大为9.1%,年平均增长率维持在6%左右(见表3.6)。

表3.6 2006—2015年斯里兰卡的GDP、人均GDP和GDP年增长率的变化趋势

年份	GDP（百万美元）	人均GDP（美元）	GDP年增长率（%）
2006	28279.8	1424.1	7.7
2007	32350.2	1614.4	6.8
2008	40713.8	2011.0	6.0
2009	42066.2	2057.0	3.5
2010	56725.8	2746.6	8.0
2011	65292.7	3128.7	8.4
2012	68434.4	3366.5	9.1
2013	74317.8	3628.3	3.4
2014	78823.6	3819.2	4.5
2015	82315.0	3926.2	4.8

数据来源：世界银行。

(三) 旅游业概况

1. 整体旅游业的发展状况

斯里兰卡旅游业的发展正处于鼎盛时期,旅游收入是斯里兰卡GDP的重

---

① 斯里兰卡国家概况. 中国外交部.

要的来源之一。政府为鼓励旅游业的发展，实施了一系列促进旅游发展的措施以及对其旅游基础设施进行了完善。斯里兰卡地处热带，没有明显的四季之分。斯里兰卡的旅游旺季在7月至8月以及12月份至次年的3月份。

2. 出入境旅游的发展状况

斯里兰卡入境旅游的发展较为迅速，其游客主要来自一些与其相邻的亚洲国家，例如印度、马来西亚等，还有少部分的游客来自于欧洲一些发达国家，例如英国和德国。2003～2005年期间，其入境旅游人次突破50万人次。根据联合国世界旅游组织公布的数据，2013年斯里兰卡旅游业发展速度在全球77个国家中，位居首位。从表3.7中可以看出：2006～2015年期间，斯里兰卡的入境旅游人次和出境旅游人次分别从56万人次和75.7万人次增长到205.1万人次和135.6万人次，2006～2012年期间，入境旅游人次一直小于出境旅游人次，在2013和2014年的时候前者终于超过了后者。2006～2015年期间，国际旅游收入和国际旅游消费分别由733和666百万美元增长到3978和2152百万美元，在这期间，国际旅游收入一直大于国际旅游消费，表现为旅游服务贸易顺差。2006～2009期间，旅游服务贸易顺差额一直在减少，从67百万美元减少到19百万美元。但是在2010年，顺差额突增到216百万美元，2010～2013年期间，旅游服务贸易顺差额在不断地增大，在2013年达到698百万美元，在2015年达到1826百万美元。

表3.7　2006—2015年斯里兰卡出入境旅游业发展情况

年份	入境旅游人次（万人）	出境旅游人次（万人）	国际旅游收入（百万美元）	国际旅游消费（百万美元）
2006	56.0	75.7	733	666
2007	49.4	86.2	750	709
2008	43.8	96.6	803	777
2009	44.8	96.3	754	735
2010	65.4	112.2	1044	828
2011	85.6	239.0	1421	926
2012	100.6	269.0	1756	1219

（续上表）

年份	入境旅游人次（万人）	出境旅游人次（万人）	国际旅游收入（百万美元）	国际旅游消费（百万美元）
2013	127.5	126.2	2506	1808
2014	152.7	131.1	3278	1922
2015	205.1	135.6	3978	2152

数据来源：世界银行。

（四）旅游营销策略

1. 斯里兰卡的旅游营销策略

（1）价格营销

斯里兰卡的旅游业起步相对较晚，为开拓旅游市场，斯里兰卡旅游局在与其旅游资源相似的南亚国家共同争取海外游客时，施行价格促销，这一促销活动产生了很大的影响，让一些德国、美国、中国以及日本等海外国家的游客都前往斯里兰卡度假。斯里兰卡的交通和住宿的价格都相对低廉，即便在那些深受游客喜爱的地区，1间双人房的价格也只是30美元左右，比其他国家同等水平的房间，价格相对较低，另外，从科伦坡至中部山城康体，大约有115公里的车程，交通费用却不足17美元。一些普通旅馆和一般性的公共汽车的价格就更为廉价了。据《国际先驱论报》（1992年9月28日）报道，斯里兰卡的房租费和交通费相对于周边国家都比较低，称它为"惊人的低廉"，一些对价格比较敏感的游客，就会倾向于选择斯里兰卡。另外，近几年来，随着中国经济的发展，中国已经逐渐成为全球最大的旅游客源国。然而中国人对斯里兰卡知之甚少，甚至不知道斯里兰卡具体的地理位置。斯里兰卡针对中国市场相继推出各具特色的全新特惠旅游产品。旅游路线中包括了斯里兰卡最受欢迎的旅游目的地和旅游体验项目，价格相对便宜。据了解，2007年斯航对中国游客实施价格营销政策，推出二人出游的旅游产品，但是价格相当于"买一送一"。

（2）事件性营销

① 举办国际交流活动。为扩大斯里兰卡在海外国家中的知名度，斯里兰

卡积极举办一些国际交流活动。在活动中，斯里兰卡主动与其他国家进行交流，向他们介绍推广自身的旅游资源并发出合作的邀请。例如2005年3月份，斯里兰卡举办世界鼓节，全球的鼓爱好者都来到斯里兰卡观看表演。同年的10月份，其又组织承办了世界美食文化节。这一活动不仅宣传了斯里兰卡的美食文化，而且刺激了游客们到斯里兰卡度假旅游的兴趣。

② 开展主题活动。随着斯里兰卡旅游业的发展，为满足不同海外游客的旅游需求，开发了不同主题的旅游项目，这些项目受到了很大的欢迎。例如斯航推出了"家行天下"的活动，旨在为休闲旅游和商务旅游的游客提供舒适、安全和高质量的服务，让他们觉得即使出门在外，也有着家一般的感觉，感觉不到离开家乡的不习惯，让游客们感受到斯里兰卡的热情。

③ 号召全球参与国际救援活动。2004年，印度洋海啸给斯里兰卡带来了很大的灾难。为恢复旅游业的发展，斯里兰卡提出了"来斯里兰卡旅游是另一种救援"的口号。因此，来斯里兰卡不再仅仅是旅游观光和休闲度假，而是参与国际救援活动，这赋予去斯里兰卡旅游一种神圣的意义。斯方说很多中国游客因为此次海啸知道了斯里兰卡，他们开展各种各样的爱心捐募活动，促进了中国和斯里兰卡双方国民之间的感情交流。同时，斯里兰卡的旅游团队设计了独特的旅游项目，旨在提醒游客在游玩的同时不要忘记帮助斯里兰卡人民走出海啸给他们带来的痛苦，这个旅游项目把游览活动与援助工作结合在一起。在斯里兰卡旅游过程中，旅游者专门拿出一天的时间来参与当地的救援工作，游客们亲手把食物、礼物和玩具分给那些因为海啸而受难的儿童，让孩子们的脸庞上又重现那些明媚灿烂的笑容，给游客留下了一次印象深刻并且意义非凡的旅游体验。①

2. 中国对斯里兰卡的营销策略

（1）利用佛教文化进行宣传

中国很多人都信仰佛教，而斯里兰卡的佛教属于巴利语系佛教，两国都是佛教大国。中国为宣传佛文化，远赴斯里兰卡。通过佛文化的交流，吸引斯里

---

① 陈静. 斯里兰卡：让旅游业重见阳光［N］. 中国旅游报，2005-01-21.

兰卡的国民前来中国旅游，欣赏中国的佛教文化。

（2）参加斯举办的国际交流会

参与国际交流会是宣传自身文化和资源的良好途径之一。中国经常参加斯里兰卡举办的国际交流活动，旨在向斯里兰卡介绍和宣传中国。2003年5月，中国政府出席斯里兰卡举办的国际旅游交流会。中国积极与斯里兰卡的同行交流意见，与他们针对旅游业务进行了会谈，会谈的过程中，各国政府都表达了对有关"非典"情况的关心，表示愿意伸出援助之手，并由衷地祝愿中国人民早日战胜"非典"，迅速重振旅游业的雄风。①

第三节 中国至马尔代夫、不丹旅游线路及营销策略

一、中国至马尔代夫旅游线路及营销策略

（一）国家概况

马尔代夫，全称马尔代夫共和国（原名马尔代夫群岛，1968年11月改为现名②），位于南亚，是印度洋上的一个岛国，也是世界上最大的珊瑚岛国。由1200余个小珊瑚岛屿组成，其中202个岛屿有人居住，从空中鸟瞰就像一串珍珠撒在印度洋上。其面积300平方公里（不计算领海），是亚洲最小的国家③。截至2015年，马尔代夫总人口为40.9万，均为马尔代夫族。马尔代夫自称是印度雅利安人种。马尔代夫的教科书说，马尔代夫人在外表、语言、性格、文化、传统和行为等方面类似印度人、斯里兰卡人和阿拉伯人。④

马尔代夫是地处亚洲印度洋上的一个群岛国家，马尔代夫位于北纬4°，

---

① 王海洋. 中国代表团参加斯里兰卡旅交会考察赴斯旅游市场［N］. 中国旅游报，2003-07-23.
② 马尔代夫历史. 中国百科网.
③ 马尔代夫背景. 腾讯网.
④ 中国驻马尔代夫大使馆经济商务参赞处. 对外投资合作国别（地区）指南——马尔代夫［M］. 商务部出版社，2014.

东经73°，平均海拔1.8米。它是由26组自然环礁、1192个珊瑚岛组成，构成20个环礁，分布在9万平方公里的海域内，其中有人定居的岛屿有200座[①]。马尔代夫位于赤道附近，具有明显的热带雨林气候特征，大部分地区属热带季风气候，南部为热带雨林气候，终年炎热、潮湿、多雨，无四季之分。没有飓风、龙卷风，偶尔有暴风。年降水量1900毫米，年平均气温28℃。每年3月至4月份气温最高，达32℃。[②]

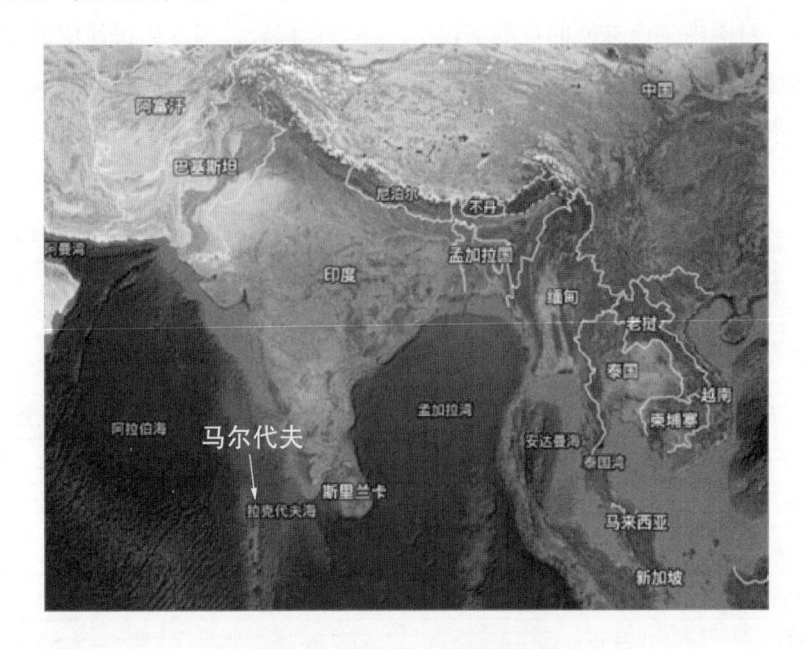

图3.9 马尔代夫的地理位置

资料来源：http://mt.sohu.com/20150708/n416388148.shtml.

（二）经济概况

马尔代夫是一个岛国，旅游业、渔业和运输业是其三大产业，其中旅游业是其最大的产业，对马尔代夫GDP的贡献率相对较高。渔业是其第二大行业，由于其地理位置具有很大优势，渔业资源相对较为丰富，盛产金枪鱼、海龟、鲸鱼、龙虾以及海参等。很多的鱼类资源出口其他国家和地区，主要出口到中

[①] 马尔代夫. 中国外交部.
[②] 马尔代夫简介. 全国人民代表大会网.

国香港、日本、斯里兰卡以及新加坡等。2013 年，渔业的总产值达到了 3.25 亿拉菲亚（马尔代夫卢比是马尔代夫共和国的货币，也称为马尔代夫拉菲亚），对当年国内生产总值的贡献率为 1.5%。[1] 由于马尔代夫的国土面积较小，土地资源也少，因此与大多数亚洲国家不同，其农业在国民经济的发展过程中发挥了相对较小的作用。为保护马尔代夫的环境和旅游资源不受污染，其工业的发展也受到了很大的制约，工业生产总值相对于旅游业和渔业的生产总值不高，对国内生产总值的贡献率较小。在马尔代夫，当地居民使用的主要交通工具是船舶，马尔代夫海上运输业相对较为发达，领先于一些亚洲国家。它有着 7 条海上国际航线，主要通往斯里兰卡、印度、阿联酋、南非以及新加坡等国家[2]。近几年来，马尔代夫的经济一直保持着较快的发展速度，GDP 和人均 GDP 分别由 2006 年的 1474.7 百万美元和 4428.5 美元增长到 2015 年的 3435.0 百万美元和 8395.8 美元，GDP 的年增长率维持在 7.7% 左右（见表 3.8）。

表 3.8 2006—2015 年马尔代夫的 GDP、人均 GDP 与 GDP 年增长率的变化趋势

年份	GDP（百万美元）	人均 GDP（美元）	GDP 年增长率（%）
2006	1474.7	4428.5	20.7
2007	1746.0	5002.9	10.8
2008	2117.8	5850.2	12.5
2009	2166.3	6017.6	-5.5
2010	2323.4	6330.8	6.0
2011	2449.6	6497.6	8.7
2012	2514.0	6530.0	2.5
2013	2790.7	7100.9	4.7
2014	3061.8	7635.5	6.5
2015	3435.0	8395.8	2.9

数据来源：世界银行。

---

[1] 马尔代夫概况. 新华网.
[2] 马尔代夫. 中国外交部.

(三) 旅游业概况

1. 整体旅游业的发展状况

旅游收入对国内生产总值贡献率多年维持在 25% 左右。旅游业贡献率呈现不断上升的趋势，在 2010～2014 年期间，其旅游收入由 5335.4 万拉菲亚逐渐增长到 6601 万拉菲亚，只有在 2012 年旅游贡献有所下降，其增长率下降了 0.1%（见表 3.9）。这主要是因为在 2012 年，马尔代夫发生政变这一事件严重影响了入境旅游的发展，最终使得旅游收入有所下降。从以上数据，可以看出马尔代夫旅游业总收入为国民经济做出了巨大的贡献。马尔代夫拥有着完善的旅游设施，其施行"一岛一酒店的原则"，每个酒店内部有着风格独特和设计新颖的设施设备，这不仅成为了马尔代夫海滨度假酒店的亮点，而且增添了酒店的特色和吸引力。酒店的设计按照本土化与科技化相结合的原则，海岛上的度假村都是单层建筑并且大多数是依照茅草屋的形式设计的，建筑材料大部分是木材，使得这些酒店与当地的房屋建筑融为一体，当然，酒店内部也配备了空调、电话、电脑等一系列的电子设备。截至 2012 年，马尔代夫这座岛国上，已经有 97 个旅游岛和酒店，有大约 2.5 万个床位，酒店的入住率较高，达到了 70.4%，而且游客每人平均在马尔代夫停留时间 6.7 天。[①]

表 3.9　2010—2014 年的 GDP、旅游收入、旅游收入增长率以及旅游贡献率

年份	GDP（万拉菲亚）	旅游收入（万拉菲亚）	旅游收入增长（%）	旅游贡献率（%）
2010	20966	5335.4	15.8	25.4
2011	22791.9	5824.7	9.2	25.6
2012	23361.4	5820.6	-0.1	24.9
2013	24458.9	6436.1	9.0	25.9
2014	26043.7	6601	4.0	25.3

数据来源：马尔代夫国家统计局。

---

① 马尔代夫. 中国外交部.

马尔代夫利用其自身丰富的滨海资源条件，开发了享誉全球的海岛休闲度假旅游，不仅接待了众多的欧洲和美洲游客，其中不乏有很多影视名人或者体育名人，也接待了一些与其相邻的亚洲国家的游客例如中国以及日本，可见其入境旅游市场相对较广。由表 3.10 可知：马尔代夫入境旅游人数由 2006 年的 60.2 万人次增长到 2015 年的 128.6 万人次，同期入境旅游收入和出境旅游消费分别由 1235 万美元和 106 万美元增加到 2664 和 296 万美元，从这些数据可以看出，马尔代夫的入境旅游发展要远远比出境旅游发达。其旅游服务贸易表现为旅游服务贸易顺差即入境旅游收入大于出境旅游消费。从表 3.11 中，可以看出 2014 年马尔代夫前 10 大入境旅游市场，其中中国是马尔代夫第一大客源国，德国是它的第二大客源国。

表 3.10　2006—2015 年出入境旅游业发展情况

年份	入境旅游人数（个）	出境旅游人次（个）	入境旅游收入（万美元）	出境旅游花费（万美元）
2006	602000	74000	1235	106
2007	676000	102000	1515	152
2008	683000	123000	1559	211
2009	656000	/	1473	212
2010	792000	/	1713	252
2011	931000	/	1942	233
2012	958000	/	1951	207
2013	1125000	/	2333	246
2014	1205000	/	2645	279
2015	1286000	/	2664	296

数据来源：世界银行。

表 3.11　2014 年马尔代夫的前 10 大客源国及其所占比例

排名	国家	2014	
		入境游客人次	所占比例（%）
1	中国	363626	30.2
2	德国	98328	8.2
3	英国	88704	7.4
4	俄罗斯	66308	5.5
5	意大利	57862	4.8
6	法国	50656	4.2
7	印度	45587	3.8
8	日本	38817	3.2
9	韩国	34896	2.9
10	瑞士	31497	2.6

数据来源：马尔代夫旅游局。

（四）旅游营销策略

1. 马尔代夫的旅游营销策略

（1）宣传标语的推广

如今提到马尔代夫，我们就会联想到度假胜地、度假天堂或者蜜月旅游胜地等，这些都是旅游大众给马尔代夫的一个定位，是马尔代夫的身份标签。这些形象定位主要是通过宣传标语的推广。2004 年，印度洋发生海啸，使其周边国家的经济遭受了很大的破坏，尤其是旅游业，很多游客因为惧怕海啸的发生，选择相对安全的国家度假。为全面恢复旅游业，马尔代夫推出了"马尔代夫是安全的"宣传口号。目的是告诉海外游客们，马尔代夫很安全，欢迎前来度假。2008 年，马尔代夫又推出了"马尔代夫——让生活充满阳光"的宣传标语，这一口号吸引了很多游客来马享受阳光的沐浴。同样的，马尔代夫的每个岛根据自身的特色制定相应的宣传标语，例如欢乐岛的宣传标语为"保持原样（Still the Same）"。

（2）推介会的推广

马尔代夫的政府参加全球各地的旅游推介会，在推介会上对马尔代夫的旅游资源和旅游项目进行解说,让世界各地的游客了解马尔代夫。例如:2015年,马尔代夫旅游局带领本土的航空公司、酒店以及旅行社等有关旅游的企业在中国北京开展2015年大中华路演活动。这次活动为马尔代夫的旅游企业提供了一个了解中国游客的机会,并且加强了其与中国企业的沟通和了解,促进双方交流与合作,深化中国客源市场,吸引更多中国游客前往马尔代夫度假①。

(3)口碑效应

马尔代夫凭借其优质的滨海资源及其全方位的服务,提高了游客对其满意度以及忠诚度,同时也为自身打造了良好的口碑。"向自己的亲朋好友诉说自身在海外旅游的经历"这一行为已经成为中国出境游客结束境外旅游后的常态行为,随着科学技术的发展以及互联网的普及,一些游客更倾向于在常用的社交媒体上分享自己的经历,这无意中就为马尔代夫旅游进行了宣传。②游客通过发微博、微信、游记等来传播自身对旅游目的地的感想。多形式的传播无疑对旅游目的地产生很大的影响。对马尔代夫而言,这些良好的口碑传播一定会促进马尔代夫旅游业的发展,使得更多的海外游客来游玩。

2. 中国对马尔代夫的旅游营销策略

(1)通过政府推动营销

为推动我国与马尔代夫的旅游合作与交流,中国政府做出了很多努力。在政府的鼓励和努力下,马尔代夫人民不仅对中国有了新的认识,而且产生了来中国旅游的强大欲望。例如2015年4月,云南省省长陈豪带领着政府代表团访问马尔代夫,致力于推动云南省与马尔代夫在经贸、文化和旅游等方面的合作与交流,并且宣传推介第3届中国—南亚博览会。③另外,2016年1月13日,驻马尔代夫大使王福康会见马尔代夫旅游部部长扎米尔,双方就怎样进一步加强双边旅游合作与投资等交换了各自的意见,进一步促进了双方的

---

① http://travel.cnr.cn/list/20151220/t20151220_520854952.shtml.
② http://www.wtoutiao.com/p/11b6Apg.html.
③ http://www.chinanews.com/gn/2015/04-14/7205184.shtml.

了解。①

(2) 通过投资推动营销

马尔代夫对旅游投资有限，欢迎中国企业投资其旅游企业。中国企业通过投资当地的旅游社以及旅游酒店等来宣传中国文明友好的文化，从而促进双方的旅游交流。例如2015年6月8日，中国首家企业投资马尔代夫旅游岛酒店，表明了中马双方都鼓励中国企业投资马尔代夫的旅游产业。② 双方的投资合作一定会推动旅游领域方面的合作更上新台阶。同时，由于中国企业进入马尔代夫，一定会有许多的中国籍员工前往马尔代夫，看到中国籍员工的生活习惯以及相处方式，必然引起马尔代夫人民对中国人的生活和文化的好奇心，刺激来中的旅游需求。

二、中国至不丹旅游线路及营销策略

（一）国家概况

不丹王国（藏语拼音：Zhugyü，威利：vBrug – yul），简称"不丹"，2012年，不丹人口736453人。不丹族是不丹的主体民族，西部不丹语"宗卡"和英语为官方用语。廷布市（Thimphu City），不丹的首都，也是全国的最大城市，位于旺河河谷，海拔2500米，1955年定为不丹首都。不丹是世界上最后一个开放电视与网络的国家。不丹经济相当落后，是最不发达国家之一，但2006年发布的"全球快乐国度排行榜"中，不丹却名列第八位，位列亚洲第一位③。

不丹位于亚洲南部，是喜马拉雅山东段南坡的内陆国家，西北部、北部与中国西藏接壤，西部、南部和东部分别与印度锡金邦、西孟加拉邦、中国山南市交界，总面积38394平方千米。不丹的地势高低悬殊，北高南低，从北至南，逐渐下降，分为北部高山区、中部河谷区和南部丘陵平原区，全国除南部小范围的杜瓦尔平原外，山地占总面积的95%以上。不丹北高南低，南部山

---

① http：//mv.chineseembassy.org/chn/sgsd/t1331639.htm.
② http：//mv.china – embassy.org/chn/mytz/t1271315.htm.
③ 百度百科．http：//baike.baidu.com/.

区属亚热带气候，湿润多雨，年降水 5000～6000 毫米；中部河谷区，气候温和，年降水 760～2000 毫米；海拔 180～7550 米①。

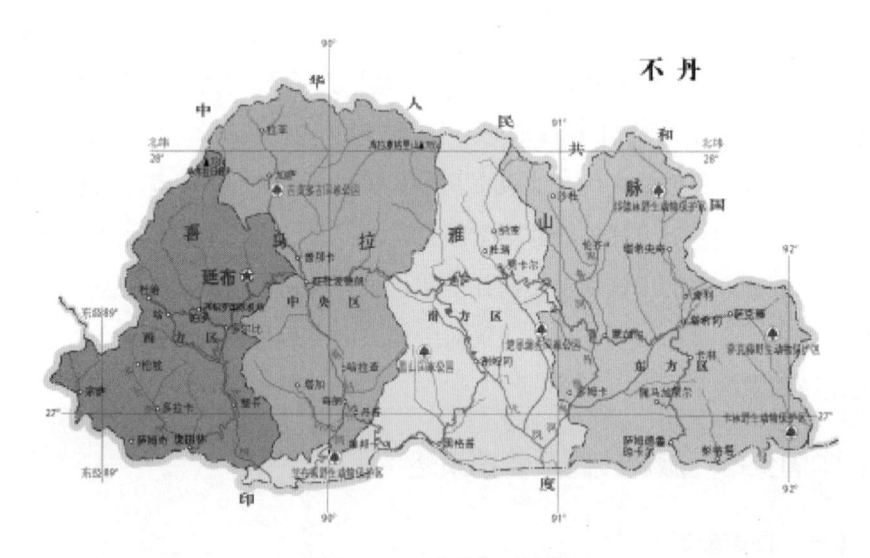

图 3.10 不丹的行政区划

资料来源：http://blog.sina.com.cn/s/blog_55cebb0d0102vpfs.html.

（二）经济概况

不丹的经济较不发达，居亚洲最后一位。我们都知道大多数国家都利用 GDP 这个经济数据作为衡量社会的发展水平，而不丹则采用 GNH（国民幸福指数）标准来衡量，它主要考察四个方面，分别是可持续发展、环境保护、文化保护以及政府的有效管理。② 农业是不丹的主要产业。2010 年，不丹工业生产总值达到 294 亿努扎姆，增长幅度为 12% 左右，对国内生产总值的贡献率为 40.6%，其中包括了建筑业、制造业和水电产业。建筑业的总产值是 103.1 亿努扎姆，对国内生产总值的贡献率为 14%。制造业总产值是 63.2 亿努扎姆，对国内生产总值的贡献率为 8.7%。2010 年，水电产业的总产值是 127.6 亿努，对国内生产总值的贡献率是 17.6%，可见在其工业产业中，水电

---

① 不丹地理. 不丹旅游网.
② 不丹：不以 GDP 而是以幸福指数闻名的国家. http://mt.sohu.com/20150520/n413404461.shtml.

产业对 GDP 的贡献率最大①。从图 3.11 可知在 2006～2015 年期间，不丹的 GDP 由 897.7 百万美元逐渐增长到 2058.0 百万美元（2012 和 2013 年除外）。同期人均 GDP 由 1346.1 美元增长到 2656.0 美元（2013 年除外）。两者的变化趋势大致相同，都呈现逐渐上升的趋势。从 GDP 的年增长率（见图 3.12），同样可以看出，GDP 每年都在上升，尤其是 2007 年的年增长率达到 17.9%。但是 GDP 的年增长率的变化趋势较大，而且整体上呈现下降趋势，由 6.8% 下降到 6.5%。

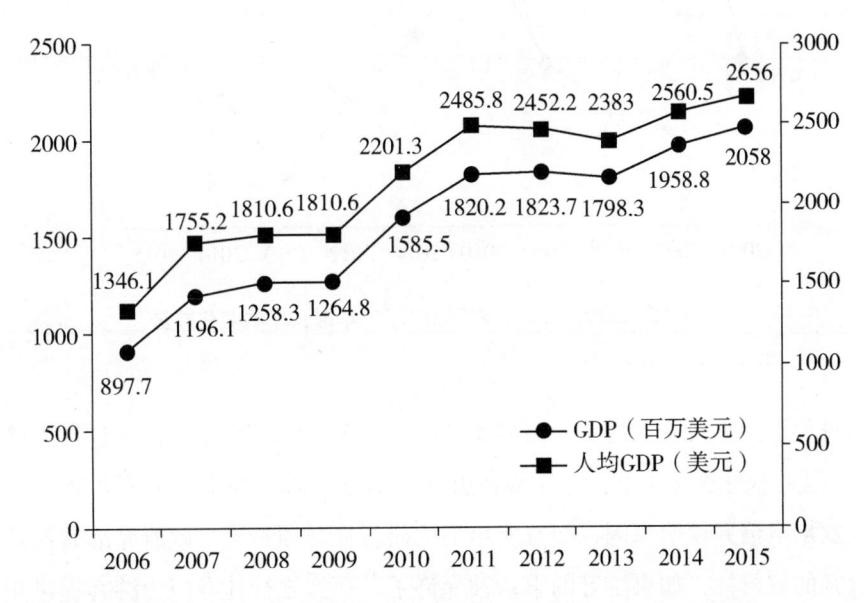

图 3.11　2006—2015 年不丹 GDP 和人均 GDP 的变化趋势

数据来源：世界银行。

（三）旅游业概况

1. 整体旅游业的发展状况

不丹位于印度洋与喜马拉雅山脉之间，其海拔差异较大，纬度较低，导致不丹的地形地势复杂多样，气候类型复杂，自然资源特色鲜明，从而形成了吸引力较强而又风格迥异的自然景观，使得其旅游业相对发达②。入境旅游收入

---

① 不丹国家概况. 中国外交部.
② 李宁. 试析不丹旅游产业的成就与问题 [J]. 陕西行政学院学报，2014（01）：96-100.

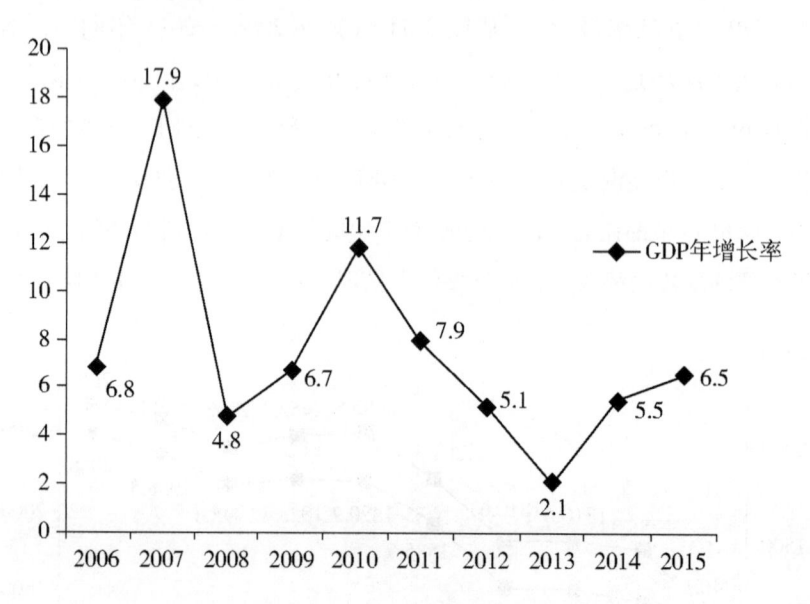

图 3.12　2006—2015 年不丹 GDP 年增长率的变化趋势

数据来源：世界银行。

是不丹外汇的重要来源之一。虽然 1974 年已经开始发展旅游业（包括入境旅游），但是不丹政府规定，海外游客想进入不丹旅游必须提前向不丹当地的旅行社发出申请并说明原因，而且所申请的旅行社必须是不丹政府允准其接待海外游客的旅行社，如果游客的申请被允许了，那么旅行社专门为游客提供相关签证表格，帮助游客办理相应的手续。旅行社必须提前向不丹政府说明此次旅游团队全部的计划包括旅游景点、时间以及住宿等等，可见当时不丹的入境旅游发展受到了很大的限制。近年来，进入不丹旅游的限制减少了许多，不丹政府已经颁布了支持部分国家落地签或者免签的旅游政策。不丹政府为了保护环境和加大对环境保护的投资，海外游客必须每人每天花费约 200 美元，政府将用这部分的钱投资到环境的保护活动当中。另外，规定寺院、宗教等旅游胜地不再供游客游玩和参观。每年的 3 月至 6 月、9 月至 12 月是不丹的旅游旺季，其主要客源国为日本、美国和中国等国家。

2. 出入境旅游的发展状况

近 40 年来，不丹的旅游业取得了较为显著的成绩。从表 3.12 可见，其入境旅游人次由 2006 年的 17000 人次增长到 2015 年的 155000 人次。只有 2009 年的旅游人次相对上一年下降了，其余年份都在上升且上升的速度较快。同样地，入境旅游收入从 2006 年的 3600 万美元增加到 2015 年的 11900 万美元，同期，出境旅游消费由 22 百万美元增长到 44 百万美元。其增长速度小于入境旅游收入的增长速度。同时，也可以看出不丹的出入境旅游都相对较不发达，但是其入境旅游相对于出境旅游较为发达。不丹的旅游服务贸易在除去 2008 年以外的其他年份，一直表现为旅游贸易顺差，且顺差额有逐渐增大的趋势。

表 3.12　不丹 2006—2015 年的出入境旅游业发展情况

年份	入境旅游人次（个）	入境旅游收入（美元）	出境旅游消费（美元）	旅游贸易顺差额（美元）
2006	17000	36000000	22000000	14000000
2007	21000	47000000	26000000	21000000
2008	28000	47000000	65000000	-18000000
2009	23000	51000000	34000000	17000000
2010	41000	64000000	43000000	21000000
2011	66000	76000000	58000000	18000000
2012	105000	93000000	70000000	23000000
2013	116000	118000000	67000000	51000000
2014	134000	125000000	42000000	83000000
2015	155000	119000000	44000000	75000000

数据来源：世界银行。

（四）旅游营销措施

1. 品牌营销

不丹的旅游营销主要是通过品牌营销。不丹的大多数居民都信仰宗教，宗教在不丹的政治和生活中都起到了重要的作用。不丹的风俗大多数都深受宗教的影响。在不丹传统文化中，宗教文化是最值得骄傲的文化资源，其中藏传佛教文化是最受当地居民推崇的，同时产生了一系列的具有旅游特色的宗教性旅游资源包括建筑、节庆等。这些宗教性的旅游资源赋予了不丹王国一种神秘的色彩。因此不丹王国将其自身打造成一个神秘的国家，而这层神秘的面纱引起了海外的关注，吸引了一大批游客去往不丹观赏其面纱下的真面目。虽然不丹的经济较不发达，但是 2006 年发布的"幸福排行榜"中，它却位于世界前列，居全世界的第八位，在亚洲国家中排第一位。另外不丹拥有很多特色的称呼，它是一个极其清洁干净的国家，它是有着自有特色和统一服装的国家，它是一个禁止使用塑料袋的国家，它也是世界上唯一一个禁止吸烟的国家！它是世界上唯一一个以藏传佛教为国教的国家！是世界上唯一一个没有夜生活的国家！这些独特的"唯一"更加使得不丹神秘和特殊。不丹的这些"唯一"越发地激发了海外游客的旅游欲望，使人想亲眼见识一下这样一个神秘的国家。

第四章　中国至西亚精品旅游线路及营销策略

第一节　中国至沙特阿拉伯、阿曼旅游线路及营销策略

一、中国至沙特阿拉伯旅游线路及营销策略

（一）国家概况

沙特阿拉伯王国（阿拉伯语：مملكة عربية سعودية，英语：Kingdom of Saudi Arabia），位于亚洲的西南部，东濒波斯湾，西临红海。首都位于利雅得（Riyadh），全国面积225万平方公里，海岸线长2448公里，人口3154万（2015年），其中沙特公民约占67%。居民信仰伊斯兰教，并奉为国教。官方语言是阿拉伯语。该国大部分为热带沙漠气候，西南高原和北方地区是亚热带地中海型气候。年平均降雨不超过200毫米，夏季炎热干燥，最高气温可达50℃以上；冬季气候温和。

沙特被称为"石油王国"，石油储量和产量均居世界首位，因此成为世界上最富裕的国家之一。沙特海水淡化量占世界总量的21%左右，是世界上最大的淡化海水生产国。伊斯兰教创建人穆罕默德诞生于麦加，这是伊斯兰教徒朝觐圣地①。

---

① 沙特阿拉伯国家概况．中国外交部．

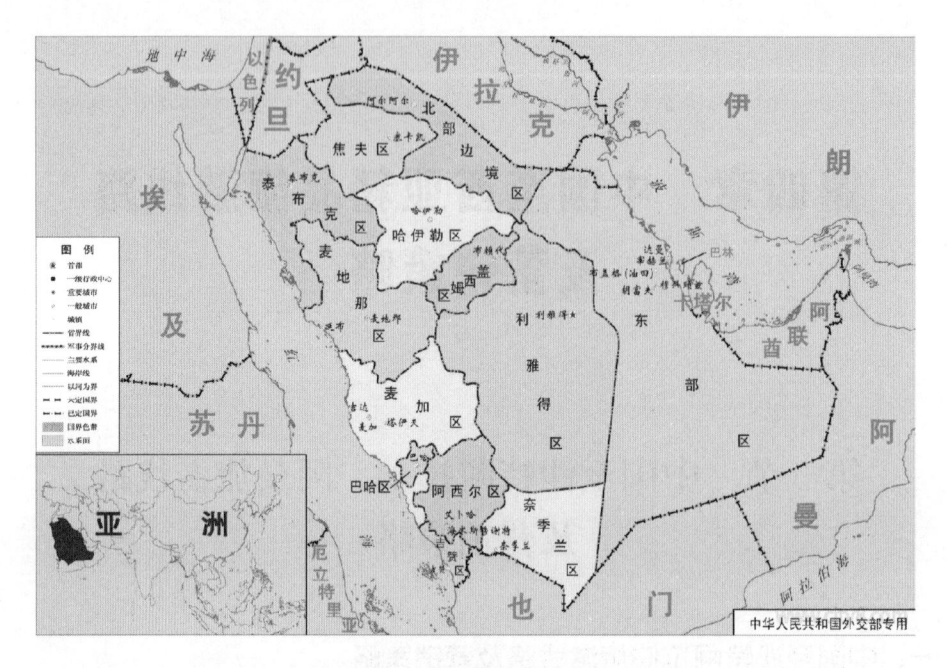

图 4.1 沙特阿拉伯地图

资料来源：http：//image.baidu.com/．

（二）经济概况

沙特阿拉伯以石油工业为主，经济保持较快增长，由于大部分地区降水较少，农业发展受到极大限制，同时沙特是世界上最大的大麦进口国，年均进口约 600 万吨。水果自给率达到 60%。畜牧业主要养殖骆驼、绵羊、山羊等。近几年来，政府为了摆脱单一的经济发展模式，鼓励经济发展多元化，加大基础设施的建设。2005 年 12 月，沙特成为世界贸易组织成员国之一[①]。据世界银行统计，沙特在 2006 年 GDP 为 3769 亿美元，人均 GDP 为 14826.9 美元，GDP 年增长率波动增长，在 2011 年达到 10%，至 2015 年，国内生产总值达到 6460.2 亿美元，人均 GDP 为 20481.7 美元，属于高收入国家之一（见表 4.1）。据 2014 年世界经济论坛统计，沙特经济全球竞争力排名第二十四位。

---

① 沙特阿拉伯国家概况．中国国家外交部网站．

表4.1　2006—2015年沙特阿拉伯的GDP、人均GDP和GDP年增长率的变化趋势

年份	GDP（亿美元）	人均GDP（美元）	GDP年增长率（%）
2006	3769.0	14826.9	5.6
2007	4159.6	15947.4	6.0
2008	5198.0	19436.9	8.4
2009	4291.0	15655.1	1.8
2010	5268.1	18754.0	4.8
2011	6695.1	23256.1	10.0
2012	7339.6	24883.2	5.4
2013	7443.4	24646.0	2.7
2014	7462.5	24161.0	3.5
2015	6460.2	20481.7	3.5

数据来源：世界银行。

（三）旅游业概况

1. 整体旅游业的发展状况

沙特没有一般意义上的旅游业，沙特的旅游收入主要来自于每年的穆斯林朝觐所得，据沙特统计，每年在10月来沙特朝觐的穆斯林平均花费近1.7万里亚尔（约合4633美元），国内朝觐者平均花费为5000里亚尔（约合1319美元）。近几年，沙特政府逐渐意识到发展旅游业的重要性，将开放旅游市场，放宽签证政策，同时加大旅游投入。沙特是一个高收入国家，其出境消费占总进口的比例远远高于入境旅游收入占总出口的比例（见表4.2），如在2006年出境旅游消费占总进口比例为11.4%，入境旅游收入占总出口的比例为2.1%，随着沙特经济的快速发展，其出境旅游和入境旅游都得到了一定的发展，在2015年入境旅游收入占总出口的比例和出境旅游消费占总进口的比例分别为5.1%和8.8%。

表 4.2　2006—2015 年沙特入境旅游收入占总出口的比例和出境旅游消费占总进口的比例

年份	国际旅游收入占总出口的比例（%）	国际旅游消费占总进口的比例（%）
2006	2.1	11.4
2007	2.8	14.4
2008	2.1	9.1
2009	3.3	13.1
2010	2.9	12.7
2011	2.5	9.2
2012	2.1	8.4
2013	2.2	8.1
2014	2.6	9.7
2015	5.1	8.8

数据来源：世界银行。

2. 出入境旅游的发展状况

沙特政府将每年的朝觐者也列入旅游统计中，而沙特的旅游者大部分是来自世界各地的朝觐者。据世界银行统计，在 2009 年之前沙特阿拉伯游客出境旅游人次远远少于入境旅游人次，而在 2009 年之后，其出境人数不断增多，甚至超过入境旅游人次，如表 4.3 统计，在 2007 年入境旅游人数为 1153.1 万人次，出境旅游人数为 412.6 万人次，而在 2015 年入境旅游人数为 1799.4 万人次，出境旅游人次达到 2081.9 万人次。除此之外，沙特出境旅游支出远远大于入境旅游收入，长期保持较大的旅游贸易逆差，在 2015 年，出境旅游支出为 21745 百万美元，而入境旅游收入仅为 11183 百万美元（见表 4.3）。据英国《每日邮报》报道，沙特阿拉伯游客境外购物额达平均每年 1400 万英镑（约合人民币 1.3 亿元），跃居世界最大旅游消费群体[1]。

---

[1] 环球旅行，http：//go.huanqiu.com/html/2015/news_0112/7188.html.

表4.3 2007—2015年沙特阿拉伯出入境旅游业发展情况

年份	入境旅游人次（万人次）	出境旅游人次（万人次）	入境旅游收入（百万美元）	出境旅游消费（百万美元）
2007	1153.1	412.6	6907	21031
2008	1475.7	408.7	6775	16005
2009	1089.7	603.2	6744	21312
2010	1085	1782.7	7536	22076
2011	1749.8	1528	9317	18202
2012	1427.6	1867.1	8400	17986
2013	1338	1915.4	8690	18648
2014	1825.9	1982.4	9263	25137
2015	1799.4	2081.9	11183	21745

数据来源：世界银行。

（四）旅游营销策略

1. 沙特的旅游营销策略

（1）旅游宣传方式多样

沙特阿拉伯推出约七分钟的国家宣传片，通过网络、媒体等多种方式进行宣传。短短七分钟的宣传介绍，令人感受到石油王国的魅力，让世界了解到沙特的独特风情和旅游景点，激发了游客去沙特旅游的愿望。同时，沙特还通过沙特航空公司、旅游批发商、旅行社等方式发放旅游宣传册进行旅游宣传活动。在2011年，沙特旅游投资项目在首都利雅得展开了为期5天的活动，并通过图片、视频、实物展示等方式向参观者展示沙特各地的旅游资源，为国内外旅游企业的发展与合作提供良好的平台[①]。

（2）创新旅游产品

沙特与也门合资的一家名为"沙漠之旅"的旅游公司推出一个新奇的旅

---

① 中国经济网，http://intl.ce.cn/specials/zxgjzh/201104/02/t20110402_22343331.shtml。

游项目：自愿当一把人质。这一活动吸引了大量的欧洲游客，他们对此旅游产品给予高度评价，公司在项目推出6个月以来，便获得大量的旅游收入。此项目来源于也门古老的传统习俗，通过与现代手段相结合，进行旅游产品的包装与创新，将传统变成财源，获得良好的经济收入①。

（3）逐步开放旅游签证

沙特对旅游签证的发放要求严格，去沙特旅游较难，只能通过访问签证的方式才能去沙特旅游。在2013年沙特旅游与文物管理局宣布将逐步开放旅游签证，对持有来沙特朝觐签证的访问者增加旅游签证时间，最多可达30天，持有旅游签证的游客可以参观沙特一些著名的旅游景点和文化古迹，以增加沙特入境旅游人次和旅游收入②。

2. 中国对沙特的旅游营销策略

（1）开发新的旅游产品

据资料显示，沙特居民倾向于选择与其风俗习惯相近的境外旅游目的地，并且他们大多为穆斯林，在服饰、饮食、住宿等方面有严格的要求。因此，可以在我国保留着伊斯兰文化遗址和伊斯兰文化聚居区的地方，开发具有伊斯兰风情的特色旅游产品，以增加沙特居民的亲切感，如宁夏正致力于打造面向阿拉伯国家和穆斯林地区的国际旅游目的地和中阿交流的重要通道。目前，沙特来华旅游主要以商务旅游为主，因此，要在城市规划与建设中着力发展商务休闲旅游，同时在旅游产品设计上突出中国元素，将丝绸、茶和瓷器等文化元素融于其中。

（2）扩大对外宣传

沙特对中国的了解较少，并且双方在文化、旅游等方面的交流较少，因此，政府在对外宣传中有着非常重要的作用，如通过在沙特举办多种文化交流，积极宣传中国旅游形象，加大其对中国的了解。在2009年，中国驻沙特使馆举办了"认识中国"的活动，播放中国江南水乡的宣传片，让沙特人民品尝中国传统风味小吃等；在2010年，为纪念双方建交20周年，中国在沙特

---

① 网易旅游，http：//travel.163.com/09/0807/11/5G44ECBL00063JSA.html.
② 慧旅，http：//www.huilvu.com/information/1316.html.

法赫德国王文化中心举办了中国文化周活动。通过多种旅游宣传方式，使沙特人民了解了中国的文化历史，并极大激发他们来华旅游的愿望。

（3）进行旅游产品推广

沙特目前使用网络较少，获得旅游信息的渠道主要来自于旅游社和航空公司的宣传手册以及通过旅游批发商和本土旅行社了解其商品。阿拉伯旅游展、海湾国际商务及会展旅游展览会等为中国旅游企业与沙特相关旅游代理商之间提供了良好的合作平台，如航空公司、当地有营销力的旅游批发商和旅行社等，加大对中国旅游产品的推广与营销，吸引更多的沙特居民来华旅游[①]。

二、中国至阿曼旅游线路及营销策略

（一）国家概况

阿曼苏丹国（The Sultanate of Oman），简称为阿曼，位于阿拉伯半岛东南部，是阿拉伯半岛最古老的国家之一。与也门、沙特阿拉伯、阿联酋接壤，濒临阿曼湾和阿拉伯海，并扼守着世界上最重要的石油输出通道——霍尔木兹海峡。阿曼利用本国丰富的石油资源与地理位置，虽然经济起步较晚，但仍然是一个相对富裕的阿拉伯国家。

阿曼国土面积为30.95万平方公里，海岸线长达2092公里。阿曼大部分为沙漠，约占82%，其余为山区和平原，分别为15%和3%，因此除东北部山地外，其余均为热带沙漠气候。据2014年12月人口统计，阿曼人口为409.2万。国民大部分信仰伊斯兰教，并奉为国教，其中90%本国穆斯林属于伊巴德教派。官方语言为阿拉伯语，通用英语。阿曼共分为11个省，省下共设61个州。[②]

---

① 曹笑笑. 沙特居民赴中国旅游市场开发研究 [J]. 浙江外国语学院学报, 2013（2）: 98 - 102.

② 中国外交部, http://www.fmprc.gov.cn/web/gjhdq_676201/gj_676203/yz_676205/1206_676259/1206x0_676261/.

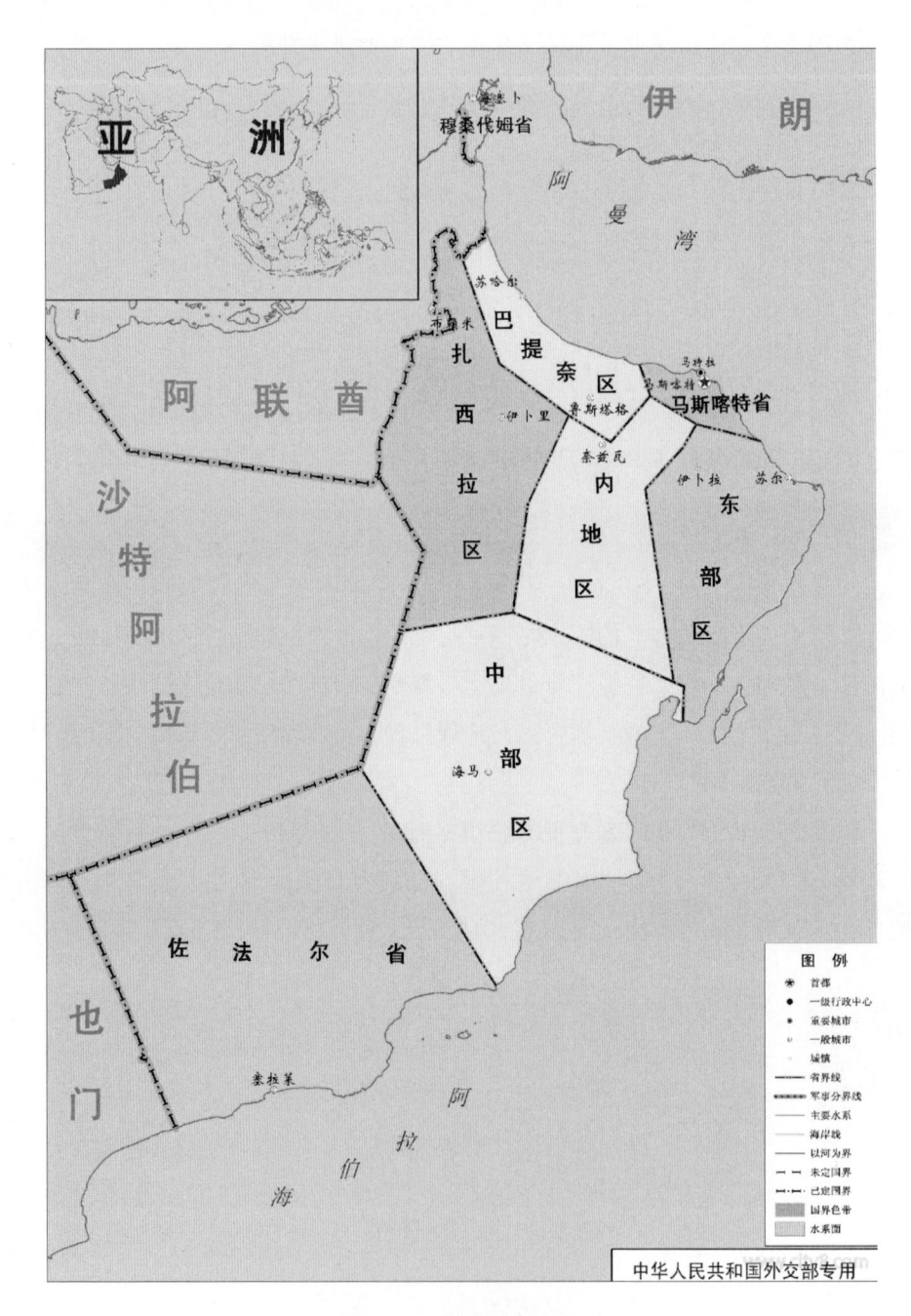

图 4.2 阿曼行政区划

资料来源：http://image.baidu.com/.

（二）经济概况

阿曼是典型的资源输出型国家，以油气产业为主，但它既不是石油输出国组织（OPEC）成员，也不是阿拉伯石油输出国组织（OAPEC）成员。在 2000 年 11 月，阿曼正式成为世贸组织成员[①]。为了摆脱单一的经济结构，阿曼政府实行经济多元化战略，改善国内环境，加大基础设施的建设，吸引外资，尤其是注重旅游业的发展。据世界银行统计，阿曼除在 2011 年 GDP 增长率为负外，其后逐年增长，2012 年增长率最高，达到 7.1%，人均 GDP 在 2008 年达到最高值为 22963.4 美元，在 2015 年，GDP 达到 698.3 亿美元，人均 GDP 约为 15550.7 美元，可以看出阿曼经济增长较为稳定（见表 4.4）。从总体上来讲，阿曼属于高收入非经合组织国家。

表 4.4 2006—2015 年阿曼的 GDP、人均 GDP 和 GDP 年增长率的变化趋势

年份	GDP（亿美元）	人均 GDP（美元）	GDP 年增长率（%）
2006	372.2	14575.2	5.4
2007	420.9	16225.7	4.5
2008	609.1	22963.4	8.2
2009	483.9	17518.8	6.1
2010	586.4	19920.6	4.8
2011	679.4	21164.3	-1.1
2012	763.4	21533.8	7.1
2013	781.8	20011.3	3.9
2014	818	19309.6	2.9
2015	698.3	15550.7	5.7

数据来源：世界银行。

（三）旅游业概况

1. 整体旅游业的发展状况

旅游业是阿曼政府重点发展的行业，虽然阿曼旅游发展起步较晚，但在旅

[①] http://www.ctnews.com.cn/zglyb/html/2014-12/24/content_100082.htm?div=-1.

游发展方面非常注重本国传统文化和生态环境的保护,将生态旅游作为旅游发展的目标,在2004年成立了旅游部,以规划和推动阿曼旅游业的发展。经过十几年的旅游发展,阿曼的旅游业有了很大的提高。根据世界银行统计,2006~2015年期间,阿曼国际旅游收入占总出口的比例稳定在3.2%左右,国际旅游消费占总进口的比例稳定在6%左右。可以看出国际旅游消费占总进口的比例大于国际旅游收入占总出口的比例,说明阿曼的对外消费相对较高。(见表4.5)

表4.5 2006—2015年阿曼入境旅游收入占总出口的比例和出境旅游消费占总进口的比例

年份	入境旅游收入占总出口的比例(%)	出境旅游消费占总进口的比例(%)
2006	3.3	6.5
2007	3.4	4.9
2008	2.8	4.5
2009	3.7	6
2010	3.3	7.3
2011	3.2	6.8
2012	3.3	6.4
2013	3.2	5.7
2014	3.4	6.1
2015	5.7	5.9

数据来源:世界银行。

2. 出入境旅游的发展状况

根据世界银行统计,阿曼离境旅游人数从2006年的224.8万人次,整体呈上升趋势,到2015年离境旅游人数达到383.8万人次;而阿曼国际入境旅游人数缓慢增加,从2006年的111.6万人次到2015年的189.7万人次,增加幅度较小,甚至在2011年人数下降到101.8万人次(见表4.6)。这与阿曼政府实行的旅游政策相关,一方面在积极促进旅游发展的同时,又限制大规模的旅游人数入境旅游,以防止破坏当地的环境和文化。在国际旅游收支方面,一直长期保持收支逆差,在2015年,出境旅游支出为2178百万美元,入境旅游收入仅为 2247 百万美元（见表 4.6）。但良好的旅游目的地形象与高质量的旅游产品为阿曼获得良好的国际旅游形象，在世界经济论坛发布的《2017 年旅行和旅游业竞争力报告》中，阿曼旅游行业竞争力排名位于阿联酋、卡塔尔、巴林、以色列、沙特阿拉伯之后，位列中东国家第六，是中东地区旅游业最富有竞争力的国家之一。

表 4.6　2006—2015 年阿曼出入境旅游业发展情况

年份	入境旅游人次（万人次）	出境旅游人次（万人次）	入境旅游收入（百万美元）	出境旅游消费（百万美元）
2006	111.6	224.8	749	894
2007	127.1	228.5	905	952
2008	137.4	197.3	1105	1197
2009	152.1	210.8	1092	1295
2010	144.2	165.5	1256	1768
2011	101.8	206.5	1571	1982
2012	143.8	291.1	1781	2184
2013	155.1	315.3	1913	2390
2014	151.9	335.8	1949	2304
2015	189.7	383.8	2247	2178

数据来源：世界银行。

（四）旅游营销策略

1. 阿曼的旅游营销策略

（1）树立旅游目的地形象

阿曼政府为发展旅游业，花了大量时间与金钱做足"内功"完善旅游基础设施，利用丰富的旅游文化和自然资源，吸引慕名而来寻求新奇的旅游目的地的游客，旅游指南《孤独星球》赞美阿曼是一个可以让灵魂得到满足的地方。阿曼政府通过电视、媒体、网络等平台努力在世界上树立无污染、传统社会、神秘国度的形象。

(2) 注重旅游产品质量

阿曼旅游发展起步较晚，但十分注重旅游产品质量。在20世纪80年代，由于原油的价格下降，阿曼政府收入减少，因此便转向发展旅游业，以提高政府收入。阿曼旅游局提出"生态旅游是阿曼旅游发展的口号"，将生态旅游作为阿曼发展旅游业的重要旅游产品。并且为了防止大量的游客涌入，对当地文化传统造成影响，阿曼政府提出发展高端旅游。此外，邮轮旅游在阿曼发展迅速，作为旅游业重点发展项目之一，在2013年，阿曼政府被授予"中东地区发展最快邮轮目的地"称号。

(3) 加强旅游宣传

阿曼政府将旅游宣传和推广重点放在国际旅游市场，在2010年建立阿曼国家旅游网（www.omantoruism.gov.com），该网站不仅包括多国语言，而且为游客提供了的各种详细信息，包括酒店住宿、交通餐饮、景点介绍等。在2001年，阿曼旅游部制定了名为《欢迎来到这里》的第一个旅游宣传片，共有8种语言，并分给各大使馆和旅行代理商等。在2013年，阿曼政府在多个国家播放《美丽就在这里——阿曼》为口号的旅游宣传片，让世界了解阿曼。

(4) 吸引私人旅游投资

阿曼政府为了加强私人对旅游业的投资，在2014年，政府规定外国人可以在旅游开发地区自由持有土地，鼓励土地出租，并提供一系列刺激措施和优惠的关税政策，以促进旅游业的发展。阿曼政府致力于完善旅游基础设施，为旅游业的发展创造良好环境。近年来，阿曼旅游业出现了大量的私人投资。但阿曼政府始终将生态旅游、保护环境作为旅游业发展的重要基础①。

2. 中国对阿曼的旅游营销策略

(1) 以文化促旅游发展

中国在阿曼举行了多种文化交流活动，如2015第十五届阿曼马斯喀特艺术节，以"璀璨中华"为活动主题，包括"中国功夫""中国美食""中国手艺""中国祝福"四个活动项目，以文化交流促进旅游发展，吸引了大量的阿

---

① 黄鑫. 旅游业与阿曼城市发展研究［D］. 陕西师范大学，2015.

曼人民前来观看，每天游客川流不息。此次活动是中国在阿曼文化交流中规模最大的一次，也是中阿丝绸之路文化交流的重要部分，同时让阿曼人民了解到博大精深的中华文化。① 此外，我国与阿曼政府也有医药、体育、餐饮等方面的交流与合作，通过不同行业之间的交流，带动两国之间的旅游收入。

（2）多渠道宣传

除了在阿曼举行大型的文化交流活动外，我国政府通过旅游宣传片向阿曼介绍中国，以"美丽中国——2015丝绸之路旅游年"为主题，通过网络、电视、媒体等方式进行宣传，有效地提高了阿曼人民来华旅游意愿，并获得良好的国家旅游形象。同时我国在阿曼的第一家旅行社向阿曼介绍中国的旅游信息，发放旅游宣传单，提供预订机票、酒店、签证等，为阿曼人民来华旅游的游客提供便捷服务。

第二节　中国至阿联酋旅游线路及营销策略

一、中国至阿联酋旅游线路及营销策略

（一）国家概况

阿拉伯联合酋长国（The United Arab Emirates），简称阿联酋，位于亚洲阿拉伯半岛东部，与沙特、阿曼、卡塔尔接壤，濒临波斯湾，国土面积为83600平方公里，海岸线长734公里，首都是阿布扎比。该国为热带沙漠气候，平均降水量约100毫米，多集中于1～2月间。阿联酋是由7个酋长国组成的联邦国家，分别是阿布扎比、迪拜、沙迦、富查伊拉、乌姆盖万、阿治曼和哈伊马角。

世界穆斯林的主要起源地是中东地区，他们有着独特的生活方式和文化习俗。阿联酋本地居民为阿拉伯人，大多信奉伊斯兰教，伊斯兰文化是其主要根基。阿联酋石油资源丰富，有"沙漠中的花朵"的美称。近几年，阿联酋依

---

① 阿曼马斯喀特艺术节迎来璀璨"中国日"［EB/OL］. http://www.morningpost.com.cn/2015/0211/311750.shtml.

靠旅游业，吸引了来自世界各地的投资商和游客，建立了号称世界上唯一的七星级酒店——迪拜帆船酒店，每年都有大量的游客慕名而来①。

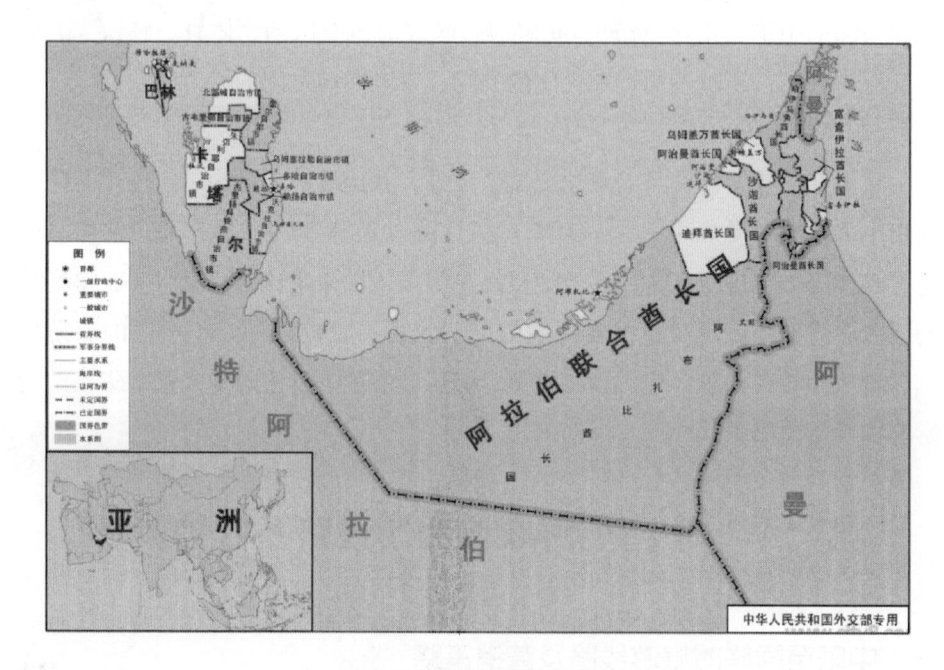

图 4.3 阿联酋行政示意图

资料来源：http：//www.creativetube.com.cn/tupian/21219216.html.

（二）经济概况

阿联酋在发现石油前，主要支柱产业是珍珠。1960 年以来，以石油生产和石油化工工业为主，石油和天然气资源非常丰富，已探明石油储量 130 亿吨，天然气储量为 6.1 万亿立方米，均居世界第七位。为了摆脱单一的经济发展方式，寻求经济多元化，阿联酋发展以信息技术为核心的知识经济，同时注重可再生能源研发，在 2009 年 6 月，阿布扎比获选国际可再生能源署总部所在地。近年来，根据国际货币基金组织统计，2013 年阿联酋 GDP 世界排名为第 28 位。② 根据世界银行统计，由于受全球经济危机影响，阿联酋除 2009 年经

---

① 百度百科，http：//baike.baidu.com/.
② 中华人民共和国外交部，http：//www.fmprc.gov.cn/web/gjhdq_676201/gj_676203/yz_676205/1206_676234/1206x0_676236/.

济出现负增长，之后保持较为稳定的增长趋势，在 2015 年 GDP 达到 3702.9 亿美元，阿联酋属于为高收入非经合组织国家，人均 GDP 约 40000 美元（见表 4.7）。

表 4.7　2006—2015 年阿联酋的 GDP、人均 GDP 和 GDP 年增长率的变化趋势

年份	GDP（亿美元）	人均 GDP（美元）	GDP 年增长率（%）
2006	2221.1	42950.1	9.8
2007	2579.2	42913.8	3.2
2008	3154.7	45720	3.2
2009	2535.5	32905.1	-5.2
2010	2860.5	34341.9	1.6
2011	3485.3	39901.2	5.2
2012	3734.3	41712.1	6.9
2013	3871.9	42831.1	4.3
2014	3994.5	43962.7	4.6
2015	3702.9	40435.8	3.8

数据来源：世界银行。

（三）旅游业概况

1. 整体旅游业的发展状况

阿联酋旅游业发展迅速，以"建设世界一流"为理念开发旅游业，是奢华绚丽的代表，对旅游业的投入非常大，并且每年都会举办大型国际赛事，吸引世界各地旅游者。迪拜、阿布扎比已成为世界著名旅游目的地。据世界经济论坛显示，旅游业对迪拜 GDP 的贡献率 2011 年达到 13.5%，旅游业促进就业率方面达到 10.7%，在 2012 年旅游业对 GDP 的贡献最高，达到 14.3%，旅游业在促进就业率方面达到最高值 11.3%。从 2013 年后旅游业对 GDP 的贡献率和旅游业就业率有所下降，在 10% 以下（见表 4.8）。历年世界经济论坛发布的相关报告显示，阿联酋旅游业全球竞争力排名自 2007 年以来呈波浪式变化，从 2007 年第 18 位下降到 2008 年第 40 位，然后升至 2013 年第 28 位、2015 年第 24 位，但它在中东地区则长期处于领先地位（见表 4.9）。[①]

---

① 薛英杰. 阿联酋海洋经济研究 [J]. 海洋经济，2015（4）：54-64.

表4.8 阿联酋旅游业对GDP贡献率和旅游就业率

年份	旅游业对GDP的贡献率（%）	旅游业就业率（%）
2011	13.5	10.7
2012	14.3	11.3
2013	8.4	9.1
2014	8.4	9.2

数据来源：世界旅游理事会（WTO）深度分析报告

表4.9 阿联酋旅游观光竞争力世界排名

年份	全球参赛国家排名	阿拉伯地区排名
2007	18	1
2008	40	3
2009	33	1
2011	30	1
2013	28	1
2014	12	1
2015	24	1

2. 出入境旅游的发展状况

阿联酋的旅游可以用奢华绚丽来描述，阿联酋正努力打造一个世界级的旅游目的地，每年都吸引大量来自世界各地的游客。据世界银行统计，阿联酋国际旅游收入从2006年的4972百万美元猛增至2014年的13969百万美元，增长速度较快，预测未来也会保持稳定的增长态势。此外，由于阿联酋本身是一个高收入的国家，其出境旅游费远远高于入境旅游收入，仅就2010年来说，其入境旅游收入为8577百万美元，而出境旅游消费为11818百万美元，并且长期保持旅游贸易逆差的现象，阿联酋的旅游服务贸易逆差额一直相对较高，其中在2013年达到最大值为6135百万美元，在2009年达到最小值为2995百万美元，但其在2014的旅游服务贸易逆差额比2013年降低了2364百万美元（见表4.10）。

表 4.10　2006—2014 年阿联酋出入境旅游业发展情况

年份	入境旅游收入（百万美元）	出境旅游消费（百万美元）	旅游服务贸易逆差额（百万美元）
2006	4972	8827	3855
2007	6072	11273	5201
2008	7162	13288	6126
2009	7352	10347	2995
2010	8577	11818	3241
2011	9204	13206	4002
2012	10380	15072	4692
2013	11564	17699	6135
2014	13969	17740	3771

数据来源：世界银行。

（四）旅游营销策略

1. 阿联酋的旅游营销策略

（1）树立国际旅游形象

阿联酋在旅游开发中，以"建设世界一流"为理念，如"世界上最奢华"的七星级酒店、被誉为"世界第八大奇迹"的迪拜棕榈岛、"世界上最美最大"的迪拜奇迹花园、"世界上最大"的迪拜购物中心、最大的滑雪场和"世界高楼"之一的迪拜塔，还有各种各样的风格迥异的建筑外形，以及独具匠心的室内设计与装修风格，以奢华、现代、宏大、奇异的特点，树立国际旅游品牌，特别是将迪拜、阿布扎比塑造成国际旅游形象，吸引大量的来自世界各地的游客。

（2）营销方式多样化

① 事件营销

阿联酋每年都会举办大量体育赛事、大型会展和购物节等各种大型活动以吸引世界各地的游客。迪拜的体育赛事包罗万象，有顶级高尔夫球赛、沙丘越野、赛艇、赛马和赛骆驼等项目及全球顶尖运动设施，因此，迪拜被称为世界顶级休闲、运动、娱乐胜地之一。并且阿布扎比和迪拜每年都提供高达数百万,甚至数千万美元的丰厚奖金来吸引全球顶级运动员前往,参加在其国内举办的各类顶级赛事,这样既赢得全球媒体高度的关注和曝光度,也吸引了大量的赛事爱好者。

迪拜每年都会举办各类大型的国际会展活动,如在2015年举办的"中东迪拜国际塑料橡胶工业展览会""法兰克福中东(迪拜)国际纸制品、办公用品展览会""第二十五届中东迪拜国际家居和室内装饰博览会""中东迪拜国际眼镜眼科用品展""中东迪拜建筑五大行业展会"等二十多次大型国际会展,不仅吸引了大量的投资商、游客,而且还带动了当地交通、住宿和餐饮等行业①。

迪拜有着"中东购物之都"之称,世界上最大的零售商场——迪拜购物中心,每年一月份都会举办年度最大的购物及娱乐节,活动为期一个月,其间有大量的优惠活动,以黄金为奖品的抽奖活动和令人难忘的娱乐体验,不遗余力地展示着迪拜购物节的独特魅力。从顶级世界名牌产品到大众平民产品,商品琳琅满目,每年都会吸引大量游客"血拼",也使商家获益颇丰,这为期一个月的零售业盛事对迪拜的旅游业起了至关重要的作用②。

② 影视营销

风靡全球的系列电影《速度与激情7》的取景地,大部分来自于阿联酋,如阿布扎比的酋长宫殿酒店(Emirates Palace Hotel)、扎耶德大清真寺、阿联酋联合大厦酒店、迪拜沙漠和迪拜的城市建筑景观及法拉利世界主题公园等阿联酋著名的旅游景点,通过电影各种场景展现出阿联酋富丽堂皇的宫殿及各种建筑物,拍摄基地对游客形成体验营销,并赋予旅游地的品牌价值及文化内涵,提高了阿联酋旅游目的地形象,吸引大量游客向往和参观③。

③口碑营销

阿联酋不仅拥有世界上奢华的酒店及各种旅游设施,而且提供顶级服务。

---

① 2015年底边展会排期表,http://www.114hzw.com/zhanhuipaiqi/diqu/guowai/2014/3588.html.
② 阿联酋航空,http://www.emirates.com/cn/chinese/destinations_offers/discoverdubai/discover-dubai.aspx.
③ 迪拜,中华网,http://www.dibaichina.com/thread-193748-1-1.html.

从阿联酋的旅游形象宣传到旅游产品的设计来看，既有高端市场又有中低端消费产品，在阿联酋参观休闲的游客除了领略当地宜人的风景外，还享受到优质服务。游客将这种好的体验"产品"通过网络、媒体等多种方式进行评价，进行网络口碑宣传，提高阿联酋的旅游形象。作为阿联酋最大的航空公司，阿联酋航空通过系列的体育赞助活动及高品质机上服务，在国际航空界获得良好的口碑形象。

2. 中国对阿联酋的旅游营销策略

（1）网络营销

据《中国旅游报》报道，阿联酋民众来华旅游人数不多，来华意愿较小，加之语言沟通的障碍，对中国的了解与认识不多，因此，加强对阿联酋地区的民众旅游营销是关键。据调查，阿联酋民众获得中国旅游信息的途径主要来自于网络。因此，中国的主流官方媒体都开辟有阿拉伯语网络版，并在全球著名社交网站twitter开辟官方账号，让更多的的阿拉伯民众认识中国。

（2）合作营销

从迪拜旅游局和中国旅游局合作，到"第三届中国旅游者峰会"在阿联酋首都阿布扎比举行，再到"Meet China中国旅游论坛"等系列活动，除了让人们了解阿联酋旅游外，也让更多的人认识到中国旅游现状，以此促进双方旅游线路、产品等合作。同时我国驻阿联酋使领馆为配合双边旅游业快速发展提供优惠服务措施，阿联酋游客4天即可获得来华旅游签证，加急签证2天内便可拿到。

（3）开发适合阿联酋游客的旅游产品

据《中国旅游报》报道，阿联酋民众对我国的长城、故宫、西湖较为熟悉，而其他方面了解不多。因此，在我国很多地方有保留着伊斯兰文化遗址，泉州、扬州和三亚的伊斯兰墓葬群；还有伊斯兰文化集中地区，如宁夏、新疆等回族、维吾尔民族聚居的地区，可开发这些地区的旅游景观，以增加对阿联酋游客的吸引力。

第三节　中国至土耳其旅游线路及营销策略

一、中国至土耳其旅游线路及营销策略

（一）国家概况

土耳其，国名土耳其共和国（Republic of Turkey），面积78.36万平方公里，其中97%位于亚洲的小亚细亚半岛，3%位于欧洲的巴尔干半岛。人口7562万，土耳其族占80%以上，库尔德族约占15%；城市人口为4970多万，占总人口的70.5%。99%的居民信奉伊斯兰教，其中85%属逊尼派，其余为什叶派（阿拉维派）；少数人信仰基督教和犹太教。他们的国语是土耳其语。

图4.4　土耳其在欧亚区域的分布图

资料来源：http://zhidao.baidu.com/question/491591047.html.

土耳其地跨亚、欧两洲，邻近格鲁吉亚、亚美尼亚、阿塞拜疆、伊朗、伊拉克、叙利亚、希腊和保加利亚，濒临地中海、爱琴海、马尔马拉海和黑海。

海岸线长7200公里，陆地边境线长2648公里。南部沿海地区属亚热带地中海式气候，内陆为大陆性气候。首都位于安卡拉（Ankara），人口496万，年最高气温31℃，最低气温-4℃。土耳其行政区划等级为省、县、乡、村。全国共分为81个省。

（二）经济概况

自从土耳其实施对外开放的经济政策以来，其经济发展迎来了春天，有着迅猛的增长趋势。起初，土耳其是一个传统的农业国家，经济发展落后，后来，它逐渐成为了一个工业大国，涉及工业的产业较多，获得了大量的利润，带动了其他产业的发展，为经济发展奠定了坚实的基础。自2002年正发党执政以来，政府注重国内基础设施的建设，注重与邻国的合作，积极与其他国家建交，营造较好的国际友好关系的氛围，间接地促进了其对外贸易的发展。在政府的不懈努力之下，经济发展取得了显著的成果。2006~2013年期间，土耳其的GDP一直表现为快速增长的状态（2009年除外），由5309亿美元逐渐增加到8212亿美元（见表4.11），在2013~2015年期间，土耳其的GDP总量有所下降。2015年，土耳其的GDP为7179亿美元。这一时期土耳其选举的不确定性、周围国家政治关系的紧张，以及政府处理官员方式的腐败，使得土耳其人民对当地政府失去了信任，国内动荡不安，严重影响了经济的发展，特别是在2014和2015年，土耳其GDP出现了下降的趋势。

表4.11　2006—2015土耳其GDP的变化趋势

年份	GDP（亿美元）
2006	5309
2007	6472
2008	7303
2009	6126
2010	7312
2011	7748
2012	7889
2013	8212

（续上表）

年份	GDP（亿美元）
2014	7984
2015	7179

数据来源：世界银行。

（三）旅游业概况

1. 整体旅游业的发展状况

土耳其共和国成立以后，虽然土耳其旅游业发展缓慢，但是伴随着其经济的发展，旅游业发展也有了一定的进步，但在国民经济发展过程中的作用仍然不强。直到20世纪80年代，政府逐渐重视其旅游业的发展，才使旅游业发展获取了一定的成果，其国内游、入境游以及出境游都有所发展。2007年3月，土耳其文化和旅游部决定实施旅游战略即《土耳其旅游战略2023：走向更加幸福的土耳其——向共和国成立100周年献礼》，它从旅游资源、旅游规划、旅游投资领域、交通和基础设施、旅游开发区、旅游走廊及生态旅游等方面阐述了土耳其旅游业发展的旅游品牌战略和战略目标，提出到2023年共和国成立100周年时，土耳其接待外国游客数量要达到6000万人次，旅游收入增至800亿美元，并且进入世界旅游目的地国家前五强。随着旅游收入的快速增长，旅游业逐渐成为土耳其最主要和增长速度最快的产业之一，并且成为土耳其重要的经济发展部门。旅游业在土耳其GDP中所占比重也在逐年增加，以2010年为例，旅游收入占国内生产总值的比重高达7.2%。

2. 出入境旅游的发展状况

土耳其一直都是受海外游客喜爱的旅游目的地，其主要的旅游客源国有德国、俄罗斯、法国以及希腊等。近年来，德国成为了土耳其最大的旅游客源国。2001年，土耳其成为了中国公民的旅游目的地，由于土耳其旅游资源对中国有较强的吸引力，在土耳其的入境游客当中，中国游客越来越多，2010年，赴土耳其旅游的中国游客达到77000人次。虽然赴土耳其旅游的中国游客以较快的速度在增加，但是其所占入境旅游的比重还是相对较小。2006~2015年期间，土耳其入境旅游人次和国际旅游收入分别由1891.6万人次和

19137百万美元增长到3947.8万人次和35413百万美元,两者的增长趋势基本一致(见表4.12)。在2014年,土耳其接待海外游客人次数较高,是世界第六大旅游目的地。土耳其国际旅游收入也较高,世界排名第十二位。从排名上,可以看出土耳其的入境游有着很好的发展趋势。

土耳其的出境游不像其入境游那样发达,近年来,由于其与俄罗斯关系的恶化,俄罗斯在各个层面都对土耳其实施了限制,从而一定程度上阻碍了出境游的发展。2006~2015年期间,土耳其的出境旅游人次以及国际旅游消费分别由827.5万人次和3517百万美元增加到875.1万人次和5686百万美元。其中在2012年,土耳其的出境旅游人次和出境旅游消费都有所下降。可以看出其出境旅游人次和出境旅游消费大大地小于入境旅游人次和入境旅游收入。其国际旅游表现为旅游服务贸易顺差,并且顺差额较大。

表4.12 2006—2015年土耳其出入境旅游业发展情况

年份	入境旅游人次（万人次）	出境旅游人次（万人次）	入境旅游收入（百万美元）	出境旅游消费（百万美元）
2006	1891.6	827.5	19137	3517
2007	2612.2	495.6	21662	4254
2008	2979.2	489.3	26446	4509
2009	3018.7	556.1	26331	5061
2010	3136.4	655.7	26318	5817
2011	3465.4	628.2	30093	5372
2012	3569.8	580.3	31455	4605
2013	3779.5	752.6	34863	5268
2014	3981.1	798.2	37371	5475
2015	3947.8	875.1	35413	5686

数据来源:世界银行。

(四)旅游营销策略

1. 土耳其的旅游营销策略

(1)举办旅游活动,加强形象推广

2012~2013年,土耳其和中国相互举办了国家文化年,从而刺激了中国游客赴土耳其旅游的持续增长。直到 2014 年底，中国赴土耳其旅游的游客量突破 20 万人次/年，然后从 2015 年开始，土耳其旅游局开始转型，从过去投放户外广告，到现在更多是在微博等互联网社交媒体的推广，并且还开始在深圳、南京、昆明等各个城市进行推广活动。

2014 年 12 月 16 日，北京汇集了旅游行业各路精英，因为 2014 年度（第十届）出境游风云榜在此发榜。在本届次颁奖典礼中，土耳其旅游局荣获"2014 年度中国出境游风云榜——最佳深度旅游目的地"奖，这一定程度上也为赴土耳其旅游做了形象推广。

现代旅游业的发展与文化艺术活动是紧密相连的，土耳其文化较为丰富，有很多的艺术家在这里诞生。它的文化艺术有着较长的发展历史和较强的吸引力。土耳其鼓励开发、传承和保护其文化艺术产品，每年有 100 多个受欢迎的节事活动在土耳其举办。伊斯坦布尔就是国际文化艺术节最重要的举办中心，许多有重要文化意义的展会或者节庆都会在这里举办，主要是因为这里有着浓郁的文化氛围以及完善的基础设施。主要举办的活动有国际戏剧节、国际电影节、国际爵士乐节以及国际音乐节等，这里每年都吸引着众多有共同爱好和兴趣的艺术家、音乐家前来观赏。

（2）塑造旅游文化，创造新型旅游产品

土耳其的现代旅游最早要追溯到奥斯曼帝国时期，年代久远，而历史文化遗迹正是土耳其宝贵的旅游资源。长时间以来，在土耳其 81 个省及城市中，有超过一半的省市把博物馆、城堡、古城遗址及废墟作为旅游促销产品，还有近一半的省市对当地古老的墓葬进行开发、保护和推介，作为主要的旅游产品。土耳其对于历史文化旅游资源的开发和保护，不再只把注意力集中于旅游景点，而是首先根据历史文化所处的环境，将传统的历史文化名城和现代城镇、村庄和农村居民点结合起来共同开发，然后再对它们进行统一合理的规划，将所有的旅游资源集聚起来，全面推进全域旅游，从而促进和影响整个区域经济的发展。此外，土耳其目前正大力开发度假旅游、清真食品旅游和健康旅游产品，以吸引那些来自亚洲新兴经济体的高端游客。

(3) 落实签证政策，加强航空合作

2015 年，土耳其出台了有关海外游客办理签证的最新政策。政策表明：中国游客在线申请土耳其电子签证已不再需要任何第三方国家签证作为条件。换句话说，土耳其的电子签证已经基本对中国游客全面开放。

我们都知道交通是旅游中尤其重要的一个环节，航空公司的发展对旅游业的影响较大。土耳其旅游部注重与土耳其航空的合作，实施分享计划，两者之间形成一种良性互利互惠的合作关系。

签证和交通的便利化，各大旅行社都相继增开和设计了多条土耳其冬游线路产品，加大了海外游客来土耳其的机会。旅游产品的价格相对较低，这就刺激了那些对价格敏感的游客需求。

(4) 建立网络社交联系，借助影视媒体推广

土耳其多次组织了媒体旅行，媒体人员的亲身体验和宣传旅游景点，尤其是组织社会化媒体团体，大大地增加了土耳其海外游客的到访量。比如，旅游部在自己社会化媒体渠道上，给所有 Instagram 用户提供景点、美食、文化等信息，从而刺激和影响潜在的旅游者。此外，土耳其还利用了新浪微博、微信公众号、人人主页等社交网站以及杂志针对中国的主要客源地，进行旅游营销。

土耳其通过与中国媒体的合作，宣传旅游资源。先是《花样姐姐》"穷游"土耳其，紧接着《花儿与少年》也开启了土耳其的旅程。另外，在土耳其取景的电影《我是女王》也在 2015 年 4 月登上了大银幕。通过这些媒体的营销，土耳其显然成为了中国最热门的出境旅游目的地。

2. 中国对土耳其的旅游营销策略

(1) 重视与网络媒体的合作

2010 年，中国国际广播电台积极同土耳其较为有影响力的"方向"电台开展旅游合作，开通了"中土文化旅游网"。该网站主要使用的两种语言和文字是汉语以及土耳其语，可见该网站的主要目标对象是中国人和土耳其人，致力于促进中土两国友好交流与合作，该网站主要介绍了中国和土耳其两国的自然景观、历史文化以及民间风俗习惯。这一网站的开通，吸引了更多的土耳其游客。目前中土双方已经在网络营销方面开展了多方面以及多层次的旅游合作。

（2）积极参加旅游推介会

2015年7月3日，由欧洲熊猫粉丝团组成的自驾车队抵达跨越欧亚两大洲的大都市——土耳其伊斯坦布尔，四川旅游促销团也同期抵达，声势浩大的推介、巡游等宣传活动由此展开。以东坡文化为主题的眉山旅游资源、九寨沟旅游产品等，在推介会上得到了介绍和展示，受到土耳其旅游界的广泛关注。

第四节　中国至约旦、也门旅游线路及营销策略

一、中国至约旦旅游线路及营销策略

（一）国家概况

约旦全称为约旦哈希姆王国，是一个二元制君主立宪制国家，设参、众两院，权力掌握在以国王为首的哈希姆家族王室手中。2015年，约旦全国总人口约为759.5万人，增长率约为2.4%[①]。约旦是一个民族比较单一的国家，其中98%的人口是阿拉伯人，还有少量切尔克斯人、土库曼人和亚美尼亚人。国教为伊斯兰教，92%的居民属伊斯兰教逊尼派，另有少数属什叶派和德鲁兹派。信奉基督教的居民约占6%，主要属希腊东正教派。

约旦位于亚洲的西部，在阿拉伯半岛的西北边上（如图4.5），与叙利亚、伊拉克、沙特阿拉伯、以色列、巴勒斯坦等五个国家接壤，基本上是个内陆国家，只在西南部临近亚喀巴湾处有极小的一段海岸，亚喀巴湾也是该国唯一的出海口（如图4.6）。国土面积89342平方公里，其中陆地面积88802平方公里，海洋面积540平方公里[②]。约旦是一个比较小的阿拉伯国家，但相对周边国家来说，约旦在政治、经济和文化生活等方面较稳定。约旦人民的生活较为富裕，在伊斯兰国家中相对开放，但其比较缺乏淡水资源，石油资源不丰富。旅游业是约旦三大支柱产业之一和主要的外汇来源之一，佩特拉古城、死海和瓦迪拉姆沙漠等景点成为世界各国游客探险旅行和休闲度假的首选目的地。

---

① 数据来源：世界银行。
② 资料来源：中华人民共和国驻约旦哈希姆王国大使馆经济商务参赞处。

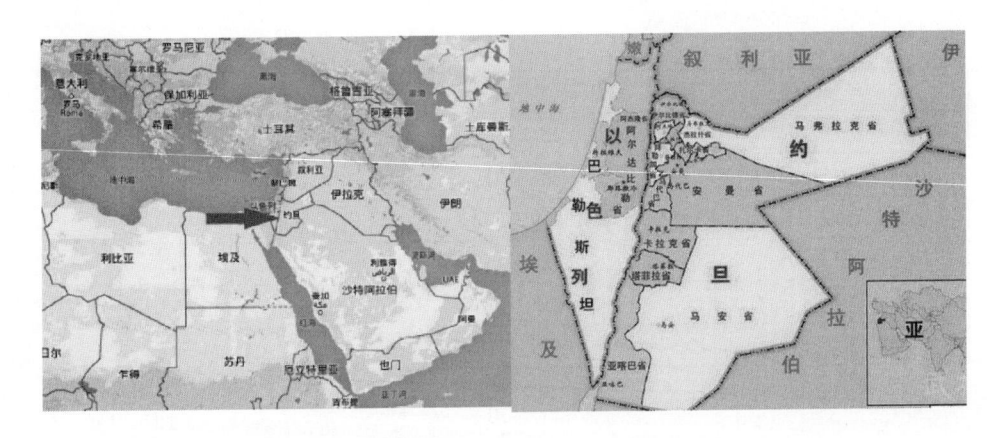

图 4.5　亚洲版图中约旦位置　　　　　图 4.6　约旦地图

资料来源：https://image.baidu.com/search/detail? ct = 503316480.

(二) 经济概况

约旦是发展中国家，经济基础薄弱，资源较贫乏，可耕地少，依赖进口。国民经济主要支柱为侨汇、外援和旅游。1999 年加入世界贸易组织。2006 年，约旦继续推进私有化、贸易自由化政策，大力改善投资环境，积极寻求外援和减免债务。在地区形势持续动荡的大环境下，总体上保持了国内稳定。根据世界银行公布的数据显示，2015 年约旦 GDP 在全球排名第 90 位。表 4.13 显示，GDP 由 2005 年的 125.89 亿美元增长到 2015 年的 375.17 亿美元，增长将近 3 倍。从增长速度方面看，2005～2015 年 GDP 增长速度总体上保持在较高的水平上，尤其是 2006～2008 三年间，约旦采取各种措施继续实行改革，改善国际关系和投资环境，2008 年 GDP 增长速度达到 28.4%。

表 4.13　2005—2015 年约旦 GDP 及其增长速度变化趋势

年份	GDP（亿美元）	增速（%）
2005	125.89	10.4
2006	150.57	19.6
2007	171.11	13.6
2008	219.72	28.4
2009	238.18	8.4

(续上表)

年份	GDP（亿美元）	增速（%）
2010	264.25	10.9
2011	288.40	9.1
2012	309.37	7.3
2013	335.94	8.6
2014	358.27	6.6
2015	375.17	4.7

数据来源：世界银行。

阿卜杜拉二世国王执政后，把发展经济和提高人民生活水平作为其施政重点，深化经济改革。为了寻求该国经济的发展，约旦抓住伊拉克重建的巨大商机，利用自身地理位置、政府支持政策和其他有利条件，大力发展与伊拉克的贸易，并且积极与周边国家签署自由贸易协定，扩大贸易范围和影响。图4.7显示，2005~2015年，约旦人均GDP在总体上保持稳步上升的趋势，由2005年的2361美元上涨到2015年4940美元。从增长速度方面看，除2006~2008三年间的增长速度起伏较大之外，2009~2015年间人均GDP的增长速度保持较平稳的状态，在5.0%上下波动。

（三）旅游业概况

1. 旅游业的整体发展状况

约旦水资源非常匮乏。据有关国际组织的统计，约旦为世界上十大严重缺水的国家之一，沙漠面积占全国总面积的80%以上。在与以色列的交界处有一湖泊，名为"死海"，由于湖水盐度超高导致水体内无生物而得名，此湖泊也为世界陆地的最低点。约旦积极利用自身的地理资源优势以及人文资源优势发展旅游业，使得旅游业成为约旦的三大支柱产业之一。

旅游服务涵盖游客在某一经济体内进行商务访问或个人游览过程中（为期不超过一年）从该经济体获得的各类自用货物和服务，其中包括旅行者消费的各类货物和服务，如住宿、膳食和交通（限于目的地经济体内部）。图4.8和图4.9表明，2005~2015年约旦旅游服务和商业服务收入的变化趋势在总体上保持较一致的稳步上升状态，但相对于旅游服务而言，商业服务的上

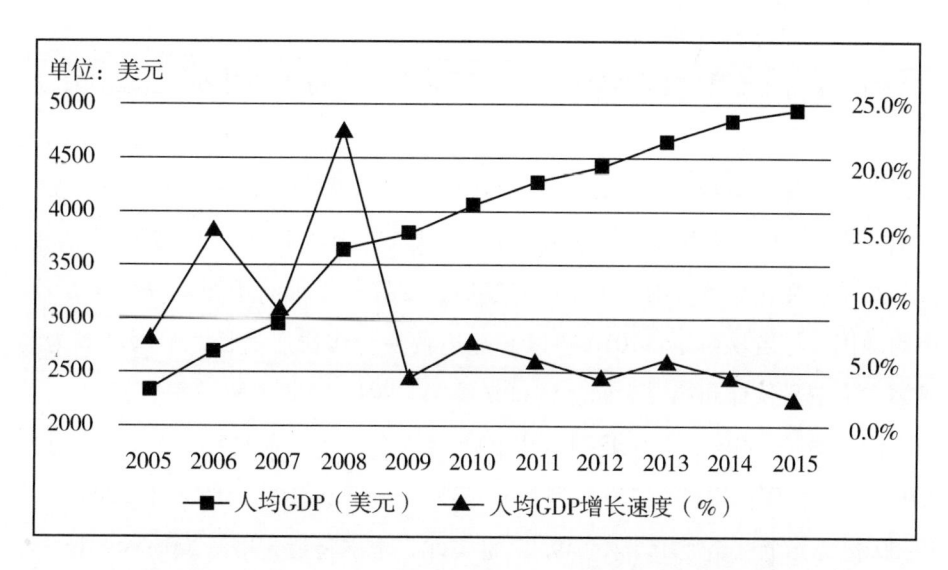

图4.7 2005—2015年约旦人均GDP及其增长速度变化趋势

数据来源：世界银行。

升趋势更为明显。从旅游服务在商业服务的比重来看，2005—2011年旅游服务占商业服务的比重基本保持不变，约为26.6%。2012年和2013年，比重有所下降，分别为25.6%和24.4%。2013年后，该比重逐渐回升，截至2015年，占比为26.3%。

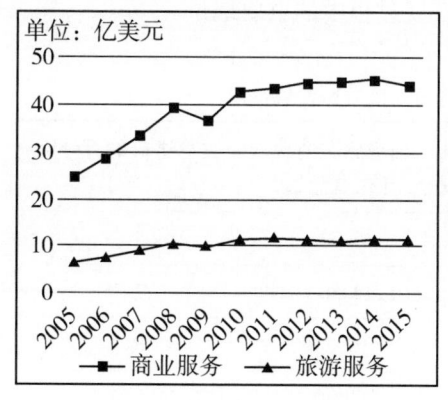

图4.8 约旦旅游服务及商业服务

数据来源：世界银行。

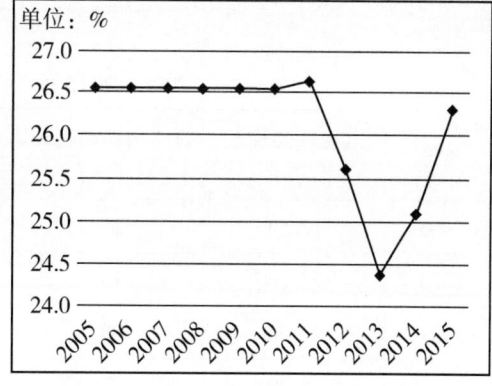

图4.9 约旦旅游服务占商业服务的比重

2. 出入境旅游发展状况

约旦奉行中立、不结盟和对外开放政策，推行全方位外交。2006年，约旦继续推行亲美、睦邻、抓热点、重大国的外交政策，强化与美特殊盟友的关系，发展与各大国的关系，继续改善与阿拉伯国家的关系，在地区事务中发挥着独特作用。中约两国于1977年4月7日建交。建交以来，两国在政治、经济、军事、文化等各方面的关系稳步发展，友好往来不断增加。1979年5月，中约两国签订贸易协定。2010年以来双边贸易合作快速增长，中国已成为约旦第二大贸易伙伴和第二大商品进口来源国。2015年双边贸易额达37.1亿美元，同比增长2.3%，其中我国对约出口34.2亿美元，同比增长1.8%，进口2.9亿美元，同比增长9.2%。表4.14显示，约旦入境旅游收入由2005年的17.59亿美元上涨至2015年的49.97亿美元，上涨将近3倍。2005～2015年，入境旅游为约旦的总出口额做出了巨大贡献，2005年入境旅游收入占总出口的百分比达到26.2%，且总体上保持上升的趋势，截至2015年，该比重高达35.3%。2005～2015年，约旦出境旅游消费虽然总体上有所上升，由2005年的6.53亿美元上涨到2015年的12.67亿美元，但上涨幅度不如入境旅游，且出境旅游消费占总进口的百分比总体上保持较稳定的状态，由2005年的5.5%上涨至2010年的9.5%，而后下降至2015年的5.6%。约旦出入境旅游保持较大的顺差状态，可见旅游业在约旦经济发展过程中的重要地位。

表4.14 2005—2015年约旦出入境旅游发展情况

年份	入境旅游收入（亿美元）	占总出口的百分比（%）	出境旅游消费（亿美元）	占总进口的百分比（%）
2005	17.59	26.2	6.53	5.5
2006	24.26	29.6	9.56	7.2
2007	27.54	29.3	10.24	6.5
2008	35.39	27.9	11.40	5.9
2009	34.72	31.4	12.02	7.3
2010	43.90	34.4	17.36	9.5

(续上表)

年份	入境旅游收入（亿美元）	占总出口的百分比（%）	出境旅游消费（亿美元）	占总进口的百分比（%）
2011	43.51	31.7	12.80	6.0
2012	51.23	35.8	12.57	5.5
2013	51.45	36.2	12.06	5.0
2014	55.18	35.5	12.51	5.0
2015	49.97	35.3	12.67	5.6

数据来源：世界银行。

（四）旅游营销策略

1. 约旦的旅游营销策略

（1）政府营销

约旦是一个自然资源不丰富的国家，大部分国土面积属于高原与沙漠地区。自上世纪70年代旅游热的兴起，约旦政府就开始注重旅游业的发展，利用当地得天独厚的气候条件以及众多的名胜古迹，采取切实有效的措施，使旅游业成为约旦三大支柱产业之一。

首先，约旦政府采取国内外并举的方针，先后在阿拉伯各国、西欧、北美等国家和地区开设了旅游办事处，与当地旅行社紧密合作，大力推进旅游宣传广告，开拓海外业务，并委托约旦航空公司驻外办事处和文化中心代办旅游业务。每个人都能在约旦各驻外办事机构免费得到一本《约旦旅游指南》小册子。约旦旅游部还定期向有关方面赠送约旦旅游纪念品来"让世界了解约旦"。其次，大力简化旅游者出入境手续，游客几天内就能在所在国的约旦使领馆处得到旅游签证，约旦各出入境口岸也有权签发短期旅游签证，为过境中转旅客提供了在约旦旅游的方便。第三，兴建一系列与旅游需求相匹配的基础设施，其中包括景点景区的旅馆、饭店还有公路、机场等交通设施。除此之外，约旦政府还注重旅游人才的培养。1974年，经政府批准，旅游部负责筹建了一个旅馆学校，培养翻译导游、旅馆管理人。

(2) 特色旅游营销

约旦是个拥有几千年历史的文明古国，时间给它沉淀了无数的文化遗产。全国境内名胜古迹有几十处，如古罗马遗址、伊斯兰文物、石头城佩特拉、杰拉什等等。约旦善于利用各个旅游目的地的特别之处进行特色旅游营销，比如"《圣经》地点游"利用约旦境内多个《圣经》中提到的地点进行旅游营销。其中约旦河沿岸的贝萨尼，据说是约翰给耶稣基督施洗礼的地方；马达巴是公元540年拜占庭时期具有东正教风格的马赛克中东地图所在地；芒特内博传说是摩西当年在那里看见了"应许之地"后死去的地方。另外，死海边上的矿泉举世闻名，对皮肤病、关节炎等有独特疗效。约旦便在死海边建起了一座中东地区最豪华的矿泉疗养院，发展"矿泉治疗游"。除此之外，约旦还利用境内一些宗教遗址，专门开发针对邻国以色列犹太人的特色旅游营销。

(3) 网络营销

随着互联网和通讯技术的发展，网络营销逐渐成为一种趋势。2013年7月1日，约旦推出更新后的约旦旅游局网站，该网站对于用户来说更加美观、友好，并且网站使用12种语言，旨在为全世界提供更全面、宝贵的信息。首先网站的首页头部设有幻灯片库，存储约旦许多地点和活动的照片，树立约旦旅游城市形象，展示其独特的身份，也将为观众展现令人惊叹的约旦景观。其次，网站还希望游客能够更多地了解约旦的综合资源，如该网站还推出其他利基市场的网点连接，如美食等，旨在通过关注相关的专业兴趣进一步促进约旦的旅游。除此之外，网站页面顶部的新链接不仅允许访问者访问约旦的Facebook页面，还可以通过单击来共享它，以期通过社交媒体宣传推动约旦旅游业的发展。

(4) 合作营销

2010年，EarthCam和约旦旅游局合作推出了一系列现场网络直播，这是约旦旅游发展的一个新标志，约旦成为中东第一个安装旅游网络摄像头的国家。EarthCam网络产品专家Clarissa Ramirez表示很高兴能够与约旦旅游局合作，并为世界各地的旅游者提供体验约旦景观的独特视角。从此人们只要通过点击计算机或者手机即可看见美丽的约旦景观在现场直播，这将使世界各国旅游者进一步了解和探索约旦。

2016年9月,约旦旅游局启动与阿联酋航空携手举办的中国巡回路演活动,分别于9月5、7、8日,在北京、深圳、上海进行,旨在向中国本土的境外游旅行社、旅游业媒体代表全面深入推介约旦旅游资源。约旦给予中国公民落地签证待遇,此次与阿联酋航空的战略合作也将为游客抵达约旦提供更加便捷舒适的飞行体验,并向中国游客推广约旦旅游各种优惠产品。

2. 中国对约旦的旅游营销策略

2016年3月21日,从约旦安曼到中国广州市每周三班的新常规路线正式开通,约旦皇家客户可以通过航空公司的预订引擎或手机应用程序在约旦任何地方预订航班。广州市成为约旦皇家在中国的第二个目的地(第一个为香港),这将满足两国贸易商的需求,尤其是广州,作为国家重要的交通枢纽和贸易港口,再加上其古老的广府文化和现代繁华的融合,旅游市场潜力巨大。

2017年3月30日,中国长城嘉峪关与约旦佩特拉缔结为姊妹世界文化遗产地的签约仪式在北京举行。嘉峪关市文物局局长张翔与佩特拉古城管委会主席穆罕穆德·艾尔·纳瓦菲勒分别代表中国长城嘉峪关和约旦佩特拉古城签订"缔结姊妹世界文化遗产地协议书"。约旦佩特拉古城和中国长城嘉峪关,都是著名的世界文化遗产,是古丝绸之路的重要节点,有着深厚的文化积淀和魅力。两地虽在历史、文化和语言上存在着差异,发展方向和发展现状也不尽一致,但增进相互了解、促进共同发展的愿景是一致的。"缔结姊妹世界文化遗产地协议书"的签订标志着两个世界文化遗产地的合作发展开启了新的篇章,标志着两地文化文明的相通相融迈出了新的步伐。如此一来,中国开始走进约旦人民的视野,有利于树立中国在约旦的旅游目的地形象,提升约旦游客来华数量。

二、中国至也门旅游线路及营销策略

(一)国家概况

也门,全称也门共和国,于1990年5月由阿拉伯也门共和国(北也门)和也门民主人民共和国(南也门)合并组成,是阿拉伯世界古代文明的摇篮之一,拥有3000多年文字记载的历史。2015年,也门全国总人口约为2683万人，增长率约为 2.48%①。也门的居民绝大多数都是阿拉伯人，有极少部分非洲人。99%的居民信奉伊斯兰教，什叶派的宰德教派和逊尼派的沙斐仪教派各占50%。

也门位于亚洲的西部，在阿拉伯半岛的西南端，与沙特阿拉伯和阿曼苏丹国相接壤，濒临红海、亚丁湾和阿拉伯海，海岸线长达2200公里，拥有7个港口，主要港口包括亚丁湾、荷台达和穆卡拉（如图4.10）。也门国土面积约为527970平方公里，拥有山地、高原、沿海平原、沙漠以及岛屿五种主要类型的地形。也门是世界上经济最不发达的国家之一，粮食不能自给，一半依靠进口。在夏季有着沙漠中常见的沙尘暴，而因过度放牧，沙漠化日渐严重。但该国的棉花质量良好，每年有大量出口，咖啡种植面积也很大，占重要地位。也门拥有萨那古城、石头宫、萨利赫大清真寺、希巴姆古城、宰比德历史古城等众多名胜古迹，旅游资源丰富。

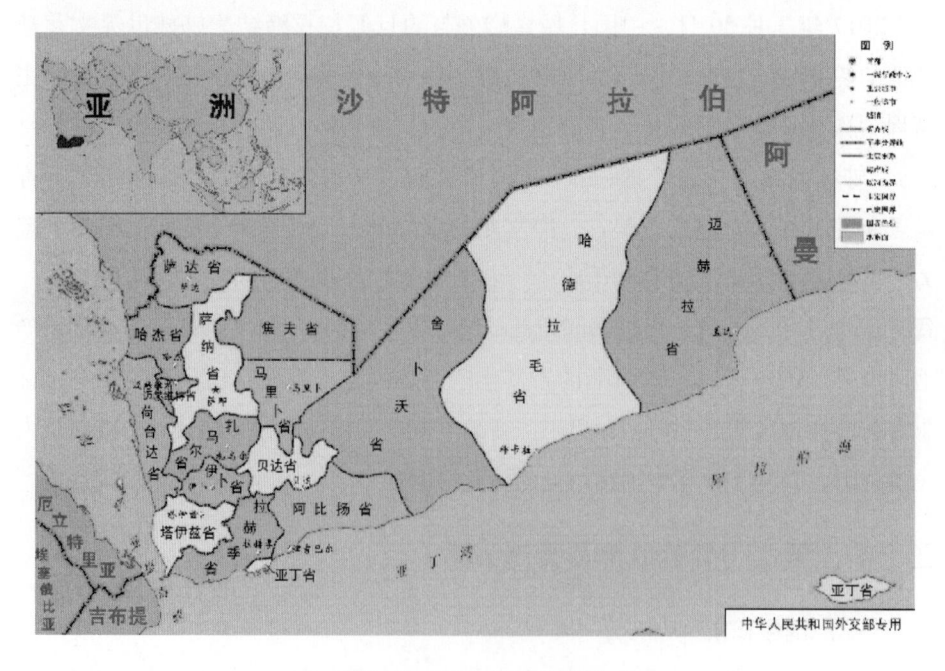

图4.10 也门行政区域图

① 数据来源：世界银行.

(二) 经济概况

也门是世界上经济最不发达的国家之一，1991年海湾战争和1994年内战使国民经济严重倒退。1995年，也门政府进行经济、财政和行政改革。2005年，也门政府进一步出台削减燃油补贴、降低进口关税等经济改革措施，力求调整经济结构，改善投资环境，减轻政府财政负担，取得了一定成效，使其经济运行基本平稳，主要经济指标良好。2005～2015年，也门GDP和人均GDP总体上呈现一致的变化趋势。GDP由2005年的167.5亿美元增长至2015年的377.3亿美元，增长2.25倍。人均GDP由2005年的817.1美元增长至2015年的1406.3美元，增长1.72倍。

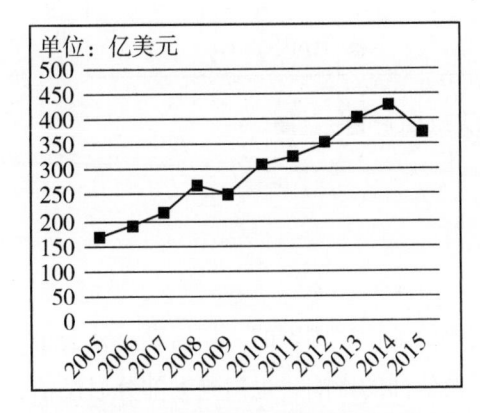

图4.11　2005—2015年也门GDP

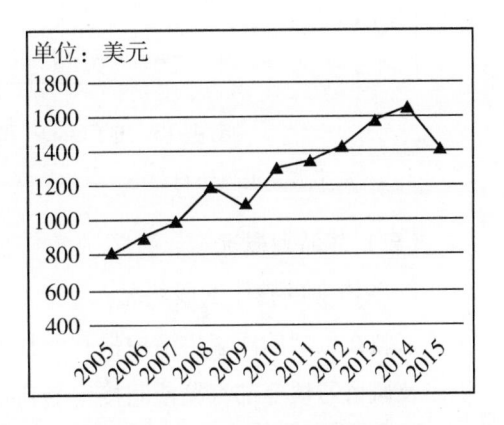

图4.12　人均GDP变化趋势

数据来源：世界银行。

从增长速度方面看，GDP和人均GDP基本呈现一致的增长趋势且二者的增长速度表现出不稳定状态。由于也门政府在2005年采取经济改革措施调整经济结构，改善投资环境，2005～2008年三年期间的GDP和人均GDP保持较高的增长速度。2008年，GDP和人均GDP增长速度分别达到24.3%、20.8%。但2009年受到2008年金融危机的影响，GDP和人均GDP增长速度分别下降至-6.6%、-9.2%，而后2010年分别回升至23.0%、19.7%。2010年后，由于也门国内局势持续动荡，GDP和人均GDP增长速度有所下降。

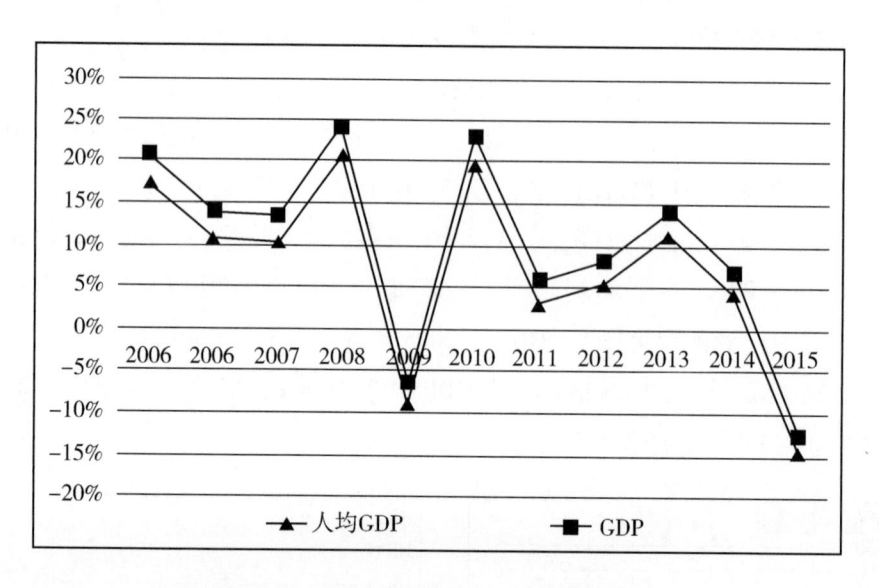

图 4.13 也门 GDP 和人均 GDP 增长速度

数据来源：世界银行。

（三）旅游业概况

1. 旅游业的整体发展状况

宗教在也门的国家生活中占有极其重要的地位，国家的一切活动、社会组织以及风俗习惯等都直接或间接地受到宗教信仰的影响。也门绝大部分居民信奉伊斯兰教，在其首都萨那古城内有众多的清真寺，现存最古老的清真寺叫法克拉德亚丁清真寺，至今已有七八百年的历史，位于摩加迪沙。除此之外，也门 3000 多年的文明留下了许多世界遗产，如希巴姆、宰比德等历史古城，这些古城的庄严厚重感吸引着世界各地的人们前来旅游探索。

图 4.14 显示，2005～2014 年期间，商业服务消费总体上保持较稳定的增长趋势，但 2015 年商业服务消费急剧下降，这与胡塞武装分子占领首都萨那，也门国内政局动荡有一定的联系。但反观其旅游服务消费，2005～2015 年期间，基本呈现出平稳的态势，保持在 0.72 亿～2.15 亿美元之间。从图 4.15 可以看出，2005～2015 年，旅游服务在商业服务所占比重总体上是呈现下降的趋势，由 2005 年的 14.13% 下降至 2015 年的 5.81%。但相对于 2014 年来看，2015 年商业服务消费从 26.97 亿美元下降至 12.46 亿美元，增长率为 -

53.8%，而旅游服务消费从 0.77 亿美元下降至 0.72 美元，增长率为 -5.6%，因而旅游服务消费在商业服务所占的比重反而是上升的。

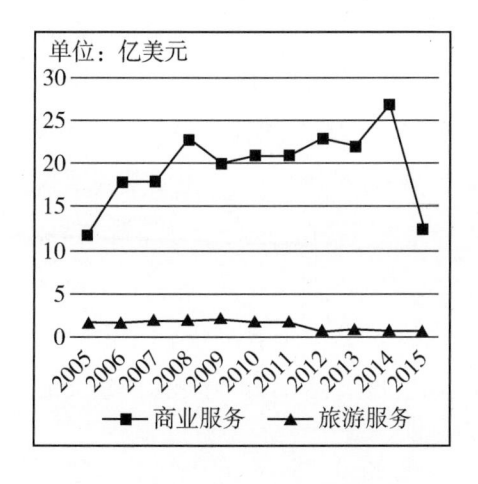

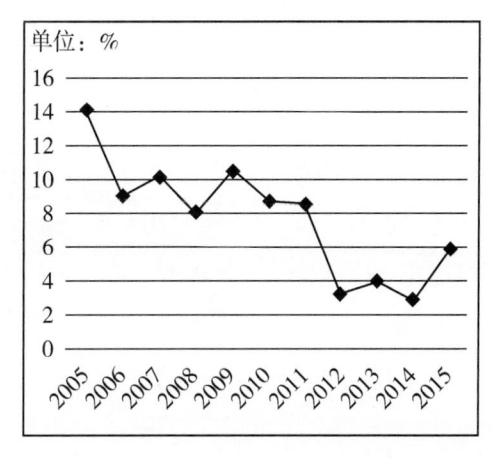

图 4.14　也门旅游服务及商业服务　　图 4.15　也门旅游服务占商业服务的比重

数据来源：世界银行。

2. 出入境旅游发展状况

也门在 1990 年实现统一后，政府重申恪守过去南、北双方分别同各国签署的一切协议和国际条约；奉行和平、不结盟政策；坚持睦邻友好、和平共处、不干涉内政，主张以和平方式解决国与国之间的争端与分歧。也门在 1956 年 9 月 24 日与中国建交，是与中国建交最早的国家之一。目前，也门已同 100 多个国家建立了外交关系。2000 年，中国与也门双边贸易额仅为 9.12 亿美元，到 2015 年，双边贸易额达 23.28 亿美元，增长将近 2.5 倍。但从 2010 年始，由于也门内部局势不稳定，中也双边贸易额有所下降。尤其是 2015 年，双边贸易额由 2014 年的 51.34 亿美元下降至 23.28 亿美元，增长率为 -54.66%。其中出口额由 2014 年的 22.01 亿美元下降至 2015 年的 14.30 亿美元，增长率为 -35.03%；进口额由 2014 年的 29.33 亿美元下降至 2015 年的 8.98 亿美元，增长率为 -69.38%。

从表 4.15 可以看出，2005～2010 年，也门入境旅游收入保持较快的增长趋势，由 2005 年的 18100 万美元稳步上涨至 2010 年的 129100 万美元；入境旅游收入占总出口的百分比在总体上也保持较快的增长趋势，由2005年的2.67%上涨至2010年的13.93%。但2011年出现第一个转折点，入境旅游收入下降为91000万美元，之后开始缓慢上涨至2014年的119900万美元，占总出口比重保持着相同的变化趋势。而2015年，也门入境旅游收入出现急剧下降，为11600万美元，相比2014年下降了108300万美元，增长率为-90.33%，这种状况与GDP以及中也双边贸易额变化趋势基本保持一致，主要受到国内动荡局势的影响。2005～2015年，也门出境旅游消费在总体上呈现下降趋势，但相比入境旅游，变化幅度较小。也门出入境旅游在2005～2006年处于逆差状态。2007年，政府经济结构调整措施初见成效，出入境旅游开始出现顺差，且顺差差额逐渐扩大，可见旅游业在也门经济发展过程中扮演着越来越重要的角色。

表4.15 2005—2015年也门出入境旅游发展情况

年份	入境旅游收入（万美元）	占总出口的百分比（%）	出境旅游消费（万美元）	占总进口的百分比（%）
2005	18100	2.67	22400	3.76
2006	18100	2.30	22500	2.89
2007	42500	5.47	24700	2.64
2008	88600	8.70	24600	2.11
2009	89900	12.63	27700	2.77
2010	129100	13.93	25200	2.37
2011	91000	8.76	25800	2.41
2012	100500	10.71	14800	1.08
2013	109700	11.47	16100	1.24
2014	119900	12.71	15800	1.04
2015	11600	6.21	7900	1.03

数据来源：世界银行。

(四) 旅游营销策略

1. 也门的旅游营销策略

(1) 目的地形象营销

也门旅游促销局副部长欧玛在 2012 年北京旅游博览会专访上说,也门的首都萨那拥有四千年的历史,其中最著名的当数它的祖屋建筑,还有其特别的生活方式。萨那地理位置特殊,是经苏伊士运河到地中海的一个咽喉地带,在阿拉伯语中解释为"要塞"的意思。另外萨那在红海的一边,与曼德海峡遥遥相望,素有"阿拉伯明珠"之称。也门旅游促销局副部长欧玛在宣扬首都萨那"阿拉伯明珠"形象的同时,仍不忘提醒大家也门拥有 21 个城市以及 25 种不同特色的美食。

据亚丁大学经济学院一位副教授的研究,在 2000～2010 年间,也门受恐怖袭击与基础设施落后的影响,旅游收入损失高达 100 亿美元,数十家旅行社倒闭,约 70 万旅游从业人员下岗,酒店和交通企业利润减半[1]。近年来,也门国内局势动荡不安,美国、韩国等多个国家发布赴也门旅游警告,并建议公民撤离,旅游业持续恶化。2015～2016 年因胡塞武装和前总统萨利赫之间的内战,旅游业衰退到一个前所未有的地步。尽管如此,也门却将国家的不安全感和恐惧转化为冒险资产,树立"神秘与冒险世界"的目的地形象。

(2) 节事营销

近年来,越来越多的旅游景点选择举办节庆活动来推动区域旅游的发展,节事逐渐成为旅游业的重要推动力。节事营销策略在许多旅游目的地的开发和营销计划中都具有影响力[2]。

为改变在世界各国人民心中"不安全"的国家形象,也门举办了许多的节事活动,利用聚光灯效果,旨在转移人们的关注点。例如,2010 年,也门举办了一次国际足球赛,由八个波斯湾国家组成。2014 年,也门举办为期一周的夏季旅游节,以促进旅游业的复苏,旅游内容丰富。表演形式主要为也门

---

[1] 资料来源:新浪财经. http://finance.sina.com.cn/roll/20101019/17568806113.shtml.
[2] Getz, D. Event tourism: Definition, evolution, and research. Tourism Management [J]. 2008 (29): 403 - 428.

当地人身着传统服饰展示也门的传统文化，另外，还有手绘比赛等活动。当然，也门旅游节也注重外地人的参与性，这期间埃及歌手也有相关的演出。

（3）媒体营销

"旅游危机"这一概念为中东地区所熟悉，该地区多年来总是经历着诸如恐怖袭击、暴力冲突等各种事件，对其旅游业发展起非常大的阻碍作用。国家政府人员常采用媒体战略，利用新闻报道、广告宣传等策略修复国家的负面形象。也门主要通过举办聚光灯活动，例如夏季旅游节、足球赛等将媒体的关注点从负面转变为目的地的正面形象。在一定程度上允许某些选择的情景被媒体强调，例如到安全的地方进行正常的影视播放等商业活动。

2. 中国对也门的旅游营销策略

2013年11月28日，中国驻也门大使常华会见也门旅游部长萨拉姆。萨拉姆表示，也门旅游资源丰富，希望与中国深化旅游领域的合作。另外，也门政府积极筹划推动索科特拉岛旅游业发展，而中国政府已经决定将海南省建设为国际旅游岛，双方可以交流经验，推动两国旅游领域交流与合作取得积极成果。

第五章　中国至非洲精品旅游线路及营销策略

第一节　中国至埃及旅游线路及营销策略

一、中国至埃及旅游线路及营销策略

（一）国家概况

埃及，国名为阿拉伯埃及共和国（The Arab Republic of Egypt），面积100.1万平方公里，人口9150万（2015年）。国教为伊斯兰教，信徒主要是逊尼派，占总人口的84%，科普特基督徒和其他信徒约占16%，另有800万海外侨民，官方语言为阿拉伯语。7月23日是埃及的国庆日。

埃及跨亚、非两大洲，大部分位于非洲东北部，只有苏伊士运河以东的西奈半岛位于亚洲西南部。西连利比亚，南接苏丹，东临红海并与巴勒斯坦、以色列接壤，北濒地中海。海岸线长约2900公里。全境干燥少雨。尼罗河三角洲和北部沿海地区属地中海型气候，1月平均气温12℃，7月平均气温26℃。其余大部分地区属热带沙漠气候，炎热干燥，沙漠地区气温可达40℃。埃及全境大部属海拔100～700米的埃及行政区低高原，红海沿岸和西奈半岛有丘陵山地。西部利比亚沙漠，占全国面积三分之二，大部为流沙，间有哈里杰、锡瓦等绿洲；东部阿拉伯沙漠，多砾漠和裸露岩丘。尼罗河纵贯南北，两岸谷地和三角洲面积达4万多平方公里，构成肥沃绿洲带。全境有95%为沙漠。[①]

---

① 埃及国家概况. 中国外交部.

图 5.1　埃及的行政图

资料来源：http：//www.qianzhengdaiban.com/chujing/aiji/163.html.

（二）经济概况

埃及是非洲国家中较为发达的国家，它属于开放性市场经济，而且经济增长速度较为迅速。埃及的工业、农业和服务业都有着从上到下完整的体系。其中服务业总产值对 GDP 的贡献率最大为五成，其次是工业，对 GDP 的贡献率为 16%。纺织、食品加工等行业是埃及工业的重要组成部分。埃及大多数居民都从事农业，农村人占全国总人口的比例高达 55% 左右。石油天然气、旅游、侨汇和苏伊士运河是其四大外汇收入来源。[①]

自 2011 年初以来，埃及国内动荡不安，国际关系较为复杂，阻碍了其经济的发展，经济增长速度减慢。为了重建埃及的国民经济，提高经济发展水平，埃及政府采取了一系列的措施鼓励经济的发展，同时，它也向国际上经济发展较好的国家寻求经济上的援助，希望这些措施可以发挥较强的作用，以帮助埃及成功度过经济危机。可是一切并没如愿，其国民经济并没有得到恢复，直到 2014 年 6 月新政府成立后，鼓励和支持经济的发展，努力改善民生，才解除了埃及的经济危机。从表 5.1 中可以看出，2006～2015 年期间，埃及的

---

① 资料来源：新华网。

GDP 整体上呈现上升的趋势，由 1075 亿美元增长到 3308 亿美元，同期，人均 GDP 由 7895.4 美元增长到 10093.3 美元。

表 5.1　2006—2015 年埃及 GDP 以及人均 GDP 的变化趋势

年份	GDP（亿美元）	人均 GDP（美元）
2006	1075	7895.4
2007	1305	8531.2
2008	1628	9158.9
2009	1890	9484.7
2010	2189	9897.2
2011	2360	10071.2
2012	2628	10247.6
2013	2720	10382.9
2014	2865	10529.9
2015	3308	10093.3

数据来源：世界银行。

（三）旅游业概况

1. 整体旅游业的发展状况

正如大家都知道的，埃及最大的旅游竞争优势就是它拥有极其丰富的旅游资源，而且它素有文明古国之称，旅游业是埃及的重要经济支柱之一。其中，旅游业在埃及经济发展过程中扮演着重要的角色，贡献率高达 11%，旅游创汇占总创汇比例为 20% 左右，从事旅游业的劳动力占总劳动力的比例为 15% 左右，直接从事旅游行业的劳动力有 180 万人，间接从事旅游行业的劳动力有 120 万人。2011 年，埃及政局动荡，严重影响到其旅游业的发展尤其是入境旅游，2012 年的埃及旅游业情况有所好转，旅游总收入有所增加，增长幅度较小，总体来看，埃及的旅游业还没有得到完全的恢复。在《世界经济论坛》的世界旅游和旅行指标体系中，在 2007 年，埃及位居的第 58 位，排名相对靠前，而在 2010 年，下降到第 75 位，说明其旅游业在国际上的地位逐渐下降。

另外，在世界旅游竞争力的指标中，在 2010～2011 年度，埃及的排名为第 81 位（共有 139 个国家参与），而在 2012～2013 年度，排在第 104 位（共有 144 个国家参与）。可以看出，近几年，埃及的旅游业发展前景不明朗。埃及的主要景点有金字塔、狮身人面像、卢克索神庙、阿斯旺高坝、沙姆沙伊赫等。

作为中东地区所有阿拉伯国家中最主要的旅游大国，埃及有着较为完善的旅游基础设施和设备。据官方数据统计可知，2011 年，埃及总有 1474 家酒店、宾馆和度假村，约 25 万间客房，使得埃及的旅游接待能力大大地增强。除此之外，埃及的旅游机构、免税店、旅游商店和从事旅游行业的员工都呈现出较快的增长趋势。埃及的主要旅游项目是滨海旅游，其中在西奈南部和红海旁的滨海旅游较受游客喜爱，在那里大概有 60 个旅游中心，为游客提供一些关于旅游景点、路线和住宿等有价值的信息。

2. 出入境旅游的发展状况

埃及是全球最受游客欢迎的旅游目的地之一，在 2010 年之前，埃及的入境旅游较为发达，从表 5.2 中可以看出，2006～2010 年期间，其入境旅游人数和入境旅游收入分别由 864.6 万人次和 8133 百万美元快速增长到 1405.1 万人次和 13633 百万美元（除 2009 年外）。2011～2015 年期间，其入境旅游人数和入境旅游收入都有大幅度下降，即使其间有所增长，增长的速度也较小，而且还有继续下降的趋势，因此埃及必须要稳住国内局势，才能恢复其入境旅游的发展。它的入境旅游收入中，旅游项目所占的比重较大，而来自于交通方面的费用相对较少。

2006～2014 年期间，埃及的出境旅游人次逐渐增加，由 453.1 万人次增加到 618.0 万人次，2006～2015 年期间，出境旅游消费额由 2156 百万美元增加到 3636 百万美元，增长幅度相对较小。这主要是因为埃及国内局势不稳定，国内人民想出国寻找一种安定的生活，而受到经济收入水平的限制，使得其出境旅游消费没有像出境旅游人次那样大幅度增长。同期，埃及的国际旅游表现为旅游服务贸易顺差，顺差额由 5977 百万美元波动下降到 3251 百万美元，顺差额在 2010 年达到最大值为 10937 百万美元。

表 5.2　2006—2015 年埃及出入境旅游业发展情况

年份	入境旅游人次（万人次）	出境旅游人次（万人次）	入境旅游收入（百万美元）	出境旅游消费（百万美元）	旅游服务贸易顺差额（百万美元）
2006	864.6	453.1	8133	2156	5977
2007	1061	/	10327	2886	7441
2008	1229.6	/	12104	3390	8714
2009	1191.4	471.6	11757	2941	8816
2010	1405.1	461.8	13633	2696	10937
2011	949.7	486.3	9333	2575	6758
2012	1119.6	567.8	10823	3037	7786
2013	917.4	578.2	7253	3466	3787
2014	962.8	618.0	7979	3486	4493
2015	913.9	/	6897	3636	3251

数据来源：世界银行。

（四）旅游营销策略

1. 埃及的旅游营销策略

（1）加大营销投入预算，推广宣传

2011 年，埃及国内较混乱，许多国家都发出警告，限制国民去埃及旅游，确保他们的生命安全，这使得埃及的客源市场纷纷转向了其他国家。近几年，随着动乱的消除，国内局势相对稳定，埃及旅游局为了重获客源市场的喜爱和信赖，加大对中国、印度及亚太市场的旅游投资，尤其在旅游营销这方面，并打算在客源市场的旅游行业协会的年度大会上宣传埃及的旅游产品，让游客们切实体会到埃及的安全的生活环境，从而吸引他们重返埃及。2014 年，埃及旅游局在中国市场投资了约 50 万美元，主要用于旅游产品的推广，其宣传形式新颖，其中包括平面电影、户外广告、互联网等。另外，埃及旅游局还邀请客源市场有影响力的影视明星或者具有正面形象的公众人物赴埃旅游，亲身体会埃及安定现状，然后聘请他们作为埃及旅游的代言人，回国宣传埃及。

（2）签署合作协议，便捷电子签证

2014 年，埃及总统塞西访问中国，签订了多项关于促进两国旅游共同发展的合作协议，同时，随着中埃两国合作领域的逐渐增多，旅游业也成为了两国合作的重要领域。另外，埃及驻华使馆旅游处参赞阿布，在新闻发布会上表达了对中国支持埃及入境旅游发展的感谢，他说因为上海、深圳以及成都等城市开通了到开罗的直达航线，大大地增加了赴埃及旅游的中国游客，使得埃及提前实现了全年接待10万人次游客的目标。他还透露，埃及正在考虑专门针对中国、印度和土耳其等旅游客源市场，推出电子旅游签证，简化签证手续，将进一步缩短获签时间，大大方便赴埃游客。

（3）举办主题活动，丰富旅游活动

为了鼓励旅游企业开发具有吸引力的旅游产品，埃及旅游局做出了很大的努力。一方面，旅游局鼓励旅行社组织一些实地考察景点的调研活动，并愿意在旅游营销方面与他们合作，强化营销效果；另一方面，积极开展以"埃及·尽是奇迹"这一旅游宣传口号为主题的活动，加强与各大旅行社通力合作，创新出全新的旅游产品，从而使目的地形象更多元化，让游客认识到来埃及旅游不是简单地观光游览。在2015年，埃及驻华使馆旅游处向中国游客宣传了一些新开发的旅游项目和旅游目的地，这些都是以往中国游客没有体验过的，例如红海、沙姆沙伊赫和霍尔格达等。在这些旅游目的地，游客们可以体验一些较为特殊的旅游产品，例如沙漠探险、海底潜水等等，同时，为了吸引更多的中国游客，埃及也计划开办更多的中餐厅和培训出更多的中文导游以及创造更加完善的软硬件设施。

（4）加强航空运营的合作，提升运载力

为了进一步增强航班运载力，埃及航空公司加大了投资，开通上海与开罗的直飞航线。同时，除已经开通的北京、上海和广州至埃及的直达航班以外，还支持包机服务，使得游客在旅途中可以享受到更加周到的服务。不管是开通直达航班还是开展旅游包机业务，中埃双方在旅游方面的联系都在不断地进行延展和扩充。

2. 中国对埃及的旅游营销策略

（1）提高中国的可进入性

早在2014年，埃及方面就已经同中国的一些旅行社签订了合作协议，表示在两国之间,开通一些不定期飞机航班,以便于双方游客的往来。航线主要从中国四川等地直接飞往阿斯旺,这一航班的开通,便利了埃及游客来华旅游,增加了中国的可进入性。

(2) 参加旅游推介会

中国国家旅游局积极参加各类旅游推介会,参会单位不仅通过精彩纷呈的表演来体现本国的风土人情,还推出各式各样的旅游资源产品在现场进行打折销售。埃及游客可以更加直接地了解中国,欣赏中国的美丽。生动而又形象的旅游产品成为了埃及游客来华旅游的主要动力。中国国家旅游局表示已经做好接待埃及游客的充分准备。

第二节 中国至南非旅游线路及营销策略

一、中国至南非旅游线路及营销策略

(一) 国家概况

素有"彩虹之国"之称的南非位于南半球,地处非洲大陆最南端,陆地面积为122万平方公里。海岸线约3000公里,东面隔印度洋和澳大利亚相望,西面隔大西洋和巴西、阿根廷相望,北面与纳米比亚、博茨瓦纳、莱索托、津巴布韦等国家接壤[①]。南非国内东、西、南部皆为沿海低地,北部有群山环抱,内陆区属喀拉哈里沙漠,多灌丛草地或干旱沙漠,海拔约650~1250米,周围的高地海拔超过1200米。南非最高点为东部大陡崖的塔巴纳山,海拔3482米。

南非全境大部分处于副热带高气压带,属热带草原气候。每年10月至次年2月是夏季,6至8月为冬季。德拉肯斯堡山脉阻挡印度洋的潮湿气流,大陆性气候越为显著。南部沿海及德拉肯斯山脉迎风坡全年有降水,湿度大,属海洋性气候。西南部厄加勒斯角一带,冬季吹西南风,降雨量占全年降水的

① 中国外交部网站,http://www.fmprc.gov.cn/web/.

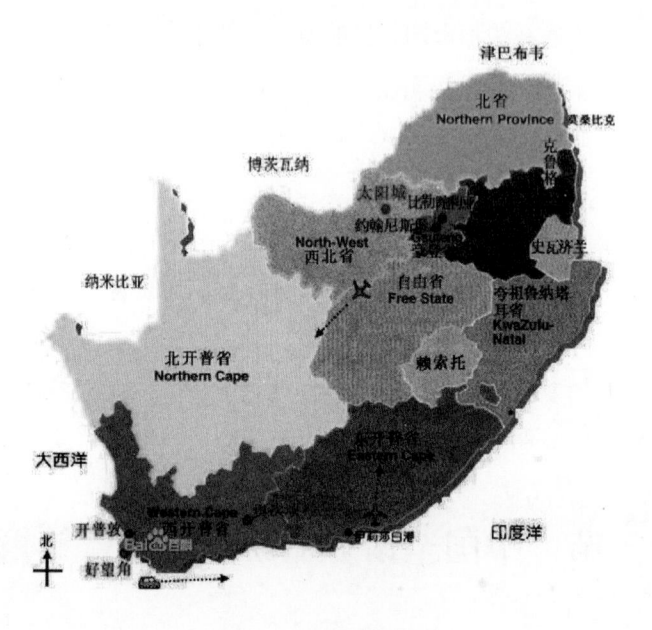

图5.2 南非的地图

资料来源：http：//www.999tour.cn/ouzhou/ShowClass.asp？ID=530.

4/5，为地中海气候。全国全年平均降水量为464毫米，远低于857毫米的世界平均水平。

（二）经济概况

南非是非洲的第二大经济体，国民生活水平较高。南非国内财经、法律、通讯、能源、交通业发达，拥有完备的硬件基础设施和股票交易市场，黄金、钻石生产量均居世界首位。南非的深井采矿技术位居世界前列，矿产是南非的主要经济来源。在国际上，南非已被确定为一个中等强国，并保持显著的地区影响力。

从表5.3可知，近10年来，南非的国家经济总量大，发展形势好。在2005～2007年之间，增长较快，增幅保持在5%以上，为国家经济的腾飞奠定了良好的基础。随后，在2008～2009年之间，受国际金融危机影响，增长幅度一度下降，从3%下降到1%，甚至出现负增长。2008年12月以后，南非6次下调利率，并出台增支减税、刺激投资和消费、加强社会保障等政策，遏止经济下滑。2009年，南非经济逐渐回升，2010年起政府开始实施"新工业政策执行计划",解决产业结构不合理问题。在 2010～2015 年,南非经济持续保持低速平稳发展,增速下降,经济总量不断增加,经济实力日益增强。

表 5.3 2005—2015 年南非 GDP、人均 GDP 和 GDP 年增长率变化趋势

年份	GDP（亿美元）	人均 GDP（美元）	GDP 年增长率（%）
2005	2470.64	5234.58	5.3
2006	2610.07	5468.3	5.6
2007	2861.72	5930.13	5.4
2008	2738.7	5612.89	-1.5
2009	2830.12	5738.27	3.2
2010	3635.23	7271.73	3.0
2011	4082.37	8070.03	3.2
2012	3843.13	7507.67	2.2
2013	3506.3	6617.91	2.2
2014	3498.17	6477.86	1.5
2015	3145.70	5723.97	1.3

数据来源：世界银行。

（三）旅游业概况

1. 整体旅游业发展状况

南非风景旖旎,气候宜人,自然资源丰富,素有"游南非即游全球"的说法。旅游业是南非的支柱产业之一,近年来国际游客人数激增,成为南非发展最快的行业之一,是南非外汇收入第三大来源和就业渠道,旅游业产值约占国内生产总值的 10%,从业人员高达 140 万人。旅游业和新兴企业家们成功联合,该国在冒险、体育、自然和野生动物旅游方面具有优势,是负责任的旅游先驱和全球领导者。南非已被宣布为 18 个世界生物多样性极其丰富的旅游目的地之一,有许多保护自然遗产的项目,旅行者可以支持并参与其中许多项目。

2. 出入境旅游的发展状况

南非国内基础设施建设情况较好,拥有较为完善的交通体系。国内三个主要国际机场是坦博国际机场(约翰内斯堡)、开普敦国际机场和金沙加国际机场(德班)。南非的机场还包括内尔斯普雷特的克鲁格普马兰加国际机场(KMIA)在内的90个地区机场。道路基础设施包括国家公路和二级公路在内,为旅游业的发展提供良好条件,也增强了旅游目的地的可进入性。国家公路车速限定在120公里/小时,二级公路车速限定在100公里/小时,市区车速限定在60公里/小时。

表5.4 2006—2015年南非国际旅游收支占总进出口比例的变化趋势

年份	入境旅游收入占总出口的比例(%)	出境旅游支出占总进口的比例(%)
2006	11.6	6.2
2007	10.9	6.3
2008	8.9	6.4
2009	10.4	7.8
2010	9.6	7.9
2011	8.4	6.8
2012	9.5	5.8
2013	9.2	5.3
2014	9.6	5.5
2015	9.5	5.7

数据来源:世界银行。

由上表可知,旅游业在南非的国民经济中占有一定地位。根据世界银行统计数据可知,在2006~2015年这十年期间,入境旅游收入占总出口的比重保持在8%~12%之间,即使在国际金融危机影响下的2008年,仍然保持8.9%的比例。而同期内,出境旅游支出占总进口的比例在5%~8%之间,近年来更是有下降的趋势,相比之下,对国民经济的影响不及前者。

表 5.5 2006—2015 年南非出入境旅游业发展情况

年份	入境旅游人次（万人次）	出境旅游人次（万人次）	入境旅游收入（亿美元）	入境旅游支出（亿美元）
2006	839.6	433.9	92.11	52.3
2007	909.1	443.3	102.26	61.03
2008	959.2	442.9	91.78	69.05
2009	701.2	442.4	86.84	64.2
2010	807.4	516.5	103.08	81.39
2011	833.9	545.5	107.07	83.97
2012	918.8	503.1	112.01	71.44
2013	953.7	516.8	104.68	64.9
2014	954.9	/	104.84	63.1
2015	810.4	/	91.4	57.35

数据来源：世界银行。

如表 5.5 显示，在过去的十年，南非的入境游客人数始终高于出境人数，并且从 2006 年开始缺口不断扩大。除了 2009 年因国际金融危机小幅下跌以外，入境游客总数不断增长，其中 2013 年出入境外国旅客数分别为 953.7 万人次和 516.8 万人次，与 2012 年相比分别增长 3.7% 和 2.7%。2015 年入境旅游人次达到 810.4 万人次。就近 5 年而言，南非出入境旅游人数在不断增加。同期内，旅游收支与出入境游客变化成正比，且入境旅游收入高于出境旅游支出，处于旅游贸易顺差。2004～2007 年，南非国际旅游收支差距较大，且入境旅游收入远远高于出境旅游支出；2008～2009 年，由于国际金融危机的影响，入境旅游收入开始下降，并在 2009 年达到低谷，而国际旅游支出保持高速上升态势；2010 年后，由于采取了国家调控措施，加上国际经济形势好转，南非的国际旅游收入和支出逐渐恢复，但增幅明显下降了许多，甚至在 2012～2013 年，入境旅游收入和支出同时呈现负增长趋势，在 2015 年，入境旅游收入为 91.4 亿美元，比上年有所下降，降低了 13.44 亿美元。

(四)旅游营销策略

1. 南非的旅游营销策略

(1) 推进整合营销策略,促进南非商务旅游消费

南非具有丰富的自然旅游资源和会议、会展设施,是国际商务会展活动的旅游目的地首选。南非旅游局一直以来保持整合营销,以全球商务旅游群体为重点目标客户。一方面,南非官方旅游局凭借令人流连忘返的自然美景、种类繁多的野生动植物、独特珍贵的文化遗产,推出多条商务型旅游线路。另一方面,南非建设了一批完善的会议设施,为商务活动的发展提供了基础保障。约翰内斯堡的桑顿会议中心、开普敦国际会议中心等传统商务场地一直深受国际商务游客的欢迎,东开普敦省现代化的会议场地伊丽莎白港德沃克会议中心又开始相继崛起[1]。

在此基础上,南非旅游局结合线上和线下手段,借助网络平台和媒体路演,为潜在的游客提供最新旅游信息,与消费者互动交流,并在一定程度上提高了南非的国家旅游吸引力,拓展了南非会展旅游的市场,促进了南非商务旅游的发展。

(2) 借助国际事件活动,增强南非旅游业影响力

节事活动能在一定条件下,将产业相关的人力、财力、物力汇聚到特定的时空范围内,产生巨大的经济效益和社会效益。事件规模的大小直接影响到活动的效果,南非借助国际节事活动开展事件营销,为旅游业的发展造势。2010年6月,第19届世界杯足球赛在南非的9个城市10座球场举行,南非旅游业借此契机提升国内旅游业品位,启动"20种新体验南非10日游"的市场推广活动,包括"山水风光旅游""生态旅游""民俗旅游""考古旅游""高尔夫运动休闲游"等重点项目[2],活动影响范围覆盖全球十几亿人口。据南非旅游局官方统计数据表明,世界杯期间南非入境游客数高达102万人,同期增长25%。

---

[1] 金钥匙国际联盟,http://www.igkia.com/? action-viewnews-itemid-881.
[2] 网易旅游,http://travel.163.com/10/0806/12/6DDEQF8200063JSA.htm.

(3) 借助传媒载体营销，提高南非旅游国际知名度

2010年末，南非旅游局以"超越平凡"为营销主题开展系列推介活动，并于当年11月启动"2周免费南非旅游，20种特殊旅途体验——就等你来"[1]的大规模全球性演员招募活动。该活动由Rapid Blue专业电视摄制组主导，挑选出一对情侣，为其提供为期两周的免费游南非机会。摄制组对当选的情侣在南非的旅行经历进行跟踪拍摄，并将这个过程录制成实况短片，在全球社区的媒体平台和电视商业广告中播放，从而提高南非旅游业的国际认知度和知名度。

(4) 建设官方营销平台，展示南非良好旅游形象

随着互联网和信息时代的到来，行业内市场竞争渐趋激烈，传统的旅行社营销和报纸营销已经满足不了旅游产品的投放和推广模式，借助信息平台引入的网络互动营销模式更适应市场需求。南非旅游局以国际互联网为基础，利用数字化信息和网络媒体来辅助旅游产品的市场宣传与推广，在国家旅游官方网站建设、微信平台建设、微博平台建设上投入了大量的精力，为目标客户群体打开了了解南非的一扇窗口[2]。南非旅游局网站分为几大板块，对南非的国家概况、九个省的旅游亮点、南非的旅游指南、南非的会议指南以及南非旅游新闻资讯等都详细介绍，结合微博、微信新平台，建设南非国家旅游局官方公众号，对南非旅游资源进行补充宣传，系统地构建起南非良好的旅游形象。

2. 南非对中国的旅游营销

(1) 政府营销：创新旅游主题，激发消费热情

南非对中国的旅游营销以政府营销为先行者。2014年是中国"南非年"，也是南非获得民主自由纪念20周年。随着这一年的到来，南非旅游局也在中国迎来了非凡的发展机遇。为了进一步地提升南非在中国市场的知名度，南非旅游局推出了2014年的新主题——"新南非·新体验·新玩法"[3]。这一主题有效地激发了中国游客的消费意愿，也展示了南非旅游局的决心，通过更多的

---

[1] 新浪旅游，http://travel.sina.com.cn/world/2010-11-19/1145147510.shtml.
[2] 资料来源：南非旅游局。
[3] 环球旅游网，http://www.tvtour.com.cn/news/html/photo/2014/0127/158730.html.

南非新玩法向中国游客展示不同视角下南非不同的美,再一次丰富游客在南非的旅游体验。2015 年,南非旅游局延续上一年"南非年"的热潮,推出了"南非本色行"的主题,有效提升品牌资产,使中国消费者可以从旅游线路中结合自己的兴趣切身体会当地文化,从而更深入地融入南非的生活。

(2) 政府营销:致力活动宣传,增强市场影响

在创新国家旅游主题的背景下,南非政府在旅游营销上宣传活动,增强南非在中国的影响力。2010 年底,南非旅游局在北京办事处推出"南非旅游产品销售英雄征集令",充分激发旅行社合作伙伴的销售热情,推动旅游新产品销售。2011 年,南非旅游局在北京、上海、成都和广州等地举办"超越平凡,绿享南非"媒体路演活动,借后世界杯的良好势头,促使南非成为中国游客首选的出境旅游目的地。① 随后,2014 年,南非旅游局在中国香港、成都、沈阳、北京等地举办南非旅游推介会,动员 5 家地方旅游局、2 家航空公司、16 家地接社、13 家酒店及其他旅游相关的服务公司与中国旅游业代表共同分享最新的南非旅游资讯和旅游产品。同时,也邀请了南非著名的前橄榄球运动员、蜚声国际的橄榄球教练切斯特·威廉姆斯作为"南非体育及旅游大使"出席推介会,提高了南非在中国旅游市场的吸引力。

(3) 企业营销:开拓高端市场,迎合商务需求

在政府性旅游营销背景下,南非旅游服务企业顺利地对中国开展了针对性营销。中国经济的突飞猛进带动了会展奖励旅游模式的出现,中国旅游市场爆发出惊人的市场潜力。南非旅游和酒店集团看到了市场的曙光,在南非酒店、度假村和娱乐行业中具有领导地位的太阳国际集团进军中国高端商务会议奖励旅游市场。② 一方面,太阳集体和中国的旅行社、会议奖励策划公司展开合作,召开大型奖励旅游说明会,集团高层亲临现场,探讨合作模式,邀请业内人士亲赴南非实地考察,了解产品优势;同时进一步完善设施和服务,细致了

---

① 南非:借后世界杯时代影响中国出境游市场. http://news.xinhuanet.com/travel/2011-01/07/c_12957777.htm.

② 看好中国高端市场 南非太阳国际进军中国旅游,网易旅游. http://travel.163.com/06/0714/10/2M03O59N00061Q75.html.

解中国客户的需求,做好迎接中国国内会奖团队的准备。随后推出了三大举措:第一,完整推出最具特色的旅游产品,即"非洲的太阳之路";第二,着手拓展中国国内二线城市,如杭州、成都等地,积极激发中国潜在市场;第三,结合中国特色,设计更多具有中国气息的旅游产品,如农历新年里的舞狮、舞龙表演等,进一步拉近了与中国游客的距离。

3. 中国对南非的旅游营销战略

(1)借南非"中国年"契机,紧抓旅游业发展机遇

国家年是由中国外交部、文化部共同牵头,在国务院相关部门、有关地方省市和中国驻外使领馆的共同参与下举办的国际性节事。互办国家年是中南两国高水平战略互信关系的体现,也是进一步推动双边关系全面向前发展的重要举措,在双方关系史上具有里程碑的意义。2014年中国"南非年"已经落幕,而2015年南非"中国年"也顺利举行,这也是中国向南非展示中国文化和旅游资源的重要机遇。

在南非"中国年"中,中国以国内世界自然文化遗产为主题,在南非开展系列宣传推广活动。中方在南非有关部门的配合下,在南非国内举办近百场文化推介、艺术交流、经贸会展、学术研究、教育交流活动。形式多样,内容丰富,从企业高峰论坛到野生动物影视文化周,从国家艺术节到高校合作系列活动,从地方文化经贸特色到中华文博精品,覆盖南非全国9省主要城市,涵盖政治、经贸、文化、教育、科技、旅游等诸多领域,在南非境内举办了一场中非人文交流的盛事。

(2)开发商务旅游度假产品,提高南非游客重游率

通常来说,一个国家、一个城市承办国际会议多少、规模大小是衡量其对外开放程度和经济发展水平的重要标志。在国际大会与会议协会(ICCA)发布的2014年全球十大最佳会议国家中,中国以接待340场国际会议位居第八位。在举办国际性会议最多的城市排名中,北京名列第18位,上海排名第29位,中国的部分发达城市正在逐步成长为重要的商务及会奖旅游目的地。

据《南非来华旅游舆情调查报告》显示,南非游客来华旅游的目的中出差、商务、会议的比例最高,达到53.3%,时间也较长,花费也较高,高于

观光游览和休闲度假，对来华旅游整体满意度较高。因此，中国旅游企业根据南非商务旅游者的特定需求，开发商务休闲度假产品，使更多南非游客将中国作为最佳出境旅游目的地，从一次游变成多次游，是中国政府和旅游企业开拓南非旅游市场工作的重点。

（3）通过互联网和电视渠道，增强中国旅游传播度

虽然中国游客的足迹逐渐涉及世界，然而我国旅游产品走出去非常不理想，其中与海外宣传营销力度有关，中国在南非的旅游市场仍具有相当大的发展空间。据有关媒体调查，Facebook，Twitter，Google + 是南非人最常使用的三大社交媒体，互联网和电视是南非人了解中国旅游信息的重要渠道[1]。中国在针对南非进行宣传促销，有效地利用当地居民熟知的渠道进行有针对性的宣传，以此建立与维系同当地居民的良好关系。

因此，中国积极构建多语种的旅游形象推广平台。通过与国际OTA、GDS建立业务对接，与南非国内知名旅行社合作，宣传推广中国的旅游资源，提升中国旅游形象，并利用"国家旅游影像库"，实现海外市场快速拓展[2]。另外，在未来计划中，中国政府还将利用南非电视台等有影响力的电视媒体播放中国旅游宣传片、中国电视剧、电影作品和纪录片，全方位展示中国文化风貌。

第三节 中国至摩洛哥、肯尼亚旅游线路及营销策略

一、中国至摩洛哥旅游线路及营销策略

（一）国家概况

摩洛哥位于非洲西北端，东接阿尔及利亚，南部为撒哈拉沙漠，西濒浩瀚的大西洋，北隔直布罗陀海峡与西班牙相望，扼地中海入大西洋的门户。国土面积45.9万平方公里，拥有1700多公里的海岸线[3]。国内地形复杂，中部和

---

[1] 中国经济网，http://travel.ce.cn/gdtj/201412/09/t20141209_2156204.shtml.
[2] 凤凰旅游，http://travel.ifeng.com/news/china/detail_2015_05/08/41038024_0.shtml.
[3] 中国外交部网站，http://www.fmprc.gov.cn/web/.

北部为峻峭的阿特拉斯山脉，东部和南部是上高原和前撒哈拉高原，仅西北沿海一带为狭长低暖的平原。由于斜贯全境的阿特拉斯山阻挡了南部撒哈拉沙漠热浪的侵袭，摩洛哥常年气候宜人，花木繁茂，赢得"烈日下的清凉国土"的美誉，还享有"北非花园"的美称。

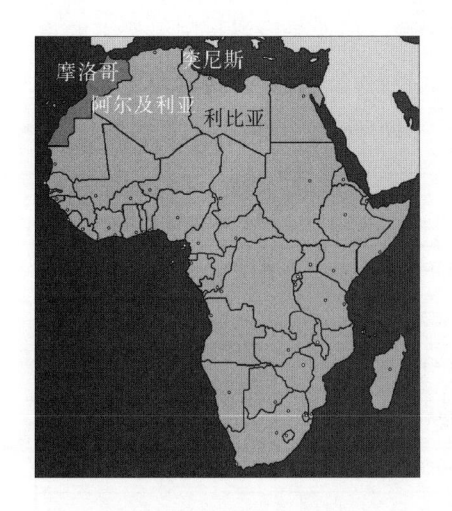

图5.3　摩洛哥区位图　　　　　　　图5.4　摩洛哥地图

摩洛哥①全国人口约3000万人，其中阿拉伯人约占80%，柏柏尔人约占20%。摩洛哥最早的居民是柏柏尔人，公元7世纪，阿拉伯人进入，并于8世纪建立第一个阿拉伯王国。现在的阿拉维王朝建立于1660年，穆罕默德六世国王是该王朝的第23位君主。1957年8月14日定国名为摩洛哥王国，苏丹改称国王。摩洛哥国内主要信奉伊斯兰教。

摩洛哥全国共划分为16个大区，49个省和13个省级市，1547个市镇。首都拉巴特，一直是摩洛哥的政治首都。卡萨布兰卡是摩洛哥的第一大城市，被誉为摩洛哥的经济首都。

（二）经济概况

摩洛哥经济实力为非洲第五位，在马格里布地区（非洲西北部"日落之地"国家联盟）中为第二位。从1983年开始，摩洛哥实行经济改革，推行贸

---

① 资料来源：摩洛哥驻华办事处网站。

易自由化和企业私有化，调整经济结构，取得一定成效。2010年，摩洛哥与欧盟建立自由贸易区，加强基础设施建设，扶持旅游产业，发展清洁能源和信息产业，积极吸引外资，经济持续增长。

同时，摩洛哥依靠濒临大西洋和地中海的优越地理位置，开放沿海地区，建设国际性港口城市，如丹吉尔、卡萨布兰卡等。矿业是摩洛哥国民经济的重要支柱，近年来，渔业和磷酸矿的出口量居世界首位。农业、畜牧业也占据一定的地位，但受自然气候条件限制比较大。

表5.6 2006—2015年摩洛哥GDP、人均GDP和GDP年增长率变化趋势

年份	GDP（亿美元）	人均GDP（美元）	GDP年增长率（%）
2006	656.37	2107.9	6.6
2007	752.26	2511	1.6
2008	888.83	2906	4.7
2009	909.08	2883.9	3
2010	908.03	2857.7	2.5
2011	1002.21	3066.5	3.9
2012	959.82	2931.4	1.6
2013	1043.74	3156.2	3.2
2014	1070.05	3190.3	1.0
2015	1005.9	2878.2	4.5

数据来源：世界银行。

从上述统计结果来看，摩洛哥经济总量较大，2006年达到656.37亿美元。但是随后经济增长幅度放慢，从2007年开始，摩洛哥的国民经济增长速度保持在3%左右，并在2007年的时候达到了752.26亿美元，增长率下降至1.6%。随后，经济增长呈现出比较平稳的态势，年增长率保持在2%~4%之间，总体发展形势不快。2013年，摩洛哥的GDP首次突破1000亿美元大关，实现了历史上的跨越性发展。在2015年，GDP总量和人均GDP增长到了1005.9亿美元和2878.2美元。虽然，目前摩洛哥的经济取得了一定的发展，

但其发展速度仍有待提高。

(三) 旅游业概况

1. 整体旅游业的发展状况

优越的地理位置、良好的自然环境、悠久的历史文化、独特的民俗风情使摩洛哥的旅游业长盛不衰，成为其国内第二大支柱产业。作为非洲主要旅游目的地，近年来摩洛哥的旅游业在国家保持政局和社会稳定的背景下，有效地抵御了国际金融危机的影响，在其他阿拉伯传统旅游国家整体不景气的形势下，摩洛哥入境游客量逆势呈现逐年递增的趋势。

摩洛哥发展旅游业具有许多有利条件。第一，政治长期稳定；第二，地理位置优越，距欧洲仅数十公里之遥，是欧洲游客的优选地；第三，具有较丰富的人文景观，像马拉喀什、非斯等城市是北非的历史名城，独具特色；第四，东南部一望无垠的大沙漠，既是汽车和摩托车拉力赛爱好者驰骋的疆场，又是沙漠探险者的好去处。而摩洛哥最令人神往的是大西洋沿岸数千公里的海岸线，柔软的细沙和舒适的阳光令人流连忘返，一年四季都可以享受地中海的阳光。

2. 出入境旅游的发展状况

摩洛哥的传统客源地是欧洲，53%的入境游客为外国游客，47%为住在国外的摩洛哥侨民。在国外客源地中，法国稳居第一位，达到外国游客总量的18%；第二位是西班牙，占7%；第三位是英国，占4%；其次是比利时、德国、意大利、荷兰。此外，摩洛哥还在东欧积极地进行旅游营销，大力开发俄罗斯、波兰、斯堪的纳维亚地区的客源市场[①]。

摩洛哥属于阿拉伯伊斯兰国家，官方语言是阿拉伯语，尽管有独特的方言、文化传统、柏柏尔文化、法国文化等元素，但是凭借其良好的社会治安、社会宽容度和个人自由度，它仍然对阿拉伯游客具有很大吸引力。前往摩洛哥的阿拉伯游客主要来自北非邻国阿尔及利亚和突尼斯、利比亚、埃及，海湾地区的沙特阿拉伯、卡塔尔和阿联酋，以及沙姆地区的黎巴嫩、约旦和叙利亚。

---

① 中国外交部网站，http://www.fmprc.gov.cn/web/.

其中，与摩洛哥通直航的阿拉伯国家有突尼斯、阿尔及利亚、埃及、沙特阿拉伯和阿联酋。

表5.7 2006—2015年摩洛哥国际旅游收支占总进出口比例的变化趋势

年份	入境旅游收入占总出口的比例（%）	出境旅游支出占总进口的比例（%）
2006	35.5	4.7
2007	34.7	4.5
2008	29.1	4.4
2009	33.3	4.9
2010	30.2	5.1
2011	28.6	4.9
2012	26.3	4.5
2013	25.1	4.2
2014	25.2	4.2
2015	23.3	/

数据来源：世界银行。

旅游业一直是摩洛哥的重要创汇产业之一，在摩洛哥的国际旅游收入中具有重要的地位。根据世界银行统计数据可知，在2006～2015年这近十年间，摩洛哥入境旅游收入占总出口的比例一直保持在25%～35%之间，即使是在国际金融危机影响严重的2008年，也依然高达29.1%，超过了其他产业对国民经济的贡献程度。到2012年所占比例稍微下降，但绝对产值增加。而2006年至2015年期间，出境旅游消费占总进口的比例基本保持在4%～5%之间，变化幅度较小，对国民经济产业的影响明显低于前者（见表5.7）。

表5.8 2004—2015年摩洛哥出入境旅游业发展情况

年份	入境旅游人次（万人次）	出境旅游人次（万人次）	入境旅游收入（万美元）	出境旅游消费（万美元）
2004	547.7	160.3	454000	91200
2005	584.3	224.7	542600	99900

(续上表)

年份	入境旅游人次（万人次）	出境旅游人次（万人次）	入境旅游收入（万美元）	出境旅游消费（万美元）
2006	655.8	213.5	690000	111300
2007	740.8	266.9	830700	141800
2008	787.9	342.1	888500	191000
2009	834.1	229.3	798000	171300
2010	928.8	217.5	817600	187900
2011	934.2	219.2	910100	226000
2012	937.5	231.6	849100	209500
2013	1004.6	219.4	820100	200200
2014	1028.3	185.0	874700	221800
2015	1017.7	191.0	776500	215500

数据来源：世界银行。

由表5.8可知，摩洛哥的入境人数基数较大，在2004～2015年这十年之间保持着较好的增长趋势，由2004年的547.7万人次快速增长到2015年的1017.7万人次。然而，摩洛哥的出境人数在这十年之间波动明显，从2004年的160.3万人增长到2008年的342.1万人，达到这十年中的峰值。随后，出境人数在2009年下降为229.3万人，并在2009～2013年之间保持着较小的增长幅度，2013～2015年，出境旅游人次稍有下降，由219.4万人次下降为191万人次。相比之下，摩洛哥的入境旅游人数远远超出出境旅游人数，且两者之间的差值具有持续扩大的趋势。

总体而言，近十年来，摩洛哥的国际旅游收支保持着持续上升的趋势。2004年，入境旅游收入达到45.4亿美元，2004～2008年保持着较为高速的增幅，在2008年达到了88.85亿美元；随后，因受国际金融危机影响，国际旅游业发展受创，摩洛哥的入境旅游收入一度下滑，呈负增长，在2009年和2010年进入低谷期。在2011年，国际经济形势好转，国际旅游市场消费回流，摩洛哥的入境旅游收入恢复到2008年前后的发展水平。但是，在随后的两年里，再次呈现下降趋势，摩洛哥急需采取措施维持国际旅游市场的份额。

相对地，在出境旅游消费上，摩洛哥在2004～2013年这十年之间保持着平稳的增长。2004年摩洛哥出境旅游消费为9.12亿美元，随后的三年里，增幅不大。迈入2006年以后，出境旅游消费增长稍微提高，但在2008年前后因国际金融危机等原因，回归到2004年的增长速度，最后在2015年的出境旅游消费达到了215500万美元，总体而言，摩洛哥的国际旅游收支差距主要随国际旅游收入的波动而变化。

（四）旅游营销策略

1. 摩洛哥的旅游营销策略

（1）利用互联网信息技术，投资建设旅游官方网站

21世纪信息时代的到来，使互联网信息技术在人类的交流中愈加重要，同时打破时空界限，提高工作效率。随着旅游服务业的不断发展，互联网已经成为许多国家和地区旅游企业的重要营销渠道。

摩洛哥政府十分重视国家旅游网站的建设和推广，将旅游营销上升到政府营销层面。首先，建设国家旅游官方网站，为国内外游客介绍了摩洛哥的旅游活动、旅游景点、旅行信息；随后，极力在国外推广摩洛哥和科威特的有关机构，计划合作推出首个免费使用的旅游门户网站，以5种语言介绍摩洛哥的旅游概况，为国内外游客制定合理的旅游计划，包括商务旅游、宗教旅游、体育旅游等不同主题的旅游线路，并针对这些游客的特点，推出家庭旅游服务，同时满足儿童游玩、女性购物、观光疗养等需求[1]。

（2）加大广告资金投放力度，宣传推广国家旅游产品

在发展旅游行业过程中，前期的旅游目的地宣传非常重要，它能够在短时间内高效率地使目标受众形成对目的地的感知和印象，从而有可能激发潜在的消费市场。摩洛哥尤为重视国际旅游宣传工作，并采取多项措施在海外宣传摩洛哥这一旅游目的地。

目前，旅游宣传片是许多国家和地区进行旅游宣传的重要手段。2013年，摩洛哥旅游部门专门拨出一笔资金，制作国家旅游宣传片，通过世界有名的广

---

[1] 摩洛哥国家旅游网，http://www.visitmorocco.com/.

告公司在西欧等地做广告,向国际旅游市场推销和宣传介绍摩洛哥的旅游产品,招揽游客[①]。其中,摩洛哥特别注重法国商务市场的开发,特别制作了法语旅游宣传片,更加有针对性地对这一群体进行营销。

(3) 借助公众人物影响效应,进行国际旅游人员营销

摩洛哥的旅游营销除了政府层面的营销之外,还有国民层面的自发的营销活动,通过借助某一行业领域内的公众人物的魅力,吸引更多的爱好者在关注人物的同时,对摩洛哥产生一定的认知。

2003年,摩洛哥著名的卡萨布兰卡市发生恐怖主义活动,对摩洛哥支柱产业之一的旅游业造成了极大冲击。由于夏季旅游旺潮将近,为了尽可能消除负面影响,旅游部借在欧洲最有人缘的摩洛哥籍人士之力挽回局面,希望他们能够向当地的人们宣传自己国家的美丽景色。这次的公众人物主要是体育运动员,他们为自己的国家录制了"公益广告",邀请全世界的人们去摩洛哥度假放松[②]。根据摩洛哥旅游部的反馈信息,这些运动员的肖像在电视、海滩等公众场合出现,吸引了众多的眼球。

2. 摩洛哥对中国的旅游营销战略

(1) 深化国家旅游合作,提升旅游发展地位

随着中国国民出境游热潮的出现,中国出境旅游市场规模位列全球第一,成为世界上最大客源国。摩洛哥将中国作为重点营销对象开展旅游工作。

① 签订旅游合作协议。2002年,中摩签订了《中华人民共和国政府和摩洛哥王国政府旅游合作协定》[③],鼓励发展两国官方旅游部门的合作,发掘各自的旅游潜力,采取促进彼此之间旅游交流的措施。这一协议奠定了摩洛哥在中国境内进行旅游宣传和营销的基础。2006年,摩洛哥与中国签署了《谅解备忘录》[④]。2007年,摩洛哥王国与广东省旅游局签订了关于旅游业推广的协议,再一次对中国市场开展营销。

---

① 人民日报网,http://www.people.com.cn/GB/channel2/19/20000919/239864.html.
② 南方体育,http://sports.sina.com.cn/g/2003-06-02/1830451885.shtml.
③ 中国网,http://www.china.com.cn/international/zhuanti/lcccf/2008-03/19/content_13073161.htm.
④ 中国行业研究网,http://www.chinairn.com/news/20130422/105251719.html.

② 国家高层领导人具有良好的营销意愿。2009年11月，摩洛哥前首相阿巴斯·法西在会见访摩的中国贸促会会长万季飞时表示，中国经济高速发展，有许多中国人到欧洲旅游，他希望中国游客能将旅游线路延长到毗邻欧洲的摩洛哥[1]。2010年6月，摩洛哥国家旅游局中东及亚洲地区总裁代比·哈塔卜在北京举行的国际旅游博览会接受采访时说，中国具有巨大的发展潜力，摩洛哥国家旅游局将把开发中国客源市场作为重要的发展战略。

（2）设定旅游相关机构，制定旅游营销计划

摩洛哥政府将中国视为旅游客源大国，在中国国内积极实行市场战略，设置相关旅游工作机构，提高摩洛哥旅游目的地的影响力。摩洛哥国家旅游局于2011年在北京设立了常驻代表处，制订在中国宣传摩洛哥旅游资源的推广计划，其中包括在上海、重庆等各大城市和旅行社推介摩洛哥的旅游景点，积极参加在中国各地举办的旅游展览会[2]。在中摩双方政府和民间层面的不懈努力下，两国的旅游合作将伴随两国其他领域的合作深入而不断发展。

（3）开展多种宣传活动，落实旅游营销行动

在政府战略层面的旅游营销成功顺利布局之后，摩洛哥采取了一系列的宣传和推广活动，通过丰富多彩的营销方式和渠道，向中国游客开展旅游营销活动。

① 旅游主题宣传综合化。2012年10月，第二届中国摩洛哥文化与教育交流研讨会[3]在北京第二外国语学院召开，来自两国政府部门、教育界、旅游界的有关人士围绕中摩旅游发展与旅游教育的主题展开讨论。北京第二外国语学院与摩洛哥穆罕默德五世大学凭借自身优势结成合作伙伴，共同开展师生交流，举办学术研讨会、摩洛哥文化周等交流活动。

② 旅游产品设计中文化。摩洛哥国家旅游局高度重视旅游产品与市场需求融合，根据中国人需要，创办中文版的摩洛哥旅游网站，出版中文版的摩洛哥旅游手册等。摩洛哥旅游局驻中国代表哈立德·法特希在第二届中国摩洛哥

---

[1] 凤凰财经，http://finance.ifeng.com/roll/20091116/1470250.shtml.
[2] 新民财经，http://news.xinmin.cn/rollnews/2010/06/28/5459452.html.
[3] 新华网，http://news.xinhuanet.com/world/2012-10/28/c_113522531.htm.

文化与教育交流研讨会上重点介绍了该国促进旅游的措施,将在上海、重庆等中国大城市开展摩洛哥旅游宣传活动,并通过电视媒体等向中国人展示卡萨布兰卡等摩洛哥城市①。

③旅游交通建设便利化。摩洛哥皇家航空公司正在积极筹备开通直飞北京的航班,将两地间的飞行时间缩短到 11 个小时,以方便中国游客到摩洛哥旅游。

3. 中国对摩洛哥的旅游营销策略

(1) 签订省市合作协议,以点带面进行营销

我国对摩洛哥的旅游营销战略主要着力于推动两国省市之间旅游合作,签订旅游合作协议,建立良好的战略合作伙伴关系,从而达到以点带面的效果。目前,我国已与摩洛哥签订旅游合作协议的省市有青岛、重庆、天津等。

2015 年,随着我国"一带一路"国家发展战略落地,青岛派出"中国·青岛"号超级三体大帆船驶入摩纳哥游艇俱乐部,60 天内顺利完成总航程约 10000 海里的 21 世纪海上丝绸之路航行②。顺利抵航后,摩纳哥游艇俱乐部为"中国·青岛"号举行隆重的欢迎仪式,青岛市旅游局举行了"红瓦绿树碧海蓝天追梦青岛"旅游推介会,双方签订旅游合作战略协议,开启了旅游合作新篇章。

同年,在摩洛哥举办的世界旅游城市联合会拉巴特非斯香山旅游峰会上,重庆市旅游局局长刘旗与摩洛哥国家旅游局局长阿卜杜拉亚·佐伊特拉娅签订了《摩洛哥国家旅游局与重庆市旅游局战略合作协议》,为摩洛哥与中国城市的旅游合作发展开创了新局面③。

2012 年 10 月,摩洛哥国家旅游局与天津市签订了合作协议④。协议就加强双方旅游合作、共同开发旅游市场、共同促进旅游产业发展、实现客源互送、加强旅游宣传促销和信息交流与共享等达成广泛共识。

---

① 人民网,http://www.022net.com/2012/10-28/502848383176089.html.
② 凤凰青岛,http://qd.ifeng.com/xinwenzaobanche/detail_2015_12/21/4676595_0.shtml.
③ 重庆人民政府网,http://www.cq.gov.cn/zwgk/zfxx/2015/9/27/1394613.shtml.
④ 人民网财经频道,http://www.022net.com/2012/10-5/421956153148069.html.

(2) 借助高峰论坛契机，增强国际旅游影响

展会论坛能将一定领域内的信息在有限的空间内聚集，成为当今国家间旅游合作和信息交流的重要形式。中国对摩洛哥的旅游营销也采用展会论坛等载体高效进行。

2015年9月20日至22日，拉巴特非斯香山旅游峰会①在摩洛哥的拉巴特和非斯这两座城市举行。此次峰会共有来自42个国家和地区、73个城市和100多家机构的近400位嘉宾出席。联合国世界旅游组织执行主任、世界旅游业理事会副主席、世界旅游经济论坛副主席兼秘书长、亚太旅游协会负责人等国际旅游组织的代表也同期出席。

峰会期间举办了一系列的合作交流和旅游产品的展示活动，推动了会员城市和旅游相关企业间的相互合作，从而显著提高了中国北京的国际影响力。北京利用这次峰会，向全世界展示北京城市形象和旅游资源，以旅游图片展的形式向摩洛哥游客介绍北京的自然风光、文化遗产和人文风情。另外，借助峰会论坛、演出、展览、洽谈会、媒体采访等多种形式，尽最大力量展示北京形象和中国特色。

二、中国至肯尼亚旅游线路及营销策略

(一) 国家概况

肯尼亚位于非洲东部，赤道横贯中部，东非大裂谷纵贯南北。东邻索马里，南接坦桑尼亚，西连乌干达，北与埃塞俄比亚、南苏丹交界，东南濒临印度洋，海岸线长536公里，国土面积582646万平方公里②。肯尼亚境内多高原，平均海拔1500米。中部的肯尼亚山海拔5199米，山顶有积雪，为非洲第二高峰。国土面积的18%为耕地，其余主要适于畜牧业。森林面积8.7万平方公里，覆盖率约15%。全境位于热带季风区，但受其地势较高的影响，为热带草原气候，降水季节差异大。沿海地区湿热，高原气候温和，全年最高气温为26℃，最低为10℃。

---

① 新浪旅游网，http://travel.sina.com.cn/z/2015wtcf/.
② 肯尼亚国家概况. 中国外交部官网.

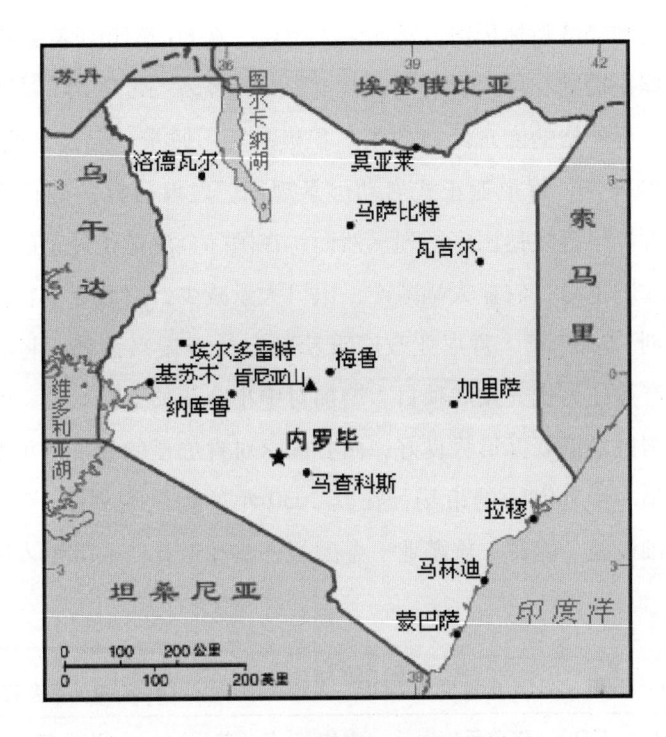

图 5.5 肯尼亚的行政区划

资料来源：http://maps.lidicity.com/index.html.

肯尼亚是人类发源地之一，境内曾出土约 250 万年前的人类头骨化石，公元 7 世纪，非洲东南沿海地带形成一些商业城市，阿拉伯人开始到此经商和定居。肯尼亚全国总人口有 4180 万人，人口增长率 2.7%。全国共有 42 个民族，主要有基库尤族、卢希亚族、卡伦金族、卢奥族和康巴族等。肯尼亚共有 7 个省，分别是肯尼亚中部省、海岸省、肯尼亚东部省、尼扬扎省、裂谷省、肯尼亚西部省、肯尼亚东北省。首都内罗毕，是全国政治、经济、文化、工业和交通中心。

（二）经济概况

作为非洲撒哈拉以南经济基础较好的国家，肯尼亚的农业、工业、服务业比较发达，是国民经济的三大支柱。其中，农业有三大创汇项目，分别是茶叶、咖啡和花卉；服务业中旅游业也是主要的创汇行业。

民族独立之后，肯尼亚的经济发展速度提升较快。20 世纪 70 年代末，因世界政治格局和经济整体形势波动而陷入困境,在 80 年代中恢复正常。随后,因西方国家停止援助和国内自然灾害双重影响,经济一度下滑。直至 2003 年,肯尼亚政府实行严格的宏观经济政策、积极的货币政策,经济结构调整优化,局势好转。2008 年,肯尼亚正式启动远景规划,发展目标为建设新兴工业化国家,步入世界中等发达国家行列。然而,在国际金融危机波动的背景下,国内经济发展速度下降,农业大幅减产,出口大量减少,财政赤字扩大,旅游业更是深受重创。2009 年,肯尼亚政府重新制定经济振兴计划,将农业、基础设施、能源产业作为优先发展项目,增加对中小企业的支持幅度,经过一段时间的调整,国民经济复苏形势良好,西方国家对肯尼亚的投资逐年增加。

肯尼亚是一个有潜力的市场,在其 2030 年的远景规划中,政府将农业、制造业、基础设施、能源、旅游业、金融服务业和信息产业等纳入国家重点发展领域。

表 5.9　2005—2015 年肯尼亚 GDP、人均 GDP 和 GDP 年增长率变化趋势

年份	GDP（亿美元）	人均 GDP（美元）	GDP 年增长率（%）
2005	187.38	530.1	5.91
2006	225.04	711.7	6.33
2007	272.37	857.9	6.99
2008	305.19	938.6	1.53
2009	305.80	942.7	2.64
2010	321.98	991.9	5.55
2011	336.21	1012.9	4.5
2012	373.38	1184.9	4.56
2013	441.01	1257.2	4.69
2014	609.37	1358.3	5.33
2015	633.98	1376.7	5.64

数据来源:世界银行。

由表 5.9 数据可知,肯尼亚国家经济总量较小,人均 GDP 处于世界中下

水平，在近10年的发展历程中总体上速度平稳。2005～2007年，肯尼亚的经济增长基本上保持在6%～7%之间，2008～2009年这两年中，由于受国际金融危机影响，经济增速下降至1%～3%之间，国内经济萎靡。采取了国家宏观调控政策之后，2010年肯尼亚经济恢复到前几年的水平，并在之后的几年里保持着4%～6%的增幅。2015年，GDP总量和人均GDP分别为633.98亿美元和1376.7美元。

（三）旅游业概况

1. 整体旅游业的发展状况

二战后，世界政治格局相对稳定，国际环境缓和，经济形势好转，大众旅游活动兴起。20世纪70年代，随着非洲各国先后独立，非洲地区的旅游产业逐渐起步。在经历英国殖民之后，肯尼亚农业、工业发展水平低下，但丰富的旅游资源却成为了独一无二的优势。肯尼亚的旅游发展历程可以分为四个阶段：

第一阶段（1963—1983年）：旅游业初步发展阶段。在这个时期，肯尼亚政府成立了"旅游与野生动物部"等相关组织，支持私营和外资旅游公司、国际旅游组织在其国内发展，开始培养旅游人才。

第二阶段（1984—1994年）：高速发展阶段。在国际经济衰退的大背景下，非洲大部分国家的经济遭受重创，然而肯尼亚国内政局稳定，贸易自由化，经济市场化和国际化，生态旅游起步，旅游业迎来了第一次的发展高峰。但是，在90年代初，因西方国家插手，国内政治体制改革，民族冲突爆发，影响旅游业的发展。

第三阶段（1995—1998年）：调整阶段。在经历了国内形势的动荡之后，肯尼亚政府采取了多种措施来重振旅游业，如降低野生动物园门票，加强旅游业基础设施建设，改善卫生条件，加强对外旅游宣传等。

第四阶段（1999年至今）：在振兴中继续调整阶段。通过几年时间的调整，肯尼亚的旅游业逐渐恢复并取得稳定发展，旅游业依旧保持创汇第一行业的地位。肯尼亚政府在加速国际旅游市场开发、拓展国际旅游市场上做出了大量的努力。如成立香港远东办事处，加强与国际反恐组织合作等。

2. 出入境旅游的发展状况

表5.10 2006—2014年肯尼亚国际旅游收支占总进出口比例的变化趋势

年份	入境旅游收入占总出口的比例（%）	出境旅游消费占总进口的比例（%）
2006	19.9	2.2
2007	21.4	2.6
2008	16.9	2.1
2009	15.2	2.0
2010	18.0	1.6
2011	18.6	1.2
2012	18.2	1.0
2013	17.0	1.3
2014	16.5	1.0

数据来源：世界银行。

旅游业一直是肯尼亚的重要创汇产业之一，在肯尼亚的国际旅游收入中具有重要的地位。根据世界银行统计数据可知，在2006～2014年这近十年间，肯尼亚入境旅游收入占总出口的比例一直保持在15%～22%左右，即使是在国际金融危机影响严重的2008年，也依然高达16.9%，超过了其他产业对国民经济的贡献程度。而同期内，出境旅游消费占总进口的比例基本保持在1%～3%之间，变化幅度较小，对国民经济产业的影响明显低于前者。

表5.11 2004—2015年肯尼亚出入境旅游业的发展情况

年份	入境旅游人次（万人次）	出境旅游人次（万人次）	入境旅游收入（百万美元）	出境旅游支出（百万美元）
2004	119.9	/	799	108
2005	139.9	/	969	124
2006	146.4	/	1181	178
2007	168.6	/	1514	265

(续上表)

年份	入境旅游人次（万人次）	出境旅游人次（万人次）	入境旅游收入（百万美元）	出境旅游支出（百万美元）
2008	114.1	/	1398	266
2009	139.2	/	1124	227
2010	147	/	1620	212
2011	175	/	1844	197
2012	161.9	/	2004	174
2013	143.4	/	/	/
2014	126.1	/	1833	206
2015	111.4	/	/	/

数据来源：世界银行。

由表5.11可知，肯尼亚在2004～2014年之间，入境人数波动较大。2004～2007年，国家经济持续发展，旅游产业呈现良好业态，旅游入境人数一度增长。2007～2008年，由于国际金融危机的冲击，肯尼亚国内的局势动乱，旅游业遭受重创，旅游入境人数一度下滑，并在2008年达到近10年来的低谷，为114.1万人次。随后，肯尼亚政府调整经济发展方向，旅游业又重新焕发生机，旅游入境人数在2011年恢复到2007年的数量，但随后仍呈现持续低速下降趋势，在2015年入境旅游人次达到111.4万。

国际旅游收支是衡量国家旅游业国际化程度的重要指标。一方面，2004～2014年十年间，肯尼亚的入境旅游收入总体基数较大，说明肯尼亚的旅游业国际化程度比较高。2004年肯尼亚的入境旅游收入达到799百万美元，一度增长到2007年；随后，因受国际金融危机和国家内乱影响，入境旅游人数一度下降，国际旅游收入也在2009年跌至低谷，2009年末，肯尼亚采取了经济调控措施，经济开始恢复，旅游业也回归正常发展轨道。2010～2012年保持之前的增速，国际旅游收入年年俱增，在2014年，入境旅游收入达到了1833百万美元。另一方面，肯尼亚的出境旅游消费总体基数较小，在2004年只有108百万美元，相当于国际旅游收入的1/8。在2004～2014年十年间，肯尼亚的出境旅游消费基本平稳增长,变化幅度较小。总体而言,肯尼亚处于旅游贸易顺差地位,且顺差额有不断扩大的趋势。

(四)旅游营销策略

1. 肯尼亚的旅游营销策略

(1)提升旅游整体营销地位,纳入国家发展战略层面

旅游业是肯尼亚的创汇重点行业之一,国家尤为重视,将其纳入到国家的发展战略层面中去。在2010年,肯尼亚旅游部出台了《2010—2015发展战略规划》[1],对发展文化旅游给予了政策上的倾斜和重视。按照肯尼亚国家高层领导人和国家旅游部的发言人美好构想,旅游部与文化部等政府部门与国家博物馆等公立或私营性质的文化机构合作,"富有创造性"地将这些文化历史遗产整合打包,作为新的旅游产品,"推销"给外国游客[2]。

以上举措表明,肯尼亚政府已经意识到,对于旅游业来讲,将国内旅游资源和文化资源进行整合、包装之后,再进行整体营销,可大大提高旅游产品的附加值。同时,将旅游业发展势态纳入国家的未来发展战略中,进一步提升了旅游业的地位和作用,从而有助于肯尼亚旅游业走出国门,走向世界。

(2)结合国家自然文化资源,主打人类遗产旅游品牌

肯尼亚境内环境优美,气候宜人,是非洲的旅游胜地之一。一方面,肯尼亚拥有丰富的自然资源,包括珍贵的野生动植物资源、独特的热带草原风貌和美丽的滨海风光,集草原、裂谷、湖泊、雪山和海滩等各种自然风貌于一体,景色蔚为壮观。另一方面,肯尼亚也有神秘的人类起源文化和悠久的草原部落文化,曾被誉为"人类的摇篮",在肯尼亚北部的图尔卡纳湖区发现的160万年前的古人类化石,奠定了肯尼亚在人类起源史上的重要地位。

肯尼亚国家博物馆前馆长、世界著名的古人类学家理查德·里基曾建议,图尔卡纳地区蕴含着丰富的古化石资源,肯尼亚应利用其丰富的史前化石资源,推广"化石旅游",增强肯尼亚旅游业对高端游客的吸引力[3]。近年来,

---

[1] 新华网,2012年3月。
[2] 中国非洲联合工商会,http://cajcci.org/show.asp?para=cn_2_113_52。
[3] 新华网,http://news.xinhuanet.com/world/2012-08/15/c_112731427.htm。

肯尼亚文化和旅游部门还确立了推广文化旅游为发展方向，全面地展示肯尼亚丰富的文化遗产。肯尼亚的民俗传说、舞蹈音乐、仪式庆典等遗产，已经纳入国家旅游重点产品体系中，将不同的部落和文明向外推广①。

（3）建设外语旅游宣传平台，迎合国外游客旅游需求

在现代世界中，互联网和信息技术的发展为旅游业的宣传和营销创造了良好的社会条件。在国家对外旅游营销策略中，外语旅游宣传平台的建设尤为重要，可在一定程度上提高国家旅游传播力度和影响力度。

肯尼亚积极建设外语旅游网站，进行国际化宣传推广。据肯尼亚《民族日报》②报道，肯尼亚将建立一家俄文旅游推广网站，以向讲俄语的人推广肯尼亚的旅游资源。该网站的建立是肯尼亚旅游推广方式多样化战略的一部分，除了针对俄罗斯外，还面向东欧国家市场。希望借此机会打破不同国家之间的语言交流障碍，将肯尼亚的优质旅游资源向非英语国家进行推广。在实际行动计划上，肯尼亚将进行前期的旅游推广活动，在此基础上建立旅游新网站，并在传统媒体上加大宣传力度，以期达到目标。

肯尼亚创新开通外语旅游宣传微博③。肯尼亚国家旅游局投入大量人力、物力，在中国国内开发了肯尼亚旅游局官方中文微博，定时发布国家的自然风光、人文风光和旅游信息，进一步打开了中国市场的大门，迎合了国际游客的消费需求。

（4）重视开发旅游宣传产品，加大旅游市场渗透力度

肯尼亚被誉为世界上最大的野生动物保护区，最独特、最珍贵的旅游资源是其境内的动物大迁徙，完全地展现了非洲的美丽和魅力。肯尼亚国家旅游局一度斥巨资投入国家旅游宣传片的拍摄和制作上，向世人展示了震撼人心和视觉的、自然的、原始的、狂野的非洲生态景观④。另外，肯尼亚旅游部还与国内的旗帜集团签署了合作协议，制作肯尼亚电视网的肯尼亚旅游日记节目⑤。

---

① 合肥网，http：//weyou.wehefei.com/201112/069996484.html.
② 新华网，http：//news.xinhuanet.com/world/2009-06/30/content_11629496.htm.
③ 肯尼亚旅游局官方中文微博。
④ 肯尼亚旅游宣传片，http：//v.youku.com/v_show/id_XMzE0OTYxNzcy.html.
⑤ 中国金融信息网，http：//news.xinhua08.com/a/20111021/827522.shtml?f=arelated.

该节目将播放肯尼亚国家所有旅游景点的宣传片,进一步加大国家旅游产品宣传,精确地表达差异化的旅游目的地定位,凝练旅游景点的独特人文,激发国外游客产生旅游消费动机。

2. 肯尼亚对中国的旅游营销策略

(1) 重视中国旅游市场,积极开展国家营销

近三十年来,我国经济建设速度腾飞,人民生活水平有了质的提升,旅游活动逐渐成为人们的日常消费行为,出境旅游市场规模日渐增大,2013年中国的出境旅游人数达9818.5万人,吸引了许多国家进行开发,包括肯尼亚。肯尼亚已经成为继埃及、南非之后,中国公民赴非洲旅游的第三大目的地。

肯尼亚十分重视中国的旅游市场开发,将与中国的旅游合作上升到国家合作战略层面,开展国家政府性旅游营销。2014年9月,肯尼亚东非事务部、商务部和旅游部与我国国家旅游局在北京举行签署旅游合作谅解备忘录仪式[1],声明双方将在平等、互利和互相尊重主权原则的基础上,开展长期和持久的旅游双边合作,合作领域包括交流项目、市场开发和推广、可持续旅游开发、旅游投资以及双方同意的其他领域的合作。

2015年1月,肯尼亚驻华大使馆在北京举办了肯尼亚旅业媒体圆桌会议[2],中肯两国旅游相关代表人出席会议,共商肯尼亚旅游业2015年在中国的宣传和推广,计划设立观光警察和旅游联合通讯中心,为游客提供24小时无间歇安全保护等,提高了中国游客赴肯旅游的信心和安全感。

(2) 举办多种推介活动,拓宽旅游营销渠道

当将旅游业纳入国家间外交内容之后,肯尼亚紧抓机遇,在中国北京、上海、广州、成都等大城市进行形式多样的旅游营销推介活动,不断创新活动形式,拓宽对中国出境旅游群体的营销渠道。

自2012年开始,肯尼亚每年都在中国举行旅游路演活动。2012年11月,肯尼亚国家旅游局在北京举办"神奇奥妙肯尼亚体验之旅"路演活动[3],肯尼

---

[1] 中国日报,http://www.chinadaily.com.cn/hqcj/xfly/2014-09-12/content_12368209.html.
[2] 中非合作网,http://zfhz.org/plus/view.php?aid=8740.
[3] 新浪网,http://news.sina.com.cn/o/2012-11-26/102925663382.shtml.

亚10家旅行社专程来华与同行洽谈业务；2013年，肯尼亚在中国的路演更注重信息渠道的多元化建设；2014年3月，肯尼亚旅游局分别在北京、上海、成都、广州巡回开展推介会，吸引中国游客去往"非洲之心"体验纯正的非洲风光。

2015年7月，联合国环境署、肯尼亚驻华使馆、中国南方航空公司、中非友好协会、"爱上非洲"国际旅行社在北京王府井步行街联合举办"丝绸之路非洲站：爱上非洲从肯尼亚开始"大型旅游文化推介活动①。"爱上非洲"国际旅行社配合南航提供一系列肯尼亚野生动物大迁徙特惠精华游路线和专业服务，提供现场咨询和旅游产品介绍，设立肯尼亚和非洲土特产品尝专区，展示知名摄影师的非洲野生动物和部落人文作品、精彩的非洲歌舞表演。这是在北京举办的第一个以中肯旅游文化为主题的大型推介会，旨在对接"一带一路"倡议，传播肯尼亚作为"世界safari之都"形象，增进中肯中非之间文化交流与合作，同时也践行"绿色出行"理念。

3. 中国对肯尼亚的旅游营销策略

（1）结合"一带一路"国家发展战略，完善文化人员流通制度建设

肯尼亚是中国"一带一路"国家发展战略在非洲唯一的支点，是新丝路建设中获得中国资金援助最多的国家，中国对肯尼亚的旅游营销策略主要结合"一带一路"战略"五通"中的"文化互通"和"人员流通"层面开展。

2014年5月，国家旅游局局长邵琪伟在北京会见肯尼亚东非事务、商务与旅游部长菲莉丝·坎迪，双方就中肯两国旅游交流与合作相关议题交换了意见②。中国国家旅游局将携手肯尼亚东非事务、商务与旅游部，两国旅游部门共同努力，推动旅游业合作共赢。中方支持肯方加大在华的旅游宣传力度，鼓励中肯旅游企业之间开展交流合作，建议民航部门增加赴肯国际直航航班，推动商务部门通过援外渠道为肯培训旅游专业人才。同时，建议肯方加大在华的旅游宣传推广力度，强化国内旅游基础设施建设，简化入境签证手续等。

---

① 东方旅游网，http://www.tour126.cn/news/2015-07-13/68602.html.
② 中国景点网，http://www.cssn.com.cn/www/news/shizhengzixun/06031131052014.html.

(2) 举办文化经贸展览会议,促进彼此交流和旅游合作

中国对肯尼亚的旅游营销主要是借助会展节事进行的,在有限的时间内将我国的文化精华与特色汇聚一体,向肯尼亚国民展示中华璀璨的文明,促进双方文化交流,为旅游合作创造宝贵的契机。

2013年9月22日,"感知中国"① 活动在肯尼亚首都内罗毕的肯雅塔国际会议中心拉开帷幕,这是国务院新闻办公室在中肯建交50周年之际举办的大型人文交流活动。中国文艺演出吸引了两千多名观众到场观看,精彩的杂技、武术和歌舞表演赢得观众好评。另外,"加强媒体合作,增进中非友谊"的中肯媒体论坛也同时举办,在肯尼亚国家广播公司举办中国主题电视活动,展映中国与肯尼亚交流的内容,宣传中国的自然资源和人文资源,提高中国的国际旅游吸引力。2015年7月,中国贸易周在东非肯尼亚国际展览中心举办,"新丝绸之路研讨会"和"中国民俗文化汇报演出"活动同期进行,推动了双方交流和旅游合作。

---

① 财经网,http://politics.caijing.com.cn/2013-09-22/113324672.html.

第六章 中国至欧洲精品旅游线路及营销策略

第一节 中国至法国、英国、西班牙旅游线路及营销策略

一、中国至法国旅游线路及营销策略

(一) 国家概况

法国是一个总统共和制国家,在中世纪末期,成为了欧洲大国之一,国家实力于19～20世纪时达到巅峰,建立了当时世界第二大殖民帝国,法国本土面积为543965平方公里,包括海外领土面积为632834平方公里,该国的国土面积在欧洲国家中位于第三位,在西欧国家中位于第一位。2015年法国全国总人口6689.61万人,增长率为0.41%[①]。法国大多数人都有宗教信仰,居民中64%信奉天主教,3%信奉伊斯兰教,3%信奉新教,1%信奉犹太教,28%自称无宗教信仰,它是一个由多个民族混合构成的国家,除了主体法兰西民族外,边境地区还有阿尔萨斯、布列塔尼、巴斯克、科西嘉、佛兰芒等少数民族,大约占了总人口的7.9%。[②]

在地理位置上,法国位于欧洲西部,与比利时、卢森堡、瑞士、德国、意大利、西班牙、安道尔、摩纳哥等国家接壤,西北隔拉芒什海峡与英国相望,

---

① 数据来源:世界银行。
② 2009年《十字报》调查数据。

濒临北海、英吉利海峡、大西洋和地中海四大海域，地中海上的科西嘉岛是法国最大岛屿。它的边境线总长度为5695公里，其中海岸线为2700公里，陆地线为2800公里，内河线为195公里①。

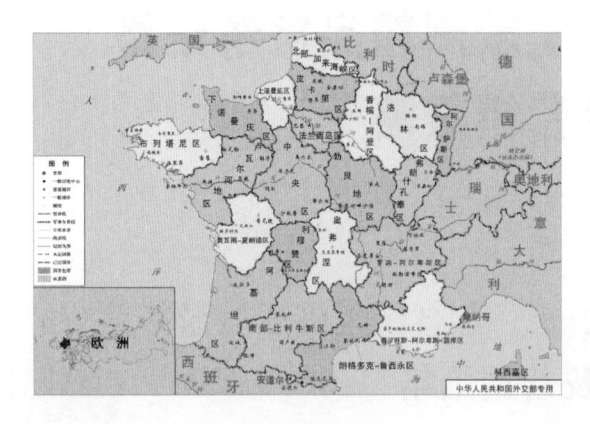

图6.1　法国地图
资料来源：http://map.ps123.net/world/4481.html.

图6.2　法国在欧洲的地理位置

（二）经济概况

法国是世界上主要发达国家之一，经济发展迅速，2016年国内生产总值（GDP）居于世界第六位、欧洲第三位。从法国2006～2016年的GDP和人均GDP的变化趋势来看，二者总体上具有一致的变化趋势（见图6.3、6.4）。GDP由2006年的23250亿美元，增长到2008年的29235亿美元，人均GDP由2006年的36545美元，增长到2008年的45413美元。而2008～2014年间，GDP、人均GDP虽有一定的起伏，但保持较稳定的状态。之后一年，GDP和人均GDP分别由2014年的28493亿美元、42955美元下降为2015年24336亿美元、36527美元，增长率为-14.6%、-15.0%。法国的工业发展较为迅猛，尤其在核电、航空和铁路等方面位于世界前列，另外，工业发展过程中，产值较多的产业是钢铁、汽车和建筑行业，它们是其工业的三大支柱行业。法国的农业也相对较为发达，是世界第二大农业出口国，仅次于美国。服务业的

---

① 法国．法国外交部．

发展在法国的国民经济和社会生活中都扮演着重要的角色，服务业产值占国内生产总值的比例约为75%[①]。

图6.3　法国GDP变化趋势

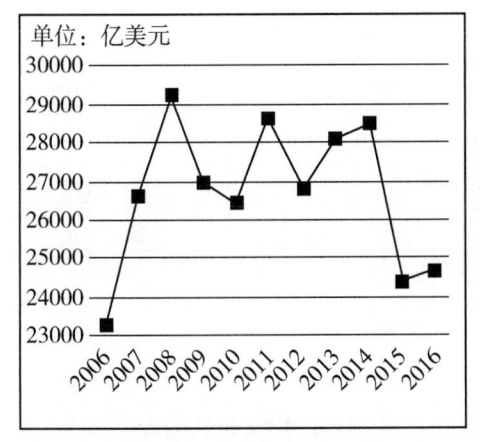

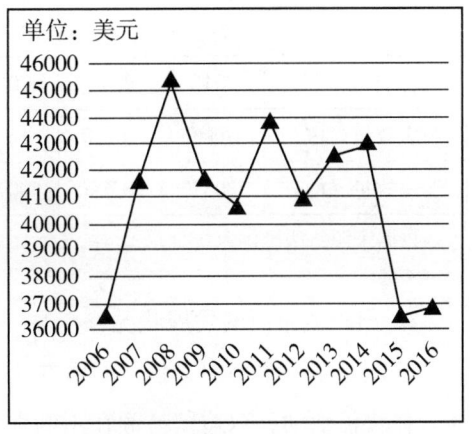

图6.4　法国人均GDP变化趋势

数据来源：世界银行。

（三）旅游业概况

1. 整体旅游业的发展状况

法国是全球最早发展旅游业的国家之一，它是传统的旅游大国。法国发展旅游业已经有上百年的历史。它凭借着自身丰富的旅游资源的优势，一直保持着旅游大国的地位。巴黎一直都是最受全球游客喜爱的城市之一，也是世界上举办各种展览会和组织国际会议最多的城市之一。根据世界银行公布的数据显示，每年进入法国旅游的海外游客大约有8000万人次，超过该国的总人口数。2015年，法国国际旅游收入为540.03亿美元，相比2014年增长了19.2%，入境旅游人次为8445.2万人次，相比2014年增长了0.9%。法国繁荣的旅游业当然离不开完善的旅游基础设施以及优越旅游接待条件，从吃、住、行、游、娱和购六方面，游客们都可以感受到法国旅游服务人员有着较高的服务意识，根据法国统计局提供的数据可以看到，2010～2016年法国酒店数量和容量保持比较稳定的状态，截至2016年酒店数量、客房数量分别达到16510家、

---

① 法国概况．新华网．

605200间（见表6.1）。虽然近几年，法国的旅游业面临了国际经济和政治环境等方面的压力，例如2015年的恐怖袭击事件，但依旧有着良好的发展势头。

表6.1 2010—2016年法国酒店数量和容量

年份	2010	2011	2012	2013	2014	2015	2016
酒店数量（家）	16330	16290	1640	16470	16420	16420	16510
客房数量（间）	580320	583890	590780	596240	597340	599900	605200

数据来源：法国国家统计局。

2. 出入境旅游的发展状况

法国是第一个与中国建交的西方大国。自建交以来，两国组织了较多的经贸合作交流活动，双边贸易额在不断地增长，从1964年的1亿美元，增加到2015年的513.7亿美元，增长幅度较大。目前，法国是中国在欧盟组织中的第四大贸易伙伴。2014年前三季度，法国总出口额相对于上一年同时期的增长速度约为2.3%，但是对中国的总出口额的增长率却达到了4.6%，是其总出口额增长率的两倍。另外，中国对法国的总出口额的进口涨幅也高于其总出口额的涨幅，这说明两国外贸经济交往日益的热络[①]。可见中法两国的关系不再是简单的买卖关系，而是真正意义上的合作共赢关系。在这巨大的双边贸易额中，法国的旅游服务贸易顺差额对其做出了很大的贡献。2006～2015年期间，入境旅游为法国的总出口额做出了很大的贡献，法国入境旅游收入占总出口的百分比总体上保持在7%，同时，出境旅游为法国的总进口也做出了巨大的贡献，同期，法国的出境旅游消费占总进口的百分比总体保持在6%（见图6.5）。

法国一直是世界上最大的国际旅游目的地。法国的主要旅游客源国有德国、英国、荷兰、瑞士、美国等一些发达国家。近年来，印度、中国、俄罗斯等一些国家也逐渐成为其主要的旅游客源国。根据法国官方数据显示，2010年，中国游客成为在法国旅游消费最多的海外游客，法国旅游部门也在不断地

---

① http://news.xinhuanet.com/world/2015-01/29/c_1114178132.htm.

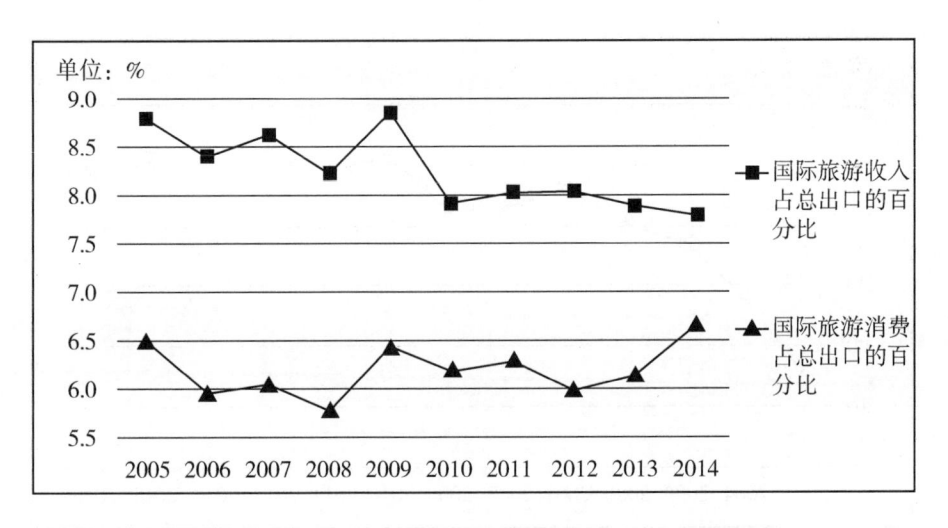

图6.5　2005—2014年法国国际旅游收支占总进出口的百分比

数据来源：世界银行。

开发中国旅游市场。

　　法国人的节假日较多，大多数法国游客选择在七、八月份或者圣诞节外出游玩。其主要旅游目的地有西班牙、土耳其以及希腊等国家。但是伴随着中国综合国力的增强，前往中国游玩的法国游客也在逐年增加，从2003年的15.61万人次波动增加到2015年的48.69万人次（见图6.6）。据旅游统计年鉴显示：法国游客来华旅游的主要目的是休闲观光，所占比例为22%左右；其次是商务旅游，占13%左右。另外，近几年来，医疗旅游深受法国游客的喜爱，游客不仅可以欣赏一些独具特色的美景，而且可以到当地寻医问药，满足其多种需求。

　　由图6.7中，可以看出，在2006～2015年期间，法国的入境旅游收入都大于出境旅游消费支出，一直表现为旅游服务贸易顺差，顺差额从2006年的152.86亿美元降到2015年的71.68亿美元，总体上保持比较稳定的状态。在2006～2015年期间，法国入境旅游人数总体上呈增长的趋势，由2006年的7792万人次增长到2015年的8445万人次。同期，法国的出境旅游人数总体上也呈增长的趋势，由2006年的2224万人次增长到2015年的2665万人次，可见法国的入境旅游人数均高于同年的出境旅游人数（见图6.8）。从这些数据

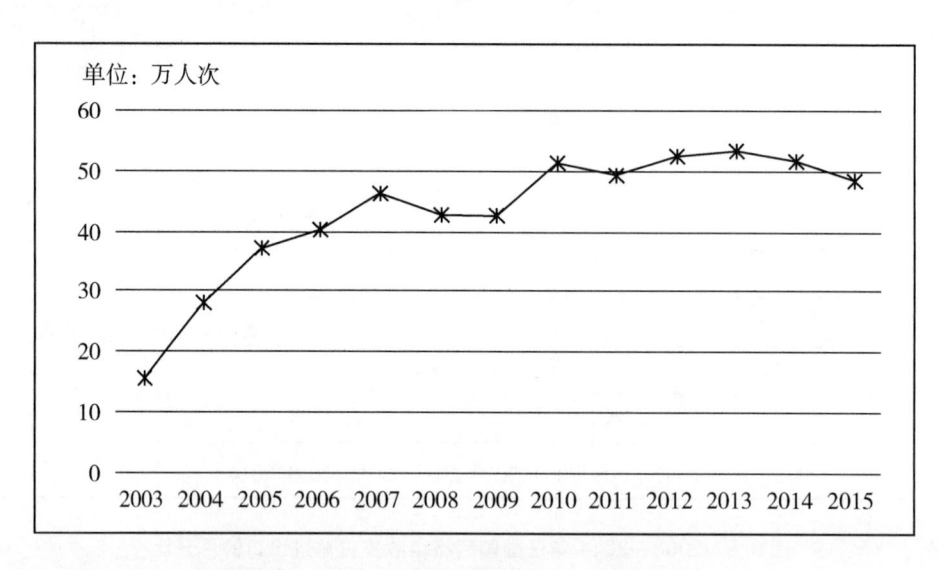

图6.6 2003—2015 法国游客到中国旅游人次

数据来源：《中国统计年鉴》（2004—2016）。

中可以看出，法国的入境旅游和出境旅游都较为发达，并且入境旅游比出境旅游发达。

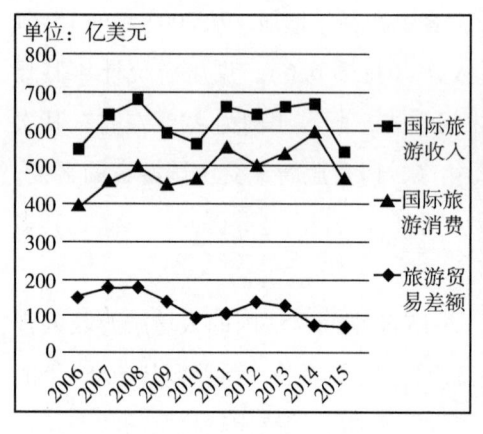

图6.7 2006—2015年法国国际旅游收支   图6.8 2006—2015年国际旅游人次

数据来源：世界银行。

（四）旅游营销策略

1. 法国的旅游营销策略

（1）政府性营销

在法国旅游产品营销的过程中，各级政府都做出了很大的贡献，从而使旅游业成为了法国经济的支柱性产业。法国政府明确旅游机构的分工及职能，把法国旅游机构分为由上到下的三个级别：

① 法国旅游发展署。它致力于向全球介绍法国的旅游景点和旅游项目，让全世界都了解这个美丽浪漫的旅游目的地——法国。它在旅游行业中起到了举足轻重的作用，它是唯一可以代表法国政府，并且全面负责法国旅游产品和项目在海外的宣传和推广的部门。除了其在巴黎的总部外，法国政府还在世界上多个发达国家和地区设立相关的分支机构，这些分支机构通过与所在国家和地区的政府、旅游公司合作，从而把法国特色鲜明的旅游产品和项目推向全世界，让全球都了解法国这个特色国家。例如 2012 年，法国旅游发展署在中国北京成立其分支机构，主要负责向中国游客介绍和宣传法国。同样地，法国旅游发展署也会在其他国家建立"法国文化中心"，这些文化中心大多数建立在世界各国重要城市的中心地区，"文化中心"机构致力于向当地人民宣传和传播法国的优秀文化，推广法语的应用，进一步促进法国旅游业的发展。

② 大区和省旅游部门。法国第二和第三大旅游机构分别为大区旅游委员会和省旅游委员会，这两级旅游部门是由大区议会和省议会设置的旅游机构，主要负责该大区和该省的旅游事务。虽然这两大部门的重要任务都是对其所在地进行宣传推广，但是二者所针对的旅游目标市场是完全不同的，大区旅游委员会主要负责海外旅游市场的推广，而省旅游委员会主要是负责国内市场的开拓。例如近几年来，中国游客到阿尔萨斯大区疯狂购物的人数的激增，针对中国游客到法疯狂购物这种现象，大区委员会实施了符合中国游客购物特点的营销策略。

③ 各市、镇的旅游部门。通常被称为旅游办公室，它有两大主要的功能：一、为一些刚下火车或飞机的游客提供吃、住、行、游、娱和购物等方面的咨询。二、旅游办公室利用现代的信息网络技术与当地各旅游企业（住宿、餐

饮、景区景点等）的合作，设计出具有法国特色的旅游产品，最后把产品销售给游客。

（2）事件性营销

这一营销方式不仅针对法国的当地居民即国内市场，而且也针对法国的入境旅游市场，1992年，法国在阿尔贝维尔成功地举办了冬季奥运会，同年的4月巴黎的迪士尼乐园开张，这两大事件吸引了很多来自美国、英国和西班牙等国家的游客，使得法国旅游的外汇收入激增。法国的旅游企业也经常举办一些活动来吸引游客，刺激游客的购买欲望，从而实现销售的目的。例如：2006年5月12～13日期间，法国在当地承办滨海旅游节，一些旅游企业会向参与者发放有关旅游的海报和传单，吸引了游客参与其中的旅游项目。通过这种宣传方式，大量的旅游产品销售给了游客，旅游企业获得了相对丰厚的利润。2018年，法国大奖赛将重返一级方程式世界锦标赛（F1），这次法国大奖赛会将在保罗·里卡德赛道进行，届时，选手们可以在法国尽情释放他们的赛车热情，同时一定会吸引全球大量的赛车迷前往法国观赛，一定程度上也将促进当地和周边的旅游发展。

（3）激励性营销

① 休假制度。我们都知道法国的节假日相对多，因此它被普遍认为是世界上最悠闲的国家。法国的《劳动法》规定，企业的员工拥有双休日、带薪长假、法定节假日和其他重要假日，所有的节假日加在一起，他们大约有150天的休息时间。另外，劳动法规定职工每周的工作时间不可以超过35个小时，超过35小时的部分，都可以转化成假期。随着休闲时间的增加，出国度假的法国游客也随着增加。例如在2005～2015年期间，中国的入境游客中法国人总体上从37.20万人次增加到了48.69万人次。

② 旅游支票制度。法国政府为了发展其国内旅游，增加国内旅游收入，在1982年，政府制定了相应的制度，例如旅游支票制度。旅游部门专门成立了相应的办事机构即法国度假旅游支票署，它的主要职责是对旅游支票的发行进行管理和监督。它具体是由企业和员工共同出资来购买，企业出资比重在20%～80%之间，剩余的则由员工自己支付。购买旅游支票的职工可以根据其

购买的金额免交一定的工资所得税。旅游支票有着较宽的应用范围，旅游者可以用支票来支付法国国内旅游的食、住、行等开销，而国家发行旅游支票所获得盈余额，主要用于投资旅游基础设施的建设和完善。这项制度不仅促进了国内旅游的发展，而且完善了国内旅游景区基础设施的建设。

（4）网络性营销

① 设立法国旅游营销推广网站。其中影响力最为深远的是"法国之家"网站，它主要负责法国特色旅游项目的线上推广，通过有效的营销方法对法国旅游目的地进行宣传。为了更好地发挥这个网站的作用，政府也在不断丰富和完善该网站的解说和展示功能。自网站建立以来，政府采用了全新的科学技术对其进行全面的改善，旨在更好地服务游客。目前，游客们甚至可以在该网站上享受法国旅游景点的网上游览体验，让游客在网上体验旅游景点，帮助他们尽快决定旅游行程安排。游客也可以根据自身的需求把网站上展示相关内容的语言转换成自己想要的语言，更加方便为世界各国旅游者提供在线旅游服务。同样地，游客们也可以在例如facebook、twitter、微博和youtube等网站上可以看到自己所需要的信息，其中包括当时季节下的特色景点、专门的旅游活动日程、实用指南、交通等。

② 法国旅游发展署每年都会在网络上发布法国旅游的宣传片，每年都有着不同的宣传主题，这些宣传片通过各大网站传递给游客，让游客及时了解法国今年比较受欢迎和喜爱的旅游项目和旅游产品，吸引大批潜在目标客户前去法国游玩。

2. 中国对法国的营销策略

（1）设立旅游办事机构。国家旅游局在法国巴黎设立了旅游办事机构，它主要有两项职能。一是负责我国入境旅游的宣传推广工作，通过与法国当地的旅行社进行合作，宣传具有中国特色的旅游产品，吸引法国游客。为了拓展法国这个重要的入境市场客源国，国家旅游局将会组织驻巴黎办事机构举办一系列的宣传推广、庆祝活动。例如2014年3月中下旬，办事机构通过与当地公交巴士公司合作，在一些观光巴士的车身上，张贴一些中国的旅游宣传广告，预计目标受众约为500万人次。二是负责中国游客在法国的安全工作。法国一直都被中国游客认为是最具旅游价值的欧洲旅游目的地，中国公民赴法国旅游人次也在持续地增长。中国游客在法国遇到任何困难，都可以向旅游办事机构求助，它们有责任和义务帮助中国游客解决问题。例如2015年的巴黎恐怖袭击事件，旅游办事机构有序地组织中国游客的安全撤离法国并确保他们的人身安全。

（2）以互联网为营销渠道。如今，网络已经成为游客获取旅游咨询、进行产品选择与预订的重要途径。尤其是对于外国的游客来说，多数都是先上网查询相关信息再决定旅行目的地及路线。目前，中国国家旅游局的官方网站英文版http：//en.cnta.gov.cn/已经建成，法国游客可以通过这个网站找到自己所需的信息，这个网站包括了中国不同地区的旅游风光、旅游名录、出行提示和法国驻中国的旅游办事处的联系方式等，在旅游名录中，你可以看到中国不同级别的旅游景点（例如5A、4A和3A等）、酒店和旅行社等，法国游客可以根据自己的偏好，选择旅游社、旅游路线和入住的酒店。

（3）目标市场营销。目标市场营销是指旅游企业将游客按照不同的标准分为不同的组别，选择其中一组作为目标受众，根据他们独有的特点，实施适当的市场营销组合，集中力量为这一旅游群体服务，满足他们的旅游需要。① 通常国家旅游局在进行营销之前会先对目标市场进行划分，然后再分别对他们进行营销，例如根据不同的年龄阶段，把法国游客划分为儿童、青少年、中年和老年，凭借对他们偏好的了解，开发迎合他们旅游需求的旅游项目。青少年喜欢冒险，开发探险旅游，例如塔克拉玛干沙漠探险——穿越死海；中年人大多数来中国的主要原因是商务需要，可以开发一些商务游；老年人大多数喜欢中国的一些历史文化，例如红色旅游等。

二、中国至英国旅游线路及营销策略

（一）国家概况

英国是位于欧洲西部的岛国，由大不列颠岛（包括苏格兰、英格兰、威

---

① http://baike.baidu.com/link?url=EpQ5VqDnElUxifYN0tMR2ri9R2pAAYAPCvue-2MdZzyBod7q4Vzz8RGXhBxN1LWw1vzxF2vDib-g_NjhEQnmj.

尔士)、爱尔兰岛东北部和一些小岛组成。它隔北海、英吉利海峡、多佛尔海峡与欧洲大陆相望，其海岸线总长为11450公里，陆界与爱尔兰共和国接壤。英国主要有三大著名河流，分别是塞文河（354公里）、泰晤士河（346公里）以及北爱尔兰的讷湖（396平方公里），其中讷湖的面积居英国之首。据相关数据统计，2014年英国的总人口约6410万，其首都伦敦2015年的总人口约860万。伦敦的总面积为1572平方公里，每平方公里的人口密度达5197人，这也使它成为了欧洲最大的城市。英国人的官方语言为英语，但北爱尔兰部分地区以及苏格兰西北高地仍使用盖尔语，威尔士北部仍使用威尔士语。英国居民多信奉基督教新教，主要分英格兰教会（亦称英国国教圣公会，其成员约占英成人的60%）和苏格兰教会（亦称长老会，有成年教徒59万）。另有天主教会及印度教、伊斯兰教、犹太教、锡克教和佛教等较大的宗教社团。早在2006年4月，北京已与伦敦结为友好城市①。

（二）经济概况

英国不仅是世界主要经济体的组成部分，而且在其中发挥着相对重要的作用。英国的国有企业相对较少，私有企业是英国经济的主要成分，私有企业所获得的收入占其国内生产总值的六成以上；英国的服务业发展相对成熟，是英国的主要产业，也是全球学习的典范，服务业所获得的利润占其所有产业的比例最高。除此之外，英国的生物制药、国防和航天航空等技术比较发达，由这些核心技术所支撑的产业不仅是英国最具竞争力和创新力的产业，而且是英国引以为傲的产业。

据世界银行公布的数据显示，2016年英国的国内生产总值（GDP）名列前茅，位居全世界第五位，欧洲第二。英国的国内生产总值从2006年的26783亿美元降低至2016年的26189亿美元。人均GDP从2006年44017美元降低至2016年的39899美元。从图6.11可以看出，在2006～2007年期间，英国的国内生产总值保持增长，2007年后开始急剧下降，在2009年后英国经济开始缓慢增长，国内生产总值保持良好的经济增长势头，2014～2016年，（人均）

---

① 英国概况. 新华网，http：//news.xinhuanet.com/ziliao/2002-05/13/content_390506.htm.

国内生产总值又呈现下降趋势。

图6.9 英国在欧洲版图中的位置　　图6.10 英国行政图

资料来源：http：//www.seda.org.cn/europe/menu11_uk.asp.

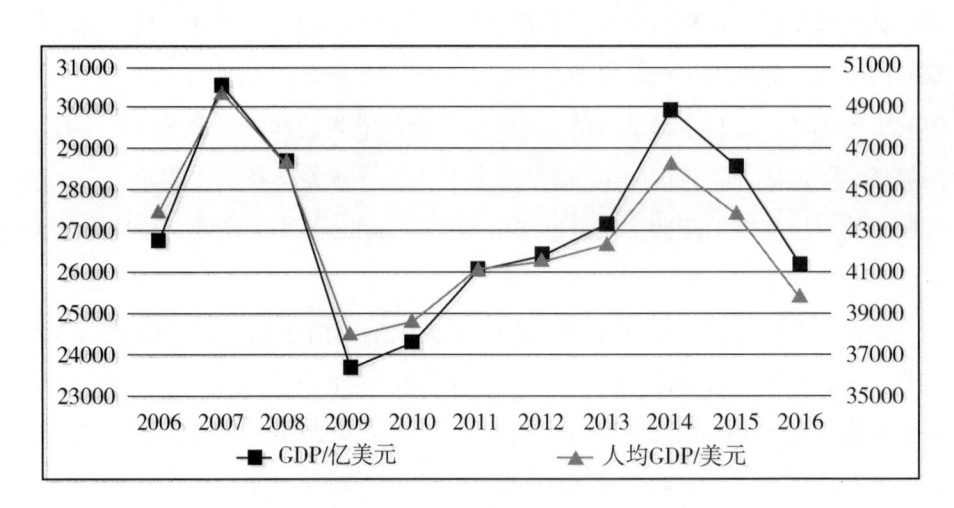

图6.11 2006年—2016年英国GDP、人均GDP数据

数据来源：世界银行。

在金融危机初期，英国经济的受影响程度较其他国家严重。2009年，英国经济的增长率不仅出现了下滑现象，而且还低于法国、美国等发达经济体。

根据 2017 年 4 月 IMF 发布的新一期"经济展望"预计，2017 年英国经济将达到 2% 的增长率，成为 G7 国家除美国外排名第二位的发达经济体，但不可忽视的是，英国 2018 年经济增长预期仅为 1.5%。《世界经济展望报告》认为，英国离开欧盟或将对英国经济造成不利影响，英镑的贬值将削弱消费者的购买力[①]。

英国经济能够快速复苏有一个很重要的原因，就是它可以通过服务产业加速内部结构的调整。它是全球第二大服务业出口国，仅仅位居美国之后，服务业是其近几年来重点发展的产业。在应对金融危机的过程中，其服务业可以通过"内部的再平衡"的手段，使得其服务业健康地发展，减少金融危机对它的影响，从而保持其国民经济的增长。虽然英国的金融服务业所获得的总收入有所下滑，但旅游、交通、信息科技、商业服务、教育等却成为了主要的驱动力。危机过后，英国的服务业不仅在经济中仍然发挥着重要的作用，而且还增加了更多的就业机会。

（三）旅游业概况

1. 整体旅游业的发展状况

英国经济发展的繁荣程度是全球有目共睹的，它也是现代旅游业发展的起始地。英国的旅游业非常发达，旅游收入在世界上一直是名列前茅，旅游产业也是英国重要的经济部门之一。英国的旅游资源非常丰富，不仅拥有独特的自然资源，而且人文风俗的文化资源也比较富厚，这是英国能够发展旅游业的基础所在，更是它的优势所在。在当今世界，英国已经成为各国重要的客源区域和入境旅游目的地，英国的旅游业发展也面临新的机遇和挑战。

英国旅游业主要由三大部分组成：英国人在本国的国内旅游、英国人的出境旅游和外国人到英国的入境旅游。英国由旅游业所获得经济收入居全球第五位，欧洲第四，位居美国、法国、西班牙和意大利之后。根据英国文化传媒教育部统计，在英国各行各业的企业当中，有 20 万家左右的企业与旅游业相关，它们在竞争中合作、在合作中竞争，促进双方的共同发展与进步。这些企业涉

---

① IMF 发布《世界经济展望报告》. http://www.financialnews.com.cn/hq/yw/201704/t20170420_116240.html.

及旅游业的方方面面，包括吃、住、行、游、购和娱，游客通过花钱来享受它们所提供的劳务和服务。这些旅游企业的总收入保持在520亿英镑左右，它们的存在也为英国发展旅游业提供了大量的劳动力，旅游行业也为英国国民经济的发展做出了巨大的贡献。在英国这样一个高度发达的国家，工作压力相对较大，在这种情况之下，旅游业就为当地居民提供了大量的工作机会，缓解了当地的就业压力和生存压力。根据世界银行预测可知：2020年，英国将会有150万人直接从事有关旅游业工作，如果加上那些间接为旅游业提供产品和劳务的中间商和供应商，那么从事人员有可能将会超过300万人。

2. 出入境旅游的发展状况

虽然英国一直受全球经济危机的影响，但是英国在全世界旅游目的地的排名中一直名列前茅，维持在第六到七位。从表6.2可以看出，2015年，英国的海外游客共有3444万人次，国际旅游收入达607.44亿美元，占总出口的百分比为7.7%。而2015年英国的出境旅游者为6572万人次，国际旅游支出为796.02亿美元，占总进口的百分比为9.5%。英国的入境旅游客源国主要有法国、新西兰、爱尔兰、澳大利亚、德国以及加拿大等。大对数海外游客前往英国主要以商务旅游和休闲旅游为主。

英国的出境旅游消费支出相对较高。大多数英国人出国旅游的主要目的是休闲度假，2006~2015年间，英国的出境旅游人次由6954万人次逐渐下降到6572万人次，但是其国际旅游花费整体上却呈现上升的趋势，由783.69亿美元上升到796.02亿美元，在2007年达到最大值为899.38亿美元。英国人出国度假时间相对较长，基本上维持在一周左右。其主要出境旅游目的地有法国、西班牙、美国、希腊和意大利。2015年，英国来华旅游人次为57.96万人次[①]。它是中国最早开辟的欧洲旅游市场，英国人来华的主要目的是观光休闲。

---

① 数据来源：国家统计局. 中国统计年鉴-2016 [M]. 中国统计出版社，2007.

表 6.2 2006 年—2015 年英国出入境旅游情况

年份	国际旅游者		入境旅游收入（亿美元）	占总出口的百分比（%）	出境旅游消费（亿美元）	占总进口的百分比（%）
	入境旅游者（万人次）	出境旅游者（万人次）				
2006	3065	6954	442.84	6.2	783.69	10.0
2007	3087	6945	486.18	6.4	899.38	10.7
2008	3014	6901	462.83	5.9	879.49	10.1
2009	2820	5861	372.72	6.0	654.35	9.7
2010	2830	5556	401.38	5.8	658.75	8.7
2011	2931	5684	447.41	5.6	692.51	8.2
2012	2928	5654	470.70	6.0	705.69	8.3
2013	3106	5779	530.52	6.6	723.79	8.3
2014	3261	6008	589.35	7.0	774.29	8.6
2015	3444	6572	607.44	7.7	796.02	9.5

数据来源：世界银行。

对比 2005 年至 2015 年英国出入境旅游者人数可以发现，除 2008 年至 2010 年间，因全球金融风暴的影响，英国的出入境旅游者人数有所下降之外，其余年份一直保持平稳增长，可以看出英国的出境旅游者人数一直是高于入境旅游者人数，并且英国的国际旅游收入却一直低于国际旅游支出，旅游服务贸易一直处于逆差状态（见表 6.2）。从这也看出英国人出境游的消费能力或消费金额要高于到英国境内消费的旅游者。

（四）旅游营销策略

2015 年 10 月，国家主席习近平受邀访问英国，许多人认为习主席此次之行进一步推动了中英两国的经贸合作，使两国进入一个令人期待的"黄金时代"。2004 年，中英两国之间只有 197 亿美元的贸易量，而经过双方的合作与努力，在 2015 年底，中英两国有了高达 785 亿美元的贸易量，增长率达到了 300%。近年来，中英两国的经贸合作在遭受金融危机和欧债危机等影响之后，依然保持着良好的发展趋势，在金融、投资、贸易等领域的合作更加深入，已经成为中英两国关系发展的重要推动力量。据商务部统计，2015 年，中英双边贸易额达785.2亿美元。2014年中英服务贸易总额192.672美元。在英国脱欧前，中国是英国在欧盟外的第二大贸易合作国，英国则是中国在欧盟内的第二大贸易合作国，由这些数据和名次都可以看出两国交往十分密切。

1. 英国的旅游营销措施

英国是现代旅游业的诞生地，旅游业发展一直都是我国学习的典范。近年来，虽然受到全球金融危机的影响，但英国在全球旅游目的地中排名仍一直排在第六、七名。英国不仅注重发展国内旅游，而且也十分关注入境旅游的发展。为了发展旅游业，增加旅游业的收入，英国在政策和资金方面都给予了很大的支持。

（1）启动"非凡英国"全球推广活动

"非凡英国"于2012年伦敦奥运之际推出，由卡梅伦首相亲自启动，迄今在全球营销方面已投资达1.13亿英镑。营销的内容包括超级无敌掌门狗、詹姆斯·邦德和帕丁顿熊等英国符号。"非凡英国"预计通过17个英国政府部门及相关组织的努力，以品牌化的方式，在2019年至2020年为英国经济带来17亿至19亿英镑的收入。据英国相关部门统计，英国政府已经将一亿多英镑用于全球推广活动，而且也为英国的旅游、投资和贸易带来了约12亿英镑的收入。下一阶段，推广活动会更多地使用电子推广的方式。

（2）完善和拓宽旅游信息传播渠道

在英国当地，游客们随时随地都可以找到旅游信息中心，据不完全统计，英国大概有800多个旅游信息中心，它们一般坐落在城市的中心，方便游客找到。这些旅游信息中心的主要任务是在景点和购物中心的地理位置、近期的节日活动、酒店住宿等方面为游客提供一些建议和帮助，游客们在旅行过程中遇到任何困难，都可以向他们求助①。在英国，旅游者不仅可以通过传统的宣传方式，如旅游网站、旅游指南、手册等来获得信息，还可以通过iphone和android apps了解相关信息。目前，英国的旅游局网站即"访问英国"负责在全世界内宣传和推广英国当季主流的旅游产品和旅游线路，以便于游客对英国旅

---

① 何效祖．英国旅游业发展战略及借鉴价值研究［J］．旅游学刊，2006（9）．

游产品的了解。该网站现在有 38 个语言版本，游客们可以根据自身的需求进行转换和调整，它是英国旅游网络的官方代表。随着高新科学技术的发展和网络的普及，该网站不仅为海外游客提供了很大的方便，而且也深化游客在英国的旅游感受。同时，这不仅能够使旅游企业及时获得游客的个性化需求，同时也能够为游客提供更精准和更优质的服务。

（3）制定国家旅游业发展战略

英国前首相卡梅伦认为大力发展旅游业是英国经济增长的重要战略环节，并且提出相关部门要拟定关于促进英国旅游业发展的策略。2011 年 3 月，英国文化传媒体育部推出了最新的旅游业发展策略即"政府旅游政策"，这项政策为旅游业的快速发展奠定了坚实的基础。该政策中表明了英国旅游业三大目标。一、加大对旅游业的投资。计划对旅游业投资一亿英镑，主要用于组织和规划其入境旅游的营销活动，希望在以后的 4 年内争取接待 400 万海外游客。二、鼓励英国国内旅游的发展，优化英国旅游业的结构，平衡入境旅游、国内旅游以及出境旅游的比例关系，增强整体旅游经济的竞争力。只有三者协调一致的共同发展，其旅游业才能更加的繁荣昌盛[1]。三、提高英国旅游产业的生产能力，增加旅游业的总收入。从其旅游业发展战略中可以看出，英国一直非常重视海外游客的营销活动，并将其作为一项长期战略不断推进。

（4）提高旅游业接待能力

英国海外游客市场主要是中国、俄罗斯、巴西和印度等新兴中产阶级国家，海外游客数量的增长也主要依赖于这些国家。虽然英国的旅游企业具有较强的专业性和生产能力，但面对日益变化的市场，英国政府提出了一系列的措施来增加当地旅游业的生产能力。比如：政府十分重视旅游者的满意度，他们把一些权力下放给旅游者，让旅游业和旅游者共同来对旅馆进行"星级评定"。此时旅馆也会重视顾客的满意度，从而整体上提高了旅游业的服务水平。国家旅游局十分地注重旅游人才的培养，利用一些优惠政策，吸引一些年轻人从事旅游行业，并鼓励他们去参加一些旅游技能的培训课程，例如导游培

---

[1] Government Tourism Policy, Department for Culture, Media and Sport, 2011 (3).

训和酒店客房培训等。这些课程会在一定程度上提高旅游从业人员的服务技能，同时也为旅游业注入一些年轻的活力。简化出入境的相关手续，为海外游客来英旅游提供一定程度的便利。通过这些措施，使得旅游业拥有相对较大的自由权，可以根据自身的条件来进行发展，而不是按照政府的相关规定进行管理，这样更有利于旅游业健康地成长起来。而政府在旅游业发展过程中能起到协调作用，避免政府对旅游业有过多的管制和限制，尽量让旅游业的发展更具有灵活性。

2. 中国对英国的旅游营销

2006～2012 年，英国人来华旅游一直保持着良好的发展势头，除 2008 年、2009 年受全球金融风暴的影响，入境旅游人次有所下降之外。2013 年以来，英国旅华市场的发展趋势发生了很大的变化，出现了连续地负增长。所以如何立足长远做好英国旅华市场营销工作显得至为重要。目前我国在促进入境旅游市场发展方面做出了相应的努力。

近年来，我国也逐渐开始关注旅游宣传推广工作。国发 31 号文件指出，要提出一些关于旅游业的发展策略，这些策略涉及旅游产品和项目的研发、旅游营销、具有专业技能和管理经验人才的培养以及旅游公共服务体系建设等方面。从这可以看出国家开始注重旅游宣传推广工作。虽然国家已经开始采取相关措施来改善目前的状况，但如何将这些措施进一步落到实处，真正促进旅游业的发展还需进一步的努力。

三、中国至西班牙旅游线路及营销策略

（一）国家概况

西班牙位于欧洲西南部，是君主立宪制国家。它是一个重要的文化发源地，在文艺复兴时期，它是欧洲最强大的国家。在 15 世纪中期至 16 世纪末期时，它成为影响全球的日不落帝国[①]。西班牙语是世界上总使用人数排第三的语言，如今全世界大约有 5 亿人在使用西班牙语。截至 2016 年底，西班牙的

---

① 张敏. 西班牙 [M]. 社会科学文献出版社，2007.

人口总数为4644万人①。它有20多个民族，主要有：卡斯蒂利亚人（即西班牙人，约占总人口的73%）、加泰罗尼亚人（约占总人口的15%）、加利西亚人（约占总人口的7%）和巴斯克人（约占总人口的5%）②。

西班牙全国的总面积达505925平方公里，居欧洲第五位，其中陆地面积为499542平方公里，海洋面积为5240平方公里。西班牙的南北方向长约为830公里，最东面和最西面约相距1000公里。其领土大部分位于伊比利亚半岛，它东北隔比利牛斯山脉与法国和安道尔相连，西邻葡萄牙，南隔直布罗陀海峡与非洲的摩洛哥相望，北面比斯开湾，东临地中海与意大利隔海相望，西北、西南与大西洋相邻。西班牙地形主要以高原为主，少数部分为山脉。最高的海拔3718米，穆拉森山是全国的最高点。西班牙全国有三种气候，分别为大陆性气候、海洋性温带气候和地中海型亚热带气候③。

图 6.12　西班牙的行政图

资料来源：http://tieba.baidu.com/p/1282078485.

---

① 数据来源：世界银行.
② 中国驻西班牙大使馆经济商务参赞处. 对外投资合作国别（地区）指南——西班牙[M]. 商务出版社, 2004.
③ 西班牙国家概况. 中华人民共和国外交部.

（二）经济概况

西班牙是一个高度发达的资本主义国家，它不仅是欧盟和北约成员国，而且是欧元区的第四大经济体，对欧洲的经济发展起到了重要的作用。据世界银行公布的数据显示，在2016年，它的国内生产总值（GDP）居欧洲国家的第6位，全球第13位。从图6.13中可以看出，西班牙的国内生产总值由2006年的12646亿美元增加到2008年的16350亿美元，再降到了2016年的12321亿美元。在2006～2008年期间，GDP快速上升，之后受2008年金融危机影响，GDP有所下降。在2010～2016年期间，GDP波动较大，总体上保持下降的趋势。2012年，西班牙的工业总产值对GDP的贡献率为16%，参与工业制造的工人约有243万人；建筑业总产值对其GDP的贡献率为8%，从事建筑行业的员工约为115万人。同期，西班牙农、林以及渔业产值对GDP的贡献率是3%，从事农、林以及渔行业的员工约为75万人，可见西班牙的工业和建筑业是其尤为重要的产业。

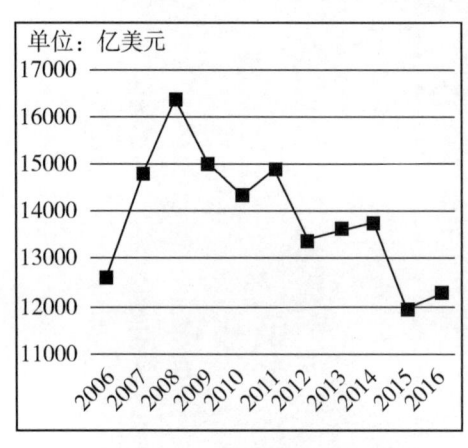

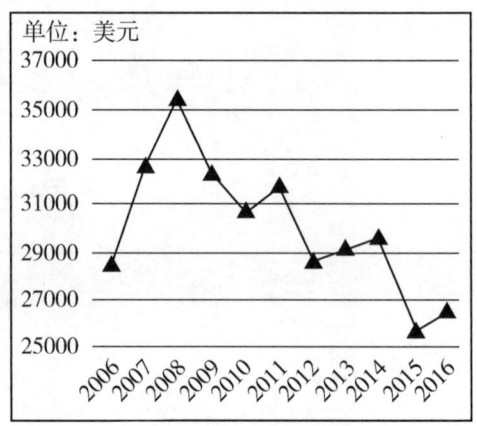

图6.13　2006—2016 西班牙 GDP　　图6.14　西班牙人均 GDP 的变化趋势

数据来源：世界银行。

（三）旅游业概况

1. 整体旅游业的发展状况

西班牙有"旅游王国"之称，是世界上最发达的旅游国家之一。悠久的历史文化和丰富多彩的人文文化是西班牙旅游资源的重要组成部分和主打产品。"文化旅游""外语游""会展旅游"是近年来西班牙最受欢迎的旅游项目。这些旅游项目为西班牙带来了很多收益。据世界银行数据显示,2015年,西班牙入境旅游人次高达6822万人次,国际旅游收入为564.3亿美元,无论是在接待外国游客的总数方面,还是在旅游外汇收入方面,都居世界前列。图6.15是西班牙2016年每个月份的旅行主要原因及其旅游总支出的变化趋势,

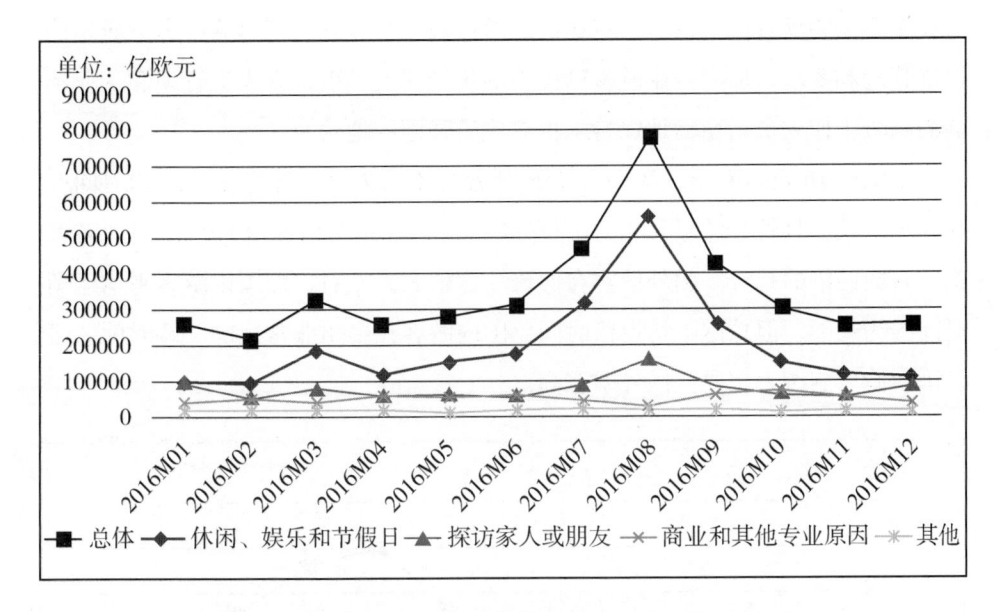

图6.15 西班牙2016年各月份主要出行原因及其总支出

数据来源:西班牙国家统计局。

表6.3 2015年9月西班牙星级酒店的入住情况 单位:人次

类别	游客的数量			过夜停留的游客			平均停留天数
	游客总数	国内游客	国外游客	游客总数	国内游客	国外游客	
总数	8700285	4137612	4562674	28216790	8597232	19619467	3.24
五星	499739	142193	357545	1762727	282967	1479760	3.53
四星	4229117	1868523	2360586	14511147	38022495	10708652	3.43
三星	2320131	1141310	1178821	8249002	2545780	5703222	3.56
二星	599336	377786	221550	1453020	769171	683849	2.42
一星	264265	161349	102917	526644	286902	239741	1.99

数据来源:西班牙国家统计局。

可以看出西班牙的旅游在每年的6月份开始进入旺季，8月是旅游最旺的时候，之后开始下降，10月份之后进入淡季，也就是说每年的6～10月都是西班牙的旅游旺季，1～5月以及11～12月是西班牙的旅游淡季。从表中可以看出，西班牙的旅游主要以休闲娱乐、节假日探亲访友及商业旅游为目的，其中在休闲、娱乐和节假日的花费最高。近几年来，西班牙着力开发文化旅游项目和旅游购物项目，打造极具特色的旅游体验项目，致力于对旅游服务质量的严格管理和要求，加大对旅游基础设施的投资建设，引入有先进管理和从业经验的高级工作人员，稳稳地保持了世界旅游强国的地位。

从图6.16可以看出，2016年西班牙各月份国内外游客逗留的平均时间变化趋势一致，且符合旅游淡旺季的特点。国外游客平均逗留时间比国内游客高，有成两倍的趋势。国外游客在西班牙逗留8天左右，而国内游客平均逗留时间约为4天，但总体平均逗留时间比国内游客只多出非常短的一端时间，可见国内游客旅游人次要比国外游客高。

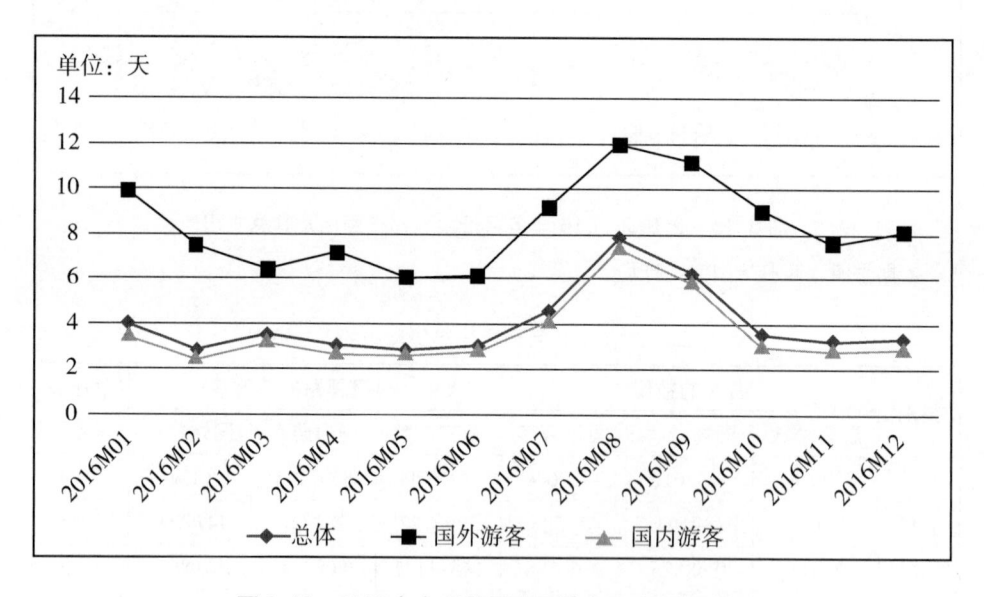

图6.16　2016年各月份西班牙游客平均逗留时间

数据来源：西班牙国家统计局。

中西两国经济交流的日益密切，西班牙是最早与中国建交的欧洲国家之一。两国政府一直致力于共同发展友好协作关系。据《中国统计年鉴》数据显示，2015年中西双边贸易额高达274.39亿美元。2014年9月24日李克强总理与对中国进行正式访问的西班牙首相马里亚诺·拉霍伊进行会谈，两国均表示了对未来继续深化中西全面战略伙伴关系的期待，在扩大双边贸易投资规模，加强能源、金融、生物医学、航天等领域合作，密切人文交流，扩大双向留学生规模等方面达成了进一步友好互利合作的共识。中方表示将鼓励国内企业赴西班牙投资合作，拉霍伊则表示西班牙将为中国游客提供48小时办理签证的快速通道，希望可以迎来更多中国游客前往西班牙游玩[①]。西班牙的进出口总额呈现不断增长的发展趋势，其旅游产业是西班牙的支柱产业，国际旅游收入所占总出口的百分比以及国际旅游消费支出占总进口的百分比相对较高。据世界银行数据显示，在2006～2015年期间，两者都基本维持在15%和4%左右。其中国际旅游收入所占总出口的百分比有所下降，但是下降幅度很小。

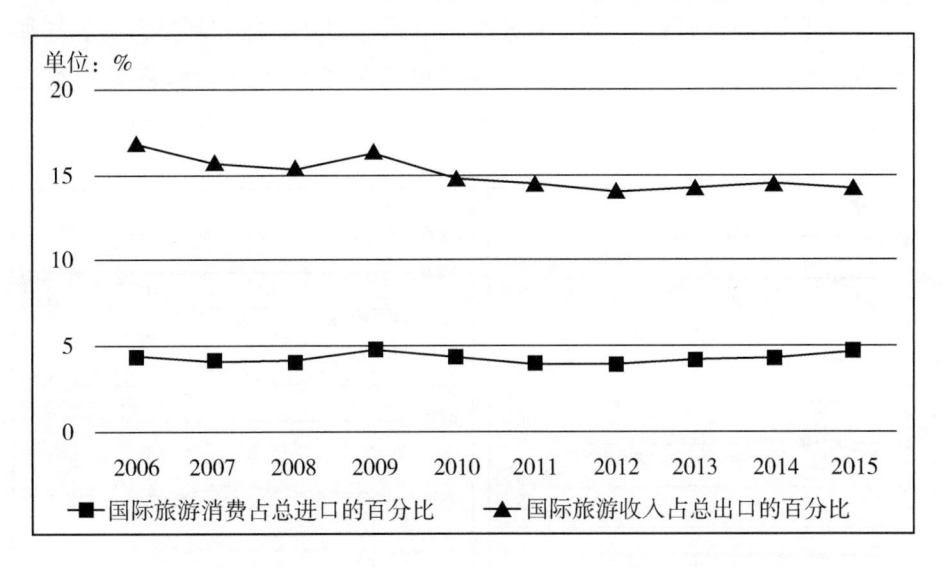

图6.17 西班牙入境旅游收入占总出口的百分比和出境旅游消费占总进口的百分比
数据来源：世界银行。

---

① http：//www.gov.cn/xinwen/2014－09/25/content_2756389.htm.

2. 出入境旅游的发展状况

根据世界银行的数据显示，在2006～2015年期间，西班牙的入境旅游收入从2006年的532亿美元上升到2015年的564亿美元。在这段期间，入境旅游收入偶有起伏，但保持较平稳的状态。同期，西班牙的出境旅游消费在总体上保持较稳定的状态，从2006年的168亿美元增加到2015年的173亿美元。从两者的差值，可以看出入境旅游收入一直大于出境旅游消费，表现为旅游服务贸易顺差且两者的差值有不断增大的趋势，三者有着大致相同的变化趋势（见图6.18）。2006～2015年期间，西班牙的入境口旅游人数也一直大于出境旅游人数且两者的差值也在不断地增大，差值从2006年的4733万人次增加到2015年的5381万人次（见图6.19）。不管是西班牙的入境旅游客源市场还是出境旅游目的地都是一些与其相距较近的欧洲国家，例如法国、英国、意大利、葡萄牙和德国等。从以上数据可以看出，西班牙的出入境旅游较为发达，尤其是入境旅游，这不仅得益于西班牙丰富的旅游资源，而且还在于西班牙多样化的营销策略。西班牙的加泰罗尼亚、巴利阿里群岛、加那利群岛、安达卢西亚、巴伦西亚和马德里是最受其入境游客喜爱的旅游景区。

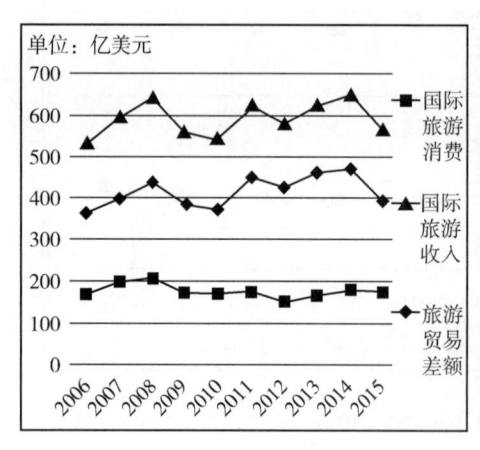

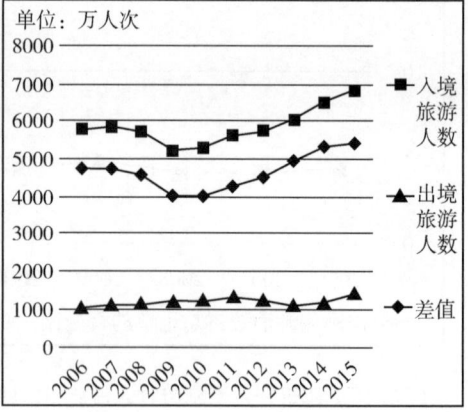

图6.18 西班牙国际旅游收支

图6.19 西班牙国际旅游人次

数据来源：世界银行。

相对于其他欧洲国家，西班牙来华旅游的人次较少。但是随着中国旅游业的发展和国际地位的不断提高，中国吸引了大量的西班牙游客来华游玩，它也逐渐成为了中国重要的入境旅游客源国。2008年，受金融风暴的负面影响，西班牙来华旅游人次呈现大幅下滑的趋势。近几年，西班牙来华旅游人次有所增长并有逐渐上升的趋势。西班牙游客来华旅游大多数选择自由行，超过5成；选择通过参加旅行社的游客，约占3成。一般有着高薪收入或者是第二次来华游玩的游客选择自由行，他们可以根据自己的意愿来安排自己的行程。而有着相对较低收入或者是第一次来中国旅游的人更加倾向于选择参加旅行社。男性游客更倾向于选择自由行的方式，50岁以上高龄游客更愿意选择参团旅游，他们不用安排自己的行程，在旅游的过程中，导游会照顾他们，不用担心一些意外情况的发生。

中国的旅游服务贸易表现为旅游服务贸易逆差即国际旅游消费支出大于国际旅游收入，且两者的差值在不断地增大，如何减小当前的旅游服务贸易逆差并使其表现为旅游服务贸易顺差？中国应该重视旅游市场营销特别是针对入境旅游市场，中国国家旅游局应该学习西班牙的旅游营销经验和措施，采取多样化的营销策略，吸引外国游客，增加旅游外汇收入。当今中国，在经济结构转型的重要转折点，更应将旅游业作为重要产业重点开发，优化产业结构，坚定不移地走可持续发展道路。

（四）旅游营销策略

1. 西班牙的旅游营销策略

（1）旅游目的地的形象营销

西班牙旅游部门致力于将西班牙打造成为一个"独一无二""值得追求""值得体验""国际化及高品质"的旅游目的地。为此，西班牙旅游部门做了以下努力：

① 确立了宣传口号："我需要西班牙"。为了深化这一推广口号的影响力，旅游部门设计了专门的标志。曾有统计显示，这一口号成功地使得83.5%的游客再次回到西班牙旅游。

② 树立多样化的西班牙旅游形象。利用西班牙开放、自由、有趣、热情

好客的生活方式，打造独特的旅游形象。西班牙还制作了许多有趣和吸引力较强的宣传视频，极力塑造旅游目的地形象，同时，还制作了一系列电视宣传影片，通过这些影片的播放和传播，进一步强化了西班牙的旅游目的地形象。

③ 使用品牌代言大使。首先，西班牙聘请一些国际知名运动员以及在国际美食排名中名列前茅的主厨们，利用他们积极向上的形象，来宣传西班牙的国际化、热情和值得体验的旅游形象。同时，他们也为西班牙树立了一个积极向上的国家形象。

（2）使用网络渠道营销

近年来，随着互联网的普遍应用，西班牙旅游局在营销过程中，越来越重视旅游的"在线"渠道营销。它们在国际化社交网站上开展一些具有创新性的旅游活动并且建立全球化的旅游咨询团队，为有疑问的游客解疑答惑。这些活动通过运用先进的网络技术在互联网上进行推广。

① 发起网络系列活动

第一项活动："西班牙——一个值得分享的国家"。它是西班牙旅游部门在社交网络上发起的首次活动，致力于使用相对亲切的语言鼓励游客在网络上分享西班牙的旅游体验，推动游客之间的沟通，拓展活动的传播和增强口碑效应。

第二项活动："西班牙瘾"，即西班牙旅游部门执行的大型社交网络活动。这一活动的影响力较大，为其旅游宣传做出了巨大贡献。为保证"西班牙瘾"系列活动的顺利开展，西班牙旅游部门还专门聘请了著名的体育和美食名人（著名厨师费蓝·阿德里亚、皇家马德里著名球员、西班牙国家篮球队队员等）来帮助旅游局宣传西班牙的旅游活动。他们通过视频解说其在西班牙的旅游体验，例如最喜爱的旅游景点、美食以及探险活动等，鼓励、启发观众到西班牙亲身体验。

② 开展技术创新性活动

通过开展技术创新型活动，有力地强化了广告宣传效果，并培养游客充满积极性地、有效地计划其旅游行程。为整合这些新型技术手段并加以利用，西班牙在互联网上专门创建了一个全球化的旅游信息系统即西班牙旅游推广技术系统（STEP）。这个信息系统不仅运用了较为先进的网络技术，而且它还创建了一个粉丝见面网页，游客们可以在网页上针对旅游的内容进行交流。其最主要的门户网 Spain. in‐fo，主要以游客为绝对导向，其最大创新点是通过观察旅游信息系统的用户在相应旅游网站上的浏览情况和信息，预估用户的偏好，并将用户喜好的类似内容推送给用户，以便于用户了解更多其想了解的信息。

（3）合作性营销

① 西班牙旅游局通过与各国的综艺节目合作，对西班牙进行旅游营销。据西班牙报纸《ＡＢＣ报》的报道，中国游客逐渐成为了西班牙入境旅游的主要客源市场，中国来西班牙旅游人次每年都呈现增长趋势，增长率维持在20%左右，2015，中国来西班牙的旅游人次有望突破30万。如今在西班牙街头，随处可见中国游客，当地的西班牙人对时不时听到中文早已不稀奇。2014年中国三大热播的电视综艺节目《花儿与少年》《极速前进》《十二道锋味》成功地将中国观众的目光吸引到了西班牙，这些节目的参与者都是受中国人喜爱的明星，通过他们的游玩与观赏，直接刺激了观众的视觉神经，激发他们的旅游欲望，从而达到西班牙旅游宣传的目的①。这些综艺节目，在展现西班牙各种美景的同时，还细心地向观众推荐各种西班牙自由行的贴士，以及遇到特殊情况时的应对方法。

② 政府合作。首先是西班牙旅游局始终高度重视中国游客。西班牙旅游局在中国有三个办事处，分别位于北京、上海和广州，几乎涵盖了中国最具潜力游客的区域。此外，为了吸引游客，西班牙旅游局开展了各种活动，例如在2012年，西班牙旅游局联合西班牙文化中心、中青旅和新浪微博开展了"爱游会"的活动。通过活动，观众欣赏到西班牙悠久文化和秀丽风景的独特魅力。

2. 中国对西班牙的旅游营销

（1）网络性营销

互联网是现在各个国家都在广泛使用的旅游营销工具，因为这种营销方式

---

① http：//www.chinanews.com/hr/2014/10‐08/6654193.shtml.

方便又有效,根据2015在《中国旅游报》上发表的《西班牙来华旅游舆情调查报告》可知,大多数来华旅游的西班牙游客都是通过互联网来了解有关中国的旅游信息,占80%;之后是电视媒介,占27.3%;接下来是旅行社或代理商,约占22.1%。然后是的通过家人、亲友介绍了解的,约占18.6%,其余是通过杂志、报纸、推广活动、中国媒体/网站、邮寄或折叠广告、广播、交通广告和户外广告等途径了解的中国旅游信息(见图6.20),可见中国对西班牙的旅游营销主要是通过网络营销。

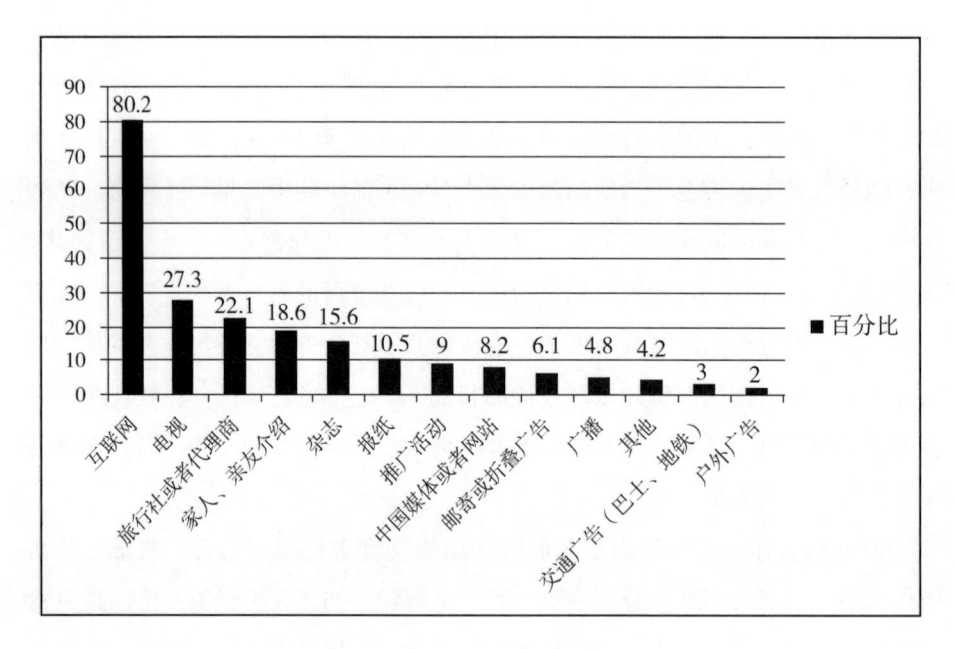

图6.20 获取有关中国旅游信息的途径

资料来源:西班牙来华旅游舆情调查报告。

(2)品牌营销

自2013年2月以来,国家旅游局面向全世界正式推出了"美丽中国之旅"——中国旅游整体形象,致力于打造"美丽中国"的核心品牌,并且相继在海内外持续开展了多项宣传推广活动。2013年2月27日,中国代表团以"美丽中国之旅"的全新形象亮相于第33届西班牙马德里国际旅游展览会。中国展台设计不仅构思巧妙,而且融合了传统的中国元素,在形象鲜明的展台中央大型 LED 屏幕上循环播放"美丽中国之旅"主题国家形象宣传片。① 同年 4 月"美丽中国之旅"再次强势亮相于巴塞罗那的加泰罗尼亚国际旅游展，在会场主入口，我方放置了以"美丽中国之旅"形象为主题的大型四面立体广告。在会场的内部，中国代表团不仅在展台上放置了大屏幕，滚动播放"美丽中国之旅"形象和宣传片，而且还专门制作了以"美丽中国之旅"为主题的日历卡片作为小礼品，赠送给西班牙人②。通过这种品牌形象宣传，使得中国的美丽形象深入人心。

第二节　中国至德国、奥地利、意大利旅游线路及营销策略

一、中国至德国旅游线路及营销策略

（一）国家概况③

德国，全称为德意志联邦共和国（The Federal Republic of Germany），是位于中欧的联邦议会共和制国家。德国东部与波兰、捷克接壤，南邻奥地利和瑞士，西部与比利时、荷兰、卢森堡和法国接壤，北邻丹麦。德国共有 16 个联邦州，首都为柏林，领土面积为 357167 平方公里，主要以温带气候为主。德国除褐煤、硬煤与盐的储存量丰富之外，其他自然资源相对匮乏，在能源和原材料供应方面很大程度上依赖于进口，约 2/3 的初级能源需要进口。天然气储量大约为 3820 亿立方米，能够满足国内 1/4 的需求量。2012 年德国的能源消耗位居世界第五，其中 60% 的能源依赖进口，德国政府也颁布了许多政策以促进能源的节约和可再生。截至 2016 年，德国的总人口为 8267 万，每平方公里的人口密度为 236 人，是欧洲人口最稠密的国家之一。德国的主要人口是德意志人，也有少数索布人和丹麦人，其中约有 721.4 万外籍人，占人口总数的

---

① http：//www.ctnews.com.cn/zglyb/html/2013－02/27/content_69592.htm? div = －1.
② http：//www.cnta.gov.cn/xxfb/hydt/201506/t20150625_426247.shtml.
③ 德国国家概况. 新华网，http：//news.xinhuanet.com/ziliao/2002－03/27/content_333436.htm.

8.9%，这些外籍人中最多的是土耳其人。德国的官方语言为德语，居民主要信奉新教和罗马天主教。

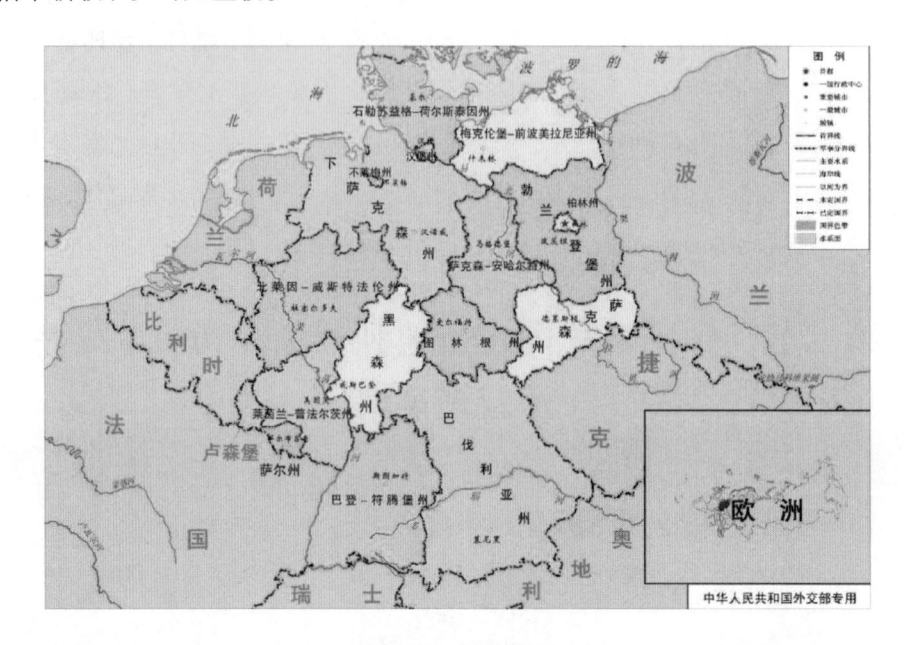

图6.21 德国地图

资料来源：http://map.ps123.net/world/4479.html.

（二）经济概况

德国是一个高度发达的工业国，2016年经济总量位居欧洲首位，世界第四。国内生产总值为34668亿美元，增长率为3.1%，人均国内生产总值为41936美元，增长率为1.8%。德国十分注重工业的发展，工业是德国支柱性产业之一。其机械制造、汽车和电气等行业是值得德国骄傲的行业，这些行业不仅拥有着世界顶级的技术，而且发展较为迅速，更为其国民经济的发展做出了巨大贡献。德国主要工业部门所生产的产品大多销往国外，所占比例达50%以上。中小企业在德国的工业发展过程中扮演着相当重要的角色，它们是德国工业的中流砥柱，在它们的推动之下，德国的工业发展才能保持持续增长的势头。

德国的国内生产总值从2006年的30024亿美元增长至2016年的34668亿美元。从表6.4可以看出，在2006~2008年期间，德国的国内生产总值增速较大,2008年之后,德国的GDP增速有所放缓,且在不同的时间段有所波动。

表6.4 2006—2016年德国的GDP变化趋势

年份	GDP（亿美元）	增长速度（%）
2006	30024	4.9
2007	34400	14.6
2008	37524	9.1
2009	34180	-8.9
2010	34171	0.0
2011	37577	10.0
2012	35440	-5.7
2013	37525	5.9
2014	38793	3.4
2015	33636	-13.3
2016	34668	3.1

数据来源:世界银行。

(三) 旅游业概况

1. 整体旅游业的发展状况

德国的旅游业非常发达,是欧洲乃至全球的旅游大国。据2013年发布的世界经济论坛排名,德国的旅游竞争力在全球范围内仅次于瑞士,居全世界第二位。德国的旅游产品独具特色,很少看到千篇一律的景观,其特色旅游产品主要有:以体育为主题的旅游产品、以博物馆为主题的旅游产品以及节事旅游等。同时开发了浪漫之路、阿尔卑斯山之路以及音乐之路等多条特色鲜明的旅游路线。其中最受游客欢迎的旅游路线是浪漫之路,这条路线不仅可以满足游客们观赏德国优美的风景、古老的城堡,而且可以体验德国的小旅馆生活。德国著名的旅游景点有首都柏林、历史名城波茨坦和德国的第三大城市慕尼黑。

2. 出入境旅游的发展状况

德国的入境旅游发展迅速。从表6.5可知:2006～2015年期间,德国的入境旅游人次和入境旅游收入分别由 2357 万人次和 455 亿美元增长到 3497 万人次和 474 亿美元。根据德国联邦数据局 2014 年公布的结果可以发现，在德国 10 万人口以上的大城市，10 个及以上床位的住宿场所中，共有 4200 万国际游客在此过夜，较上一年增长了近 6.6%。这些大城市为德国入境旅游市场的繁荣发展做出了超份额的贡献。德国的入境旅游市场集中在欧洲、美洲以及亚洲；荷兰、瑞士、意大利、美国、奥地利以及英国等国家是德国最为主要的旅游客源国，中国是德国自亚洲最大的入境旅游市场，柏林和慕尼黑是最受海外游客喜爱的旅游目的地。

表 6.5　2006—2015 年德国的出入境旅游业发展情况

年份	入境旅游人次（万人次）	出境旅游人次（万人次）	入境旅游收入（亿美元）	出境旅游消费（亿美元）
2006	2357	8180	455	857
2007	2442	8210	493	962
2008	2488	8620	534	1056
2009	2422	8555	475	928
2010	2688	8587	491	909
2011	2837	8469	534	998
2012	3041	8273	516	962
2013	3155	8746	553	1055
2014	3300	8301	559	1067
2015	3497	8374	474	888

数据来源：世界银行。

德国是欧洲第四大受欢迎的购物旅游目的地，许多游客来到德国不仅是为了游览德国的风景名胜，更多是为了购物。德国拥有许多免税店，这也是吸引游客的一个重要原因。2013 年德国免税店的总收入占整个欧洲免税店的 12.2%，位居法国、意大利和英国之后。据统计，2014 年的第一季度，德国的入境游客当中，消费最多的游客是中国游客，人均单笔消费达到了 575 欧元，可见德国购物旅游较为发达。

德国被称为"世界上最喜爱旅游的民族"。它一直是全球最大的出境旅游市场之一。2006～2015年期间，德国的国际旅游花费由2006年的857亿美元增长到2008年的1056亿美元，再下降至2010年的909亿美元，到2014年上升至1067亿美元，之后一年又下降到888亿美元，呈现波动增长状态。他们出境旅游是以放松身心、寻找快乐为主要目的，他们喜欢去一些海滨旅游度假区。德国主要的出境旅游目的地集中分布在中东和地中海地区，最受他们喜爱的旅游目的地有意大利、土耳其以及西班牙等国家。2005～2015年，德国来华的旅游人次由45.49万人次逐渐增长到62.34万人次，一直是欧洲国家中主要的入境旅游市场。

（四）旅游营销策略

1. 中德两国的经贸往来[①]

1972年10月11日，中华人民共和国与德意志联邦共和国建立外交关系。2010年，中德建立战略伙伴关系，2014年两国建立全方位战略伙伴关系。近年来，德国一直是中国在欧洲最大贸易伙伴，中国也是德国在欧盟以外最大的贸易伙伴。随着中国国际地位的逐渐提高，中德两国的贸易总量也保持较快的增长速度。2015年，中德两国之间有着高达1568亿美元的贸易总量，这巨大的贸易总量是双方贸易往来密切的数字证明，它占中国与欧盟之间贸易总量的三成左右，大体相当于中国与英国、法国和意大利三国贸易额的总和。中德双方之间的合作涉及各个行业和产业，其中主要集中在汽车、机械、航空和航天以及生物制药等行业。双方相互学习与合作，促进了两国的经济发展和友好关系的发展。

2. 德国的旅游营销策略

德国国家旅游局致力于各种战略以及产品的开发和宣传，强化德国作为旅游目的地在国外的正面形象，积极推动德国旅游业的发展。为此，它在全球设有30家办事处。2015年，德国入境旅游的游客数量增长幅度明显高出欧洲的

[①] 德国概况. 新华网, http://news.xinhuanet.com/ziliao/2002-03/27/content_333436.htm.

平均水平。根据德国国家旅游局 2014 年提供的 1~10 月份数据显示,中国游客在德国过夜的数量为 174 万,超过 2013 年德国全年的总数 173 万。中国已经成为德国重要的客源市场,中国居民的出境旅游需求在不断增长,德国也非常重视中国市场。德国的旅游业迅速发展,一方面得益于德国丰富的历史文化资源,另一方面也是因为德国重视旅游宣传,通过多样化的营销和措施渠道来扩大他们的客源市场。

(1)建立"德国历史名城"推广联盟

自 1993 年起,德国具有 700 年以上历史的大城市合作组成了"德国历史名城"推广联盟,它们面对特定的客源市场进行营销推广活动,对旅游者产生了很大的吸引力。2014 年,在 13 座历史名城过夜的游客数超过 270 万,占所有大城市游客过夜总数的 6.5%。通过进行此推广活动,不仅让海外游客重新认识了德国的历史名城,同时也增加了德国的入境旅游收入和再一次提升了德国的国际地位与知名度①。

(2)举行推广会

几十年来,德国国家旅游局(DZT)一直致力于精准分析世界旅游发展形势,以及把握德国旅游业的发展方向。德国国家旅游局为了发展旅游业,对旅游推广主题进行了一个长远的规划,每一年都会设定不一样的推广主题。根据德国国家旅游局的数据显示,2014 年,德国国家旅游局将"联合国教科文组织世界遗产——可持续发展的文化和自然旅游"作为该年度的推广主题。主要因为自然旅游和城市观光是德国入境旅游的两大支柱,传统与地区文化历史是吸引游客来到德国的十大理由之一。2015 年,德国的年度推广活动又重点关注"传统与民俗",它们希望通过"传统美食""民间风俗""手工艺"三大主题,向游客展现一个充满时尚与激情的德国②。

---

① 德国大城市吸引了 55% 的德国入境旅游游客. 新浪广东, http://gd.sina.com.cn/travel/message/2015-09-22/1508165372.html.

② 2014 年德国国家旅游局将加强文化旅游推广. 搜狐旅游, http://haixi.cnfol.com/lvyou/20140203/16905679.shtml.

（3）分析和开发目标市场

德国国家旅游局通过对国外市场的调研和分析，来确定德国潜在的客源市场以及未来的发展目标。德国国家旅游局通过发展休闲旅游和城市旅游，在传统的欧洲市场上继续创造佳绩，主要的客源国瑞典、西班牙和意大利等存在较大的潜力；利用欧盟东扩的机会，在度假旅游和商务旅游方面开发新的目标市场；在韩国、中国及阿拉伯联合酋长国进一步巩固和发展竞争优势；对于日本及美国等海外的传统市场将努力保持增长的势头。

3. 中国对德国的旅游营销

中德两国一直致力于简化签证手续以有利于两国旅游业的发展。除此之外，中国鼓励各个省市去德国的大城市进行交流和推广我国的旅游产品。

（1）赴德举行推广会

每年我国都有许多省市的旅游局率旅游团去德国进行交流，并宣传推广中国的旅游产品。比如2014年10月，四川省旅游局就率领该省的旅游团前往德国，向当地的媒体和旅游界宣传推广四川的旅游产品，除此之外，还进行经验的交流和分享。目前四川已经推出了四川旅游咨询德文网站，向德国朋友介绍四川的旅游产品①。通过举办此类推广会，可以进一步扩大中国在德国的知名度，同时也可以吸引更多的德国人来到中国旅游，增加中国的国际旅游收入。

（2）借助展会进行营销活动

为了进一步扩大中国入境旅游市场以及旅游产品的知名度，我国不仅通过不同的展会和平台加大了对德国的宣传力度，而且还开展了一系列的宣传推广活动。比如借助德国的展会在当地举办中国旅游图片展，联合PATA春秋两季开展共计13个城市循环促销等，让德国游客更加了解中国和中国的旅游产品，从而进一步促进了中国旅游产品的销售和推广，扩大了德国旅华市场②。

---

① 四川旅游亮相德国，精彩纷呈推广入境游，中国日报网，http://cnews.chinadaily.com.cn/2014-10/16/content_18756857.htm.

② 2011年德国旅华市场运行状况及2012年走势预测［N］．中国旅游报，2012-04-08.

二、中国至奥地利旅游线路及营销策略

(一) 国家概况[①]

奥地利，全称奥地利共和国，是一个位于欧洲中部的内陆国家，与多国接壤。东面是斯洛伐克和匈牙利，南面是斯洛文尼亚和意大利，西面是瑞士和列支敦士登，北面是捷克和德国。奥地利国土面积为83871平方公里，山地占全国面积的70%。东阿尔卑斯山脉自西向东横贯全境，东北部是维也纳盆地，东南部和北部为丘陵、高原。奥地利矿产资源比较丰富，主要有石墨、铁、天然气、石油等。奥地利的主要工业部门包括机械制造、钢铁、化工、汽车发动机制造等。奥地利一共有9个州，15个有自主权的城市，84个区和2355个最低一级的乡镇，总人口为874.74万[②]（2016年）。奥地利的首都是维也纳，维也纳同时也是该国人口最多的城市。奥地利的少数民族有匈牙利人、斯洛文尼亚人、克罗地亚人，约占总人口的0.5%。奥地利的官方语言为德语，约78%的居民信奉天主教。

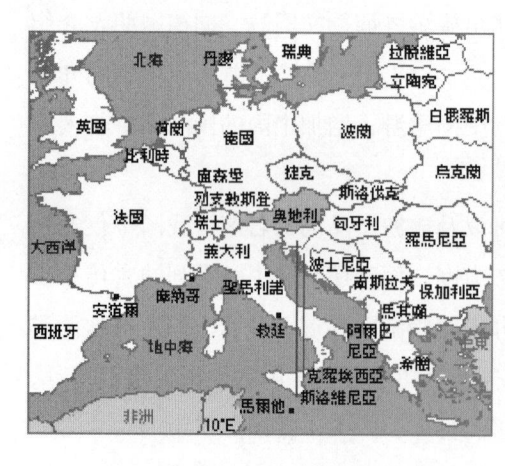

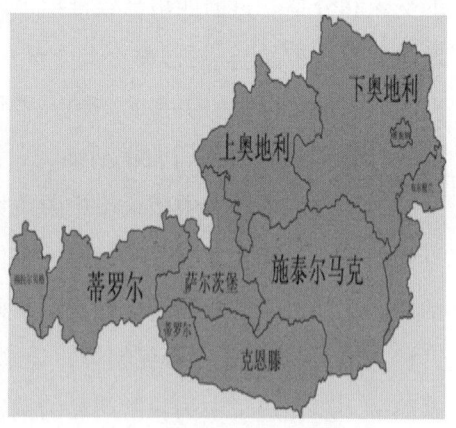

图6.22 奥地利在欧洲版图中的位置　　图6.23 奥地利行政图

资料来源：http://www.ces.org.tw/main/mission/country/europe/Austria.htm.

[①] 奥地利概况. 新华网，http://news.xinhuanet.com/ziliao/2002-06/13/content_438413.htm.
[②] 数据来源：世界银行.

(二) 经济概况

奥地利地处欧洲中心，是欧洲重要的交通枢纽。近年来，奥地利经济发展快速，经济增速高于欧盟平均水平。奥地利的工业国有化程度高，国有企业控制了85%以上的动力工业和95%的基础工业，其产值及职工人数均占其总数的70%。奥地利对外贸易在经济中占重要地位。主要出口产品是钢铁、机械、造纸、木材加工和家具、交通工具、制成品和工业半制成品，主要进口燃料、能源、机械、汽车以及初加工产品和工业制成品[①]。

据世界银行公布的数据显示，2016年奥地利国内生产总值（GDP）居全球第28位，国内生产总值为3864亿美元，人均国内生产总值为44177美元。奥地利的国内生产总值从2006年的3343亿美元增长至2016年的3864亿美元。从表6.6可以看出，在2006～2008年期间，奥地利的国内生产总值增速较大，2008年之后，奥地利的国内生产总值增速放缓，且在不同时期有小幅度的波动。

表6.6 2006—2016年奥地利的GDP的变化趋势

年份	GDP（亿美元）	增长速度（%）
2006	3343	6.2
2007	3865	15.6
2008	4276	10.6
2009	3976	-7.0
2010	3902	-1.9
2011	4290	9.9
2012	4075	-5.0
2013	4282	5.1
2014	4384	2.4
2015	3770	-14.0
2016	3864	2.5

数据来源：世界银行。

---

① 奥地利概况. 新华网，http://news.xinhuanet.com/ziliao/2002-06/13/content_438413.htm.

(三) 旅游业概况

1. 整体旅游业的发展状况

奥地利的服务业非常发达，服务业从业人员约占劳动力总数的56%，其中旅游业是服务业中最重要的行业。奥地利拥有丰富的自然和人文旅游资源，其中主要的旅游景点有萨尔茨堡州、蒂罗尔州、克恩顿州和维也纳市。人们来到奥地利旅游，不仅因为它的山美、湖多，更是因为它拥有发达的交通网络。奥地利处于欧洲中部，是欧洲非常重要的交通枢纽。据奥地利相关部门统计，2010年，奥地利的全国铁路总长为5702公里，各类公路总长为10.7万公里。除此之外，水上运输和航空运输非常发达，为人们的出行和游览提供了极大的便利。奥地利的相关政府部门对于发展旅游业也十分重视，他们不仅组织成员到各国举行推介会，更通过媒体进行全方位的宣传与推广，这对于提高奥地利在世界各国的知名度有很大的帮助，同时也吸引更多人到奥地利旅游。

2. 出入境旅游的发展状况

目前，德国是奥地利最大的客源国，每年都有许多德国人到奥地利旅游。此外，荷兰、瑞士、英国、意大利等也是奥地利重要的客源国。近年来，随着中国居民的闲暇时间和可自由支配收入的增加，越来越多的人开始出境旅游，奥地利也是受中国居民欢迎的出境旅游目的地之一。据相关数据统计，2010～2013年，前往奥地利的中国游客数量和酒店入住量双双实现翻番。奥地利的旅游业非常发达，十分重视通过提高质量和走可持续发展之路来发展旅游业和提升本国旅游业的国际竞争力。

据中国统计年鉴数据显示，2015年中奥双边贸易额为74.66亿美元，其中奥地利对中国的出口额为24.98亿美元，进口额为49.68亿美元。据世界银行的相关数据显示，在2005～2015年期间，入境旅游收入占总出口的比例从11.6%下降至9.1%，出境旅游消费占总进口的百分比从7.4%降至4.9%。虽然入境旅游收入占总出口的比例和出境旅游消费占总进口的比例都有所下降，但是奥地利的入境旅游者和出境旅游者人数却在不断增加。

从表6.7可以看出，2005年至2015年间，奥地利的入境旅游者人数从1995万人次增加至2672万人次，入境旅游收入从2005年的185亿美元增长至

2014 年的 209 亿美元，而后 2015 下降为 183 亿美元。从奥地利的出入境旅游者人数来看，2005 年至 2015 年间，奥地利的入境旅游者人数一直是高于出境旅游者人数，且出入境旅游者人数都保持较平稳的增长。从国际旅游收支方面来看，2005 至 2015 年期间，奥地利的入境旅游收入也是一直高于出境旅游消费，旅游服务贸易一直处于顺差状态。

表 6.7　2005—2015 年奥地利出入境旅游业的情况

年份	国际旅游者		入境旅游收入（亿美元）	占总出口的百分比（%）	出境旅游消费（亿美元）	占总进口的百分比（%）
	入境旅游者（万人次）	出境旅游者（万人次）				
2005	1995	821	185	11.6	111	7.4
2006	2027	1004	165	9.4	96	6.0
2007	2077	988	186	8.8	106	5.5
2008	2194	968	216	9.2	114	5.3
2009	2136	1012	192	10.3	108	6.3
2010	2200	988	188	9.5	101	5.5
2011	2301	987	198	8.6	105	4.8
2012	2415	1096	189	8.7	100	4.8
2013	2481	1067	202	8.8	103	4.7
2014	2529	1099	209	9.0	108	4.9
2015	2672	1063	183	9.1	91	4.9

数据来源：世界银行。

（四）旅游营销策略

1. 中奥两国经贸往来[①]

中奥双边贸易迅速发展。自 1971 年 5 月 28 日中奥两国正式建交以来，双边贸易额呈现出迅速扩大的趋势。目前，我国已成为奥地利在欧洲之外的最大

---

① 奥地利概况. 新华网，http：//news.xinhuanet.com/ziliao/2002－06/13/content_438413.htm.

贸易伙伴，是奥地利第七大进口来源国和第十一大出口目的地。1971年，两国的贸易额仅为2900万欧元；而到2015年，双边贸易额已经增至1120000万欧元。

中奥双边经济合作发展前景广阔。在"一带一路"的背景下，中奥两国的产业结构具有较强的互补性，合作潜力巨大。奥地利在机械制造、可再生能源、现代农牧业以及节能环保方面具有较强的优势，但是也面临着经济增长动力疲弱、投资能力不足等问题，这就迫切需要中国的资金投入。我国的经济已经进入新常态，需要不断地拓展对外开放的广度和深度。加强与奥地利合作，正符合两国的经济发展和利益诉求。

共建"一带一路"是新时期我国深化对外开放的总方略，也是谋求与他国和平共处、平等互利和合作共赢的具体举措。奥地利处于欧洲中心地带，是连接西欧发达经济体与中东欧新兴崛起国家的重要桥梁，对于谋划链接"亚太"和"欧洲"两大经济圈具有非常重要的现实意义。

2. 奥地利的旅游营销策略

（1）制定旅游发展战略

国际金融危机期间，奥地利政府为了发展本国的旅游业，制定了新的"旅游发展战略"，主要包括短期、中期和长期的应对方案。据相关数据统计，短期的应对方案已经帮助数千家奥地利旅游企业减少了3000多万欧元的利息负担；长期的应对方案主要是加大对国内和邻近国家市场的宣传[1]。通过这一系列的活动，不仅可以提高奥地利的知名度，而且也可以帮助该国的旅游企业获得更多的经济收益。

（2）推广奥地利旅游专家项目[2]

随着中国出境旅游市场的蓬勃发展，越来越多的中国游客开始前往奥地利旅游，因此奥地利国家旅游局在2008年启动了针对中国出境社的旅游专家项目。奥地利旅游专家项目（Austrian Certified Travel Specialist，简称ACTS.）是

---

[1] 奥地利：旅游管理突出服务. 北方网, http://news.enorth.com.cn/system/2012/01/14/008494190.shtm.

[2] 奥地利旅游专家. 奥地利国家旅游局, http://www.aodili.info/experts.html.

奥地利国家旅游局为包括中国在内的亚洲市场出境组团社工作人员提供的免费网上培训。该项目目的在于帮助旅游业的从业人员更好地了解奥地利旅游资源，以便更好地为游客制定个性化、多样化的旅游产品。自2008年以来，中国已经有1500余人通过了该课程培训，成为了奥地利的旅游专家。

（3）推广旅游品牌

奥地利国家旅游局是一个国家性的旅游推广机构，它的一项重要任务就是整合奥地利国内旅游资源和信息，对外推广奥地利的旅游品牌。奥地利现已确定要重点开发的8个海外旅游市场，分别是美国、澳大利亚、日本、加拿大、中国、印度、阿拉伯地区和巴西。2012年，奥地利维也纳市已经在23个国家和地区开展旅游营销，除运用传统的广告形式外，还运用网络、社会媒体进行推广，同时也在各地举办展览、召开旅游推介会以及参加国际旅游展等。

3. 中国对奥地利的旅游营销

（1）加强国家形象和旅游资源及产品的推广

近年来，中国的出境旅游人数和入境旅游消费在不断增加，这一方面是因为人们消费水平的提高及消费意识的转变，另一方面是因为奥地利具有吸引力的自然和人文资源，以及有力的营销措施。基于此，我国也开始注重发展入境旅游市场，增加对入境旅游市场的投入，以及对外加强对中国旅游产品的宣传。

（2）制定具有吸引力的入境旅游促进政策

为了更好地拉动入境旅游，促进旅游消费，我国制定了一系列措施和相关文件来发展入境旅游市场，比如简化签证手续。自2013年1月1日起，凡持有第三国有效签证的奥地利、美国、英国等45个国家的公民，需要在北京转机或短暂停留的，只要停留时间不超过72小时，无需申请过境签证。为此北京市为了吸引更多的奥地利游客，在维也纳举行了"看我72小时玩转北京"的推介会。

三、中国至意大利旅游线路及营销策略

（一）国家概况

意大利地处欧洲南部，包括亚平宁半岛、萨丁、西西里等岛屿，北以阿尔

卑斯山为屏障与瑞士、法国、奥地利和斯洛文尼亚接壤,东、西、南三面临海。意大利国土面积约30.1万平方公里,海岸线长约7200多公里,全境约4/5为山丘地带。埃特纳火山是欧洲最大的活火山,波河是意大利最大的河流。意大利自然资源比较贫乏,主要工业原材料和能源供给都必须依赖进口。意大利共分为20个行政区,103个省,8108个市镇,其首都为罗马。据世界银行相关数据显示,意大利的总人口约6060万[1]。大部分居民讲意大利语,只有少部分西北部和东北部的人讲法语、德语和斯洛文尼亚语。意大利94%的居民为意大利人,少数民族有法兰西人、拉丁人、罗马人以及弗留里人等,居民多信奉天主教[2]。

图6.24 意大利在欧洲版图中的位置　　图6.25 意大利行政分布图

资料来源:http://lvyou.baidu.com/yidali/ditu/?from=zhixin.

(二)经济概况

意大利的实体经济发达,是欧盟内仅次于德国的第二大制造业强国。意大利不仅工业发达,服务业也非常发达。服务业占意大利国内生产总值的比重达75%以上。意大利还是欧盟内仅次于法国的第二大农业国,有239种农产品获得欧盟最高认证,是欧盟国家中拥有该级别认证最多的国家。意大利的主要经

---

[1] 数据来源:世界银行。
[2] 意大利概况. 新华网,http://news.xinhuanet.com/ziliao/2002-05/20/content_400159_4.htm.

济支柱是对外贸易，外贸产值占国内生产总值40%。意大利的产品在国际上都具有较强的竞争力，出口的商品种类齐全。意大利对外贸易的市场主要是欧盟国家，但近年来也开始逐渐加大对俄罗斯、中国、日本、中东、北非等国家和地区的关注，这些国家与意大利形成了重要的贸易伙伴关系[①]。

据世界银行公布的各国GDP排名数据显示，2016年意大利国内生产总值（GDP）居全球第8位，国内生产总值为18500亿美元，人均国内生产总值为30527美元。意大利的国内生产总值从2006年的19426亿美元下降至2016年的18500亿美元。从表6.8可以看出，2006～2008年期间，国内生产总值增长速度较快；2008年之后，受金融危机影响，增速有所放缓，甚至出现负增长。

表6.8　2006—2016年意大利的GDP的变化趋势

年份	GDP（亿美元）	增长率（%）
2006	19426	4.9
2007	22031	13.4
2008	23907	8.5
2009	21852	−8.6
2010	21251	−2.8
2011	22763	7.1
2012	20728	−8.9
2013	21305	2.8
2014	21517	1.0
2015	18249	−15.2
2016	18500	1.4

数据来源：世界银行。

（三）旅游业概况

1. 整体旅游业的发展状况

意大利旅游业发达，是世界第五大旅游国。意大利风景秀丽，地理位置优

---

① 意大利概况. 新华网，http://news.xinhuanet.com/ziliao/2002-05/20/content_400159_4.htm.

越，交通较为发达，体现在居民日常生活中的丰富文化内涵，是其发展旅游业的有利条件。其发展旅游业开始于16世纪，当时在一些欧洲国家之间，就兴起了以意大利罗马为主要旅游目的地的"大旅行"（Grand Tour）活动。随着欧洲一些传统旅游大国的旅游发展，在这激烈的竞争环境中，意旅游业发展渐渐落后于西班牙、法国等。特别是在2008~2009年期间，由于资本主义金融危机的爆发，其旅游业受到了重创，之后伴随着经济危机的解除以及政府的大力支持，意旅游业得到了一定的恢复。意政府注重对自然环境及历史文化古迹的保护和修复，坚持保留自然生态景观，同时加大对旅游设施的投资，完善基础设施的建设。这一系列的措施对意旅游业的发展起到了很大的促进作用。意大利的主要旅游城市有罗马、威尼斯、佛罗伦萨等。

2. 出入境旅游的发展状况

从表6.9中可以看出，2015年来意游客达5073万人次，入境旅游收入达394亿美元，占总出口的百分比为7.2%。而2015年意大利的出境旅游者为2904万人次，出境旅游花费为244亿美元，占总进口的百分比为4.9%。2015年意大利旅游服务贸易表现为顺差，为150亿美元。意大利的主要客源国有美国、中国以及西班牙、德国等欧盟国家。美国是除欧盟外意大利的第一大入境旅游市场。2013年，中国成为了意大利的第十一大客源国。意大利的出境旅游目的地主要有法国、西班牙、德国以及美国等。德国是意大利商务旅游的主要目的地。据中国国家统计局数据可知，2015年，意来华旅游人次为24.61万人次，意大利逐渐成为了中国重要的入境旅游市场。

2005~2015年间，意大利的入境旅游人数一直保持平稳增长，而在2011年之前，出境旅游人数一直保持小幅度增长，而2011年之后出境旅游人数有一定幅度的下降趋势。意大利入境旅游人数一直大于其出境旅游人数。从意大利的国际旅游收支方面来看，2005~2015年期间，意大利入境旅游收入趋势并不稳定，呈现出先增长后下降又增长的趋势，意大利的出境旅游花费的发展也呈现出不稳定态势。意大利的入境旅游收入一直是高于其旅游花费，旅游服务贸易也一直处于顺差状态，可以看出意大利的旅游外汇是平衡国家出口逆差的重要来源。

表6.9　2005年—2015年意大利出入境旅游业的情况

年份	国际旅游者		入境旅游收入（亿美元）	占总出口的百分比（%）	出境旅游消费（亿美元）	占总进口的百分比（%）
	入境旅游者（万人次）	出境旅游者（万人次）				
2005	3651	2480	384	8.4	268	5.8
2006	4106	2570	416	8.2	274	5.2
2007	4365	2773	461	7.6	328	5.3
2008	4273	2828	462	7.1	309	4.6
2009	4324	2906	404	8.2	279	5.5
2010	4363	2982	384	7.2	269	4.7
2011	4612	2930	432	7.0	287	4.4
2012	4636	2881	410	6.9	262	4.6
2013	4770	2780	438	7.1	270	4.8
2014	4858	2846	455	7.2	289	5.1
2015	5073	2904	394	7.2	244	4.9

数据来源：世界银行。

（四）旅游营销策略

1. 中意两国经贸往来

自1970年11月6日中意两国建交以来，双边贸易发展十分顺利。2004年，中意两国建立了全面战略伙伴关系，在经贸、文化、科技、教育等方面进行了全面深入的交流与合作。目前，中国是意大利在亚洲的第一大贸易伙伴，意大利是中国在欧盟的第五大贸易伙伴。

近年来，尽管受到欧债危机和金融危机的影响，两国的经贸合作仍然保持良好的发展势头。2014年，中意双边贸易额为480.4亿美元；2015年为446.5亿美元，同比增长-7.1%。意大利企业已在华投资5000多个项目，投资总额达62亿美元。同时，也有100多家中国企业在意大利投资，涉及电信、机械制造、研发设计、金融等领域。

意大利是地中海的交通枢纽。它既是古丝绸之路的终点，也是"丝绸之路经济带"与"海上丝绸之路"的交汇点。意大利政府视"一带一路"为重要合作机遇，愿借力"一带一路"战略构想，不断扩大中意务实合作规模和提高中意合作水平，共同打造中意经济合作的新平台和增长点①。

2. 意大利旅游营销策略

（1）简化中国公民入境与居留的相关手续

中意两国一直致力于简化双方公民出入境以及居留的相关手续。近年来，双方的签证发放数量大幅提升，意大利还在重庆设立了总领馆，这就更加方便了中国人获得意大利的签证。意大利向中国发放签证的数量在以每年12%的速度增长。相关入境手续的简化，不仅为游客节约了时间，而且还会吸引更多的游客到意大利旅游，这样的举措可以极大地增加意大利的入境旅游收入。

（2）举办大量推介活动

目前，意大利已经在中国的北京、广州、上海等多地成功举办了推介会，向中国人民展示了其优美的自然和人文环境。2014年，中意两国还签署了《建立中意文化合作机制谅解备忘录》。

（3）举办米兰世博会

米兰世博会是意大利向世界展示其丰富多彩的文化遗产的良好机会。世博会期间，来到意大利的游客可以走遍整个亚平宁半岛，去寻找不一样的美。为此，意大利还特别开通了一个网络平台，以帮助游客了解世博会期间所举办的各项重要活动。通过这些活动，让游客领略意大利的独特风情②。

（4）开启"友好中国"模式

据《环球时报》报道，在"友好中国"框架下，意大利、俄罗斯、墨西哥等国均有各自的"友好中国协会"，各协会约定，每年举办一次世界友好中国城市大会。在之前的大会上，各国"友好中国协会"共同协商拟定了第一本中国旅游业白皮书，这是欧洲独一无二的介绍中国旅游业成功秘诀和经验的书籍。友好中国模式最先由德国的库尔特在西班牙成立，旨在从各个细节入

---

① 意大利概况. 新华网, http://news.xinhuanet.com/ziliao/2002-05/20/content_400159_4.htm.
② 中意旅游部长访谈实录. http://www.cnta.gov.cn/ztwz/lyzs/12/.

手,打造一项能够大幅度提升中国游客满意度的旅游模式。意大利也开始从各个方面关注中国旅游者的需求,从而打造出适合中国消费者的旅游产品①。

3. 中国对意大利的旅游营销策略

意大利既是欧洲最早同中国开放贸易往来的国家之一,同时也是中国重要的入境旅游市场之一。2015年,来中国旅游的意大利人数超过24万人次。我国为了吸引更多的意大利人来中国旅游,将旅游宣传口号设计为"每个来中国的意大利人都是当代的马可·波罗"。近年来,我国围绕"美丽中国"形象推广,不仅加大了在意大利的宣传力度,而且也鼓励中国的省区市与意大利进行深入的合作和交流。

(1) 推广"意大利媒体中国行活动"②

自2014年以来,"意大利媒体中国行活动"迄今为止已经邀请了约70名意大利的主流媒体记者来中国访问。访问期间,除了参观游览北京、上海等地之外,还邀请他们到中国的西部去,到"丝绸之路"沿线去采风。目前,在意大利媒体发表的游记、见闻等已经超过100篇,这是意大利人民了解真实美丽中国的一个很好的途径。

(2) 赴意举行推广会

国家旅游局倡导我国各省市赴意大利的重要城市举办旅游推广会。每年我国都有许多地方的旅游局率领旅行团前往意大利举办推广活动。比如,2011年10月,三亚文化旅游推广团就前往意大利的佛罗伦萨、米兰等地开展推广活动,以商务洽谈、旅游花车、现场文化表演等方式向意大利人民展示海南的旅游产品。

(3) 举办"丝绸之路旅游年"活动

2015年被确立为"中国丝绸之路旅游年",举办"丝绸之路旅游年"是深化丝绸之路区域旅游国际合作,推动区域旅游一体化的有效途径。我国希望

---

① 欧洲开启友好中国模式. http://www.cnta.gov.cn/ztwz/lyzs/lywjckdjq/201508/t20150803_743924.html.

② 意大利主流媒体美丽中国行活动成功举办. 北方网,http://j.news.163.com/docs/10/2015051313/APGLK32T9001K32U.html.

与丝绸之路沿线国家开展更加深入的交流与合作，实现互利共赢。中国和意大利都是文明古国，地处古代丝绸之路的两端。我国希望以"丝绸之路"为纽带，打造中意旅游交流合作的新平台，推进中意两国在旅游方面的全方位合作，增进中意两国人民的友谊。

第三节 中国至瑞士、卢森堡、比利时、荷兰旅游线路及营销策略

一、中国至瑞士旅游线路及营销策略

（一）国家概况

瑞士是一个位于欧洲中部的联邦制国家，是一个内陆国，北接德国，西邻法国，南接意大利，东临奥地利和列支敦士登，伯尔尼是联邦政府所在地。它也是世界著名的中立国，历史上一直保持政治与军事上的中立，但瑞士同时也参与国际事务，许多国际性组织的总部都设在瑞士。瑞士是全球最富裕、经济最发达和生活水准最高的国家之一，人均国民生产总值居世界前列，同时有着很低的失业率和财政赤字。瑞士旅游资源丰富，有"世界公园"的美誉。

瑞士的行政区划分为三级，即联邦、州、市镇。全国由26个州组成（其中6个州为半州）：苏黎世、伯尔尼、卢塞恩、乌里、施维茨、上瓦尔登（半州）、下瓦尔登（半州）、格拉鲁斯、楚格、弗里堡、索罗图恩、巴塞尔城（半州）、巴塞尔乡（半州）、沙夫豪森、外阿彭策尔（半州）、内阿彭策尔（半州）、圣加仑、格劳宾登、阿尔高、图尔高、提契诺、沃州、瓦莱、纽沙泰尔、日内瓦、汝拉。

图 6.26 瑞士的地理位置

资料来源：http：//image.so.com/i? src = 360pic_normal&q = % E7% 91% 9E% E5% A3% AB% E5% 9C% B0% E5% 9B% BE.

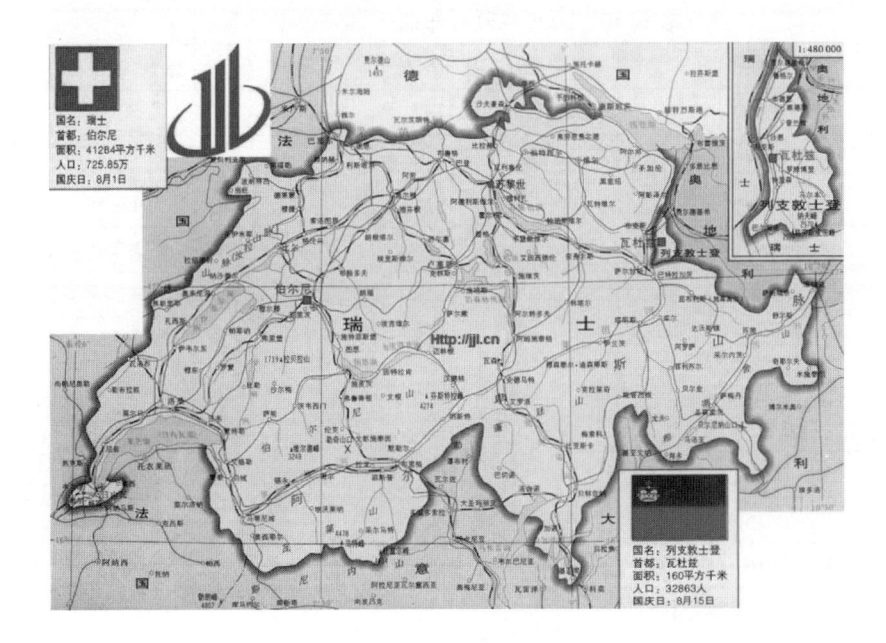

图 6.27 瑞士地图

资料来源：http：//image.so.com/i? src = 360pic_normal&q = % E7% 91% 9E% E5% A3% AB% E5% 9C% B0% E5% 9B% BE.

(二) 经济概况

瑞士是一个高度发达的资本主义工业国。其经济发展相对稳定，是全球最富裕的国家之一。它的经济在国际上有着较强的竞争力，人均收入居于世界前列。1988年瑞士的人均GDP超过美国和日本，位居世界第一。瑞士的工业较为发达，工业是它的重要支柱性产业之一，每年为GDP所做的贡献大约占其总额的50%。其农业为GDP所做的贡献相对于工业较少，贡献率约为2%。瑞士的金融业发展水平较高，金融业的先进管理技术是值得各个国家学习的。近年来，瑞士GDP仍然呈现可喜态势，GDP总值连续攀升。由表6.10可知，在2006~2015年期间，其GDP由4292亿美元波动增长到6598亿美元，增长幅度较大。在2009年GDP有所下降，主要是受全球金融风暴的影响。2015年虽被称为瑞士经济较为低迷的一年，但其第四季度GDP仍改变第三季度的下滑趋势，增长了0.4%。

表6.10 2006—2016年瑞士GDP变化趋势

年份	GDP（亿美元）	增长率（%）
2006	4292	5.3
2007	4774	11.2
2008	5515	15.5
2009	5395	-2.2
2010	5812	7.7
2011	6963	19.8
2012	6651	-4.5
2013	6848	3.0
2014	7027	2.6
2015	6708	-4.5
2016	6598	-1.6

数据来源：世界银行。

(三) 旅游业概况

1. 整体旅游业的发展状况

近十几年来，瑞士的旅游业取得了较为辉煌的成绩，良好的政策引导和较为成熟的全球联合营销活动的推动，使得瑞士旅游业的发展取得了一定的成效，使旅游业成为了瑞士经济与社会发展中重要的组成部分。主要表现有3点。（1）旅游业已经成为瑞士的第三大支柱产业（排名前两位的分别是：出口型工业和金融业）。（2）旅游业成为瑞士的第四大出口创汇产业。2015年进入瑞士的外国游客在瑞士的旅游消费达到184.95亿美元，而瑞士人在海外的旅游消费为195.88亿美元，仅2015年瑞士的旅游贸易逆差约达10.93亿美元。（3）旅游业需要大量的从业人员，创造出大量的工作岗位，使得瑞士的失业率一直维持在相对较低的水平，旅游业提供的就业机会的数目占瑞士总就业机会的比例为10%。[①] 由表6.11可知：在2010～2014年期间，瑞士的旅游增加值由160007万瑞士法郎逐渐增长到16517万瑞士法郎，增长率相对较小，仅在0.3%～2.5%之间波动。而2015年瑞士旅游增加值下降为16352万瑞士法郎，增长为-1.0%。

表6.11　2010—2015年瑞士旅游增加值及其增长率变化趋势

年份	2010	2011	2012	2013	2014	2015
旅游增加值（万瑞士法郎）	16007	16165	16219	16376	16517	16352
增长（%）	2.5	1.0	0.3	1.0	0.9	-1.0

数据来源：瑞士联邦统计局。

2. 出入境旅游的发展状况

瑞士的入境旅游发展得较为迅速，它是最早开始发展现代旅游业的国家之一。虽然瑞士是一个小国家，但是它却有着较多的旅游资源深受海外游客的喜爱。由表6.12可知：2010～2015年期间，瑞士的入境旅游收入由176亿美元逐渐增长到196亿美元，而2012年主要是受欧债危机的影响，周围的客源国减少了出境旅游的次数。2006～2015年期间，入境旅游人次由786.3万人次逐渐增加到930.5万人次（2009、2011年除外）。瑞士的主要旅游客源国有法

---

① 瑞士等国旅游发展经验对江苏建设旅游强省的启示．http://www.chinadmd.com/file/sxaopozu3ucxooi3cvwovweo_1.html.

国、意大利、德国等欧洲国家，大多数海外游客前往瑞士旅游的主要目的是旅游购物，少部分游客的主要目的是休闲度假。瑞士的商品质量较高，其中瑞士的钟表、军刀以及巧克力最受游客喜爱。这三种商品的质量较高、制作工艺精湛以及设计独特，使它们成为了来瑞士旅游的游客必买的旅游商品。

瑞士的出境旅游业起步也相对较早，发展速度较快。在2010～2015期间，瑞士的出境旅游消费由135亿美元增长到185亿美元。2008年，瑞士的出境旅游人次为1114.7万人次，2015的出境旅游人次为1360.1万人次，呈现波动增长的态势（见表6.13）。瑞士游客出境旅游的主要目的是休闲度假，主要旅游目的地有法国、德国以及奥地利等国家。瑞士的国际旅游一直表现为旅游服务贸易顺差，但是顺差额在逐渐地减少。由2010年的42亿美元减少到2015的11亿美元，下降幅度较大（见表6.12）。

表6.12 2010—2015年瑞士出入境旅游业发展情况

年份	2010	2011	2012	2013	2014	2015
入境旅游收入（亿美元）	176	206	196	203	214	196
出境旅游消费（亿美元）	135	165	180	191	199	185
旅游服务贸易顺差（亿美元）	42	42	16	12	15	11

数据来源：世界银行。

表6.13 2006—2015年瑞士的入境旅游人次和出境旅游人次的变化趋势

年份	入境旅游人次（万人次）	出境旅游人次（万人次）
2006	786.3	/
2007	844.8	/
2008	860.8	1114.7
2009	829.4	1045.3
2010	862.8	1001.1
2011	853.4	1046.6
2012	856.6	1209.8

(续上表)

年份	入境旅游人次（万人次）	出境旅游人次（万人次）
2013	896.7	1240.3
2014	915.8	1251.8
2015	930.5	1360.1

数据来源：世界银行。

（四）旅游营销策略

1. 瑞士的旅游营销策略

（1）政府的支持

瑞士政府很早就意识到旅游业会为其国民经济的发展做出巨大的贡献，为了大力发展旅游业，在19世纪末期，就成立了联邦旅游联合会。它的主要任务是处理有关旅游的各项事务，它代表政府对旅游业进行管理。根据旅游业的发展变化，联邦旅游联合会研究和制定有利于旅游业发展的政策和规划，规范旅游市场秩序、加强对旅游业的管理等。之后，瑞士政府成立了瑞士国家旅游局，主要目的是把瑞士主要的旅游产品和资源介绍给全世界，它在全国各州设立分局，进行全面的宣传和营销。

瑞士政府每年都会拿出一定额度的资金投资于旅游业营销活动，瑞士联邦旅游局可以拿到6000多万美元用于旅游营销（不加上分配给其他旅游机构的资金）。旅游业是瑞士重要的产业之一，瑞士十分重视旅游人才的培养，瑞士的旅游教学享誉全球，每年都有很多其他国家的学生前去学习。政府投入一定的资金来支持这些旅游培训机构的运营。正是由于瑞士有着大量的高技能和经验丰富的旅游服务人才，才使得其旅游业发展得如此迅速。

（2）加强与企业行业的合作

瑞士政府经常把旅游业的发展与其他行业的发展联系起来，促进两者的共同发展，充分发挥产业的辐射功能。截至2010年，瑞士一共有着将近200个滑雪场、6.5万公里的徒步登山径及3300公里的自行车专用道，这些运动场所和设施的建立，深受运动爱好者的喜爱。旅游局把这些运动项目融入到旅游业当中，开发出具有独特吸引力的旅游运动项目，吸引了很多爱好运动的海外游客来瑞士体验旅游运动项目。瑞士拥有在世界上影响力较大的城市，例如苏黎世、日内瓦等，每年有着不同主题和类型的国际性、区域性会议及数百个展览会在这里举办；参加会议和展览的多数是一些高端旅游者，旅游局巧妙地将旅游产品与展览以及会议联系到一起，开发了商务旅游项目，给旅游业带来了较大收益。

（3）开发多样化的旅游产品

随着游客的收入水平和生活质量的提高，旅游者旅游需求的层次也逐渐提高。为了满足他们的个性化需求，旅游局致力于开发多样化旅游产品。凭借着优美的自然环境、独特的自然资源和历史悠久的文化资源，瑞士打造了具有异域风格的旅游产品，每年都吸引着来自全世界各地的旅游者。瑞士的雪景是深受游客们喜爱的，滑雪项目丰富多样。每年冬天，大量的游客来瑞士欣赏雪景，冬季是它的旅游旺季。以铁力士山冰雪游为例，为了更好地强化游客们欣赏雪景的美感，旅游局专门设计了世界第一个360度旋转缆车，它不仅可以满足游客直达峰顶的愿望，让游客在山顶尽情地观赏美丽而又壮观的冰雪全景，感受大自然的奇妙，而且游客们可以通过乘坐冰川飞渡吊椅直达冰川公园，节省了大量的游览时间。

2. 中国对瑞士的旅游营销

1950年，中国与瑞士建交，到2017年中瑞建交已达67年，中国一直在用优惠的价格和方便的签证手续吸引瑞士游客来华旅游。瑞士人均GDP居世界前列，中国低廉的消费水平和日益完善的旅游基础设施正在吸引更多来华游客。同时，便利的签证政策也在吸引更多的外国人。据悉，瑞士国籍居民可办理一年多次且每次逗留九十天的中国签证。这一政策很大程度上简化了瑞士人来华的手续，也增加了瑞士人来华旅游的频率。

二、中国至卢森堡旅游线路及营销策略

（一）国家概况

卢森堡（卢森堡语：Lëtzebuerg、法语：Luxembourg、德语：Luxemburg）

全称为卢森堡大公国，位于欧洲西北部，被邻国法国、德国和比利时包围，是一个内陆小国，面积相当于中国一个县，也是现今欧洲大陆仅存的大公国，首都卢森堡市。因国土小、古堡多，又有"袖珍王国""千堡之国"的称呼。由于其地形富于变化，在历史上又处于德法要道，地势险要，一直是西欧重要的军事要塞，有"北方直布罗陀"的称号。

图 6.28　卢森堡的地理位置

资料来源：http：//www.obu.com.tw/04-obu-Luxembourg.php.

（二）经济概况

卢森堡是一个高度发达的资本主义国家，欧盟和北约创始成员国之一，也是高度发达的工业国家，还是欧元区内最重要的私人银行中心，及全球第二大，仅次于美国的投资信托中心。金融、卫星通讯业、钢铁是其三大经济支柱产业，该国失业率极低。

卢森堡是欧盟中人均收入和生活水平最高的国家，人均国民生产总值位居世界前列。卢森堡的农业以畜牧业为主，粮食生产量较少，不能够满足国家内部的需求。工业以钢铁为主，大量的钢铁出口到国外，工业发展相对发达，为卢森堡居民提供了大量的工作机会，工业产值是其 GDP 的重要组成部分。卢森堡的金融业也较为发达，是其第三产业的重要组成部分。2006～2016 年，卢森堡的GDP由424亿美元增长到599亿美元，增长速度较快。其中2009年，受全球金融风暴的影响，该年GDP有所下降（见表6.14）。

表6.14 2006—2016年卢森堡GDP变化趋势

年份	GDP（亿美元）	增长率（%）
2006	424	13.6
2007	509	20.0
2008	559	9.8
2009	514	-8.0
2010	532	3.6
2011	600	12.8
2012	567	-5.5
2013	618	9.1
2014	663	7.3
2015	580	-12.4
2016	599	3.3

数据来源：世界银行。

（三）旅游业概况

1. 整体旅游业的发展状况

卢森堡旅游业较为发达，境内拥有很多令人流连的景点。其森林面积较广，被称为"森林之国"。它地处西欧的中心，凭借其优越的地理位置，随处可见的森林、葡萄园以及河流，成为了一个受游客喜爱的休闲度假景区。卢森堡的最佳旅游季节分别是3月到5月和6月到9月，在6～9月，是卢森堡游客最多的时候。卢森堡的旅游接待设施十分的完善，在火车站的附近，游客们可以看到有许多宾馆。卢森堡的对外贸易发展越来越好，每年的进出口额都在呈现增长的趋势。其中旅游服务贸易对其做出了巨大的贡献。2006～2015年期间，国际旅游收入占总出口的比例维持在5%左右，在2009年达到最大值为6.0%，在2015年达到最小值为4.3%。同期，国际旅游消费占总进口的比例也维持在5%左右。同样的也在2009年达到最大值为6.2%，在2015年达到最小值为 3.6%（见表 6.15）。

表 6.15 2006—2015 年卢森堡入境旅游收入占总出口的比例和出境旅游消费占总进口的比例

年份	入境旅游收入占总出口的比例（%）	出境旅游消费占总进口的比例（%）
2006	5.7	5.6
2007	5.2	5.2
2008	5.4	5.2
2009	6.0	6.2
2010	5.5	5.4
2011	5.6	4.8
2012	5.6	4.5
2013	5.1	4.1
2014	4.9	3.8
2015	4.3	3.6

数据来源：世界银行。

2. 出入境旅游的发展状况

卢森堡的入境游发展取得了一定的成果。在 2006～2015 年期间，其入境旅游人次由 91 万人次缓慢增长到 109 万人次，虽然其间也有所下降，但是下降的程度较小。同期，入境旅游收入由 38.19 亿美元波动增长到 48.75 亿美元，整体上呈现上升的趋势，2014 年，入境旅游收入达到最大值为 61.53 亿美元，2015 年有所下降。卢森堡的主要客源国都是其欧盟的伙伴，与其相邻较近。

卢森堡被称为是一个"袖珍国家"，主要是指其地理面积较小，游客们说卢森堡当地的居民坐火车一不小心就出国了，可见卢森堡的地理面积真的很小，这也为卢森堡的出境旅游发展奠定了基础。在 2006～2015 年期间，其出境旅游人次由 108 万人次增长到 170 万人次，相对于入境旅游人次来说，增长更快。2006年，卢森堡出境旅游消费为30.58亿美元，2015年，其出境旅游花费为33.69亿美元，在这期间，出境旅游消费有增有减，在2014年，出境旅游花费达到最大值为39.48亿美元（见表6.16）。卢森堡的国际旅游表现为旅游服务贸易顺差，顺差额逐渐增加，由2006年的7.61亿美元增长到2015年的15.06亿美元，并且还有继续增长的趋势，可见卢森堡的入境旅游比出境旅游更为发达。

表6.16 2006—2015年卢森堡出入境旅游业发展情况

年份	入境旅游人次（万人次）	出境旅游人次（万人次）	入境旅游收入（亿美元）	出境旅游消费（亿美元）	旅游贸易差额（亿美元）
2006	91	108	38.19	30.58	7.61
2007	91	113	43.51	34.91	8.6
2008	88	119	49.18	38.39	10.79
2009	85	136	45.46	36.70	8.76
2010	81	124	45.19	36.26	8.93
2011	87	164	53.58	38.73	14.85
2012	95	158	54.76	36.85	17.91
2013	96	162	57.44	38.77	18.67
2014	104	182	61.53	39.48	22.05
2015	109	170	48.75	33.69	15.06

数据来源：世界银行。

从国际旅游收入占GDP的比重来看，卢森堡国际旅游收入占GDP的比重略高于欧盟。据国际收支统计可知，2010年，欧盟和卢森堡的入境旅游收入分别为76630百万欧元和3128百万欧元。2014年，欧盟和卢森堡的入境旅游收入分别为109532百万欧元以及3899百万欧元，入境旅游收入占欧盟国家入境旅游总收入的3.5%左右。可以看出，卢森堡在欧盟国家中旅游业的竞争力相对较弱。2014年，卢森堡的国际旅游收入和国际旅游支出相对于2010年有所增长，但增长幅度较小尤其是国际旅游支出。同年，欧盟的国际旅游收入和国际旅游支出相比于2010年分别增长了近43%和10.5%。2014年，卢森堡的国际旅游净收入呈现为正值，净值为983百万欧元，占整个欧盟净值的8.55%，旅游服务贸易由逆差向顺差转变（见表6.17）。

表6.17 欧盟2010年和2014年的国际旅游收支情况

	收入			支出			净值
	（百万欧元）		相对于GDP（%）	（百万欧元）		相对于GDP（%）	（百万欧元）
	2010年	2014年	2014年	2010年	2014年	2014年	2014年
欧盟（28国）	76630	109532	0.8	88748	98038	0.7	11494
卢森堡	3128	3899	8	2670	2916	6	983

来源：欧盟统计局。

（四）旅游营销策略

1. 卢森堡的旅游营销策略

（1）政府间合作

卢森堡很重视和外界政府的旅游营销合作。如卢森堡首都卢森堡市在2008年就与中国黑龙江省政府建立旅游合作关系，建立双边旅游互动合作机制。卢森堡市和黑龙江省的旅游资源存在较大差异，旅游的双向吸引力较大，双方的合作可促进旅游游客量的双向流动。

同时，卢森堡与欧盟各国也建立了较好的旅游合作关系。如卢森堡在1985年便加入《申根协议》，逐步取消对人员和商品的边界检查。该政府性协议就很大程度上加大了欧盟各国之间的游客流动，促进了卢森堡旅游业的蓬勃发展。

（2）旅游企业间合作

卢森堡还有一个很重要的旅游营销战略，即鼓励旅行社企业与酒店合作，这样旅游经销商的整体服务质量便得以提高。卢森堡存在很多旅游企业相互合作的现象，各企业通过合作可以在降低成本的同时，争取到更多的游客资源，达到互利共赢。这也让卢森堡的游客获利，用较为便宜的价格，得到了高质量的旅游服务。

(3) 旅游服务设施的建设

近年来，卢森堡为促进旅游经济的快速发展，在旅游服务设施建设方面进行了较为大量的投资，如修缮和维护宪法广场、卢森堡古堡、阿道夫大桥等著名旅游景点周边的旅游服务设施，增加酒店和餐饮建设以及加强对旅游从业人员的系统培训等，以满足逐年增长的游客需求。

2. 中国对卢森堡的旅游营销策略

(1) 提供便利的签证服务

政府方面，中国官方在入境旅游签证政策方面稍稍放宽，这一政策的实施，有利于进一步增强中国的可进入性以及深度开发卢森堡旅游目标市场。企业方面，至2015年，中国越来越多的企业在"对外签证"业务上进行投资，涌现出越来越多的签证中介机构，其中不乏旅行社和专门提供签证的中介公司，不得不说这在很大程度上方便了游客来华进行旅游消费。

(2) 开通便捷的旅游线上平台

中国是卢森堡较为重要的旅游客源国，同时也在尝试挖掘卢森堡的游客资源，双方都重视两者之间的旅游合作。不仅黑龙江省和卢森堡市有着政府间的旅游互动合作，中国企业也在大力开发卢森堡的游客资源，如"携程网"和"去哪儿网"等旅游线上平台都在为双向的旅游发展推出更多的攻略和优惠服务，送中国游客出国游的同时，也吸引越来越多的外国游客来中国参观游览。

(3) 推出多元的旅游产品

2015年以来，中国对外旅游市场产品呈现多元化趋势，旅游产品设计更加丰富多彩。其中中国传统文化主题旅游比重加大，针对欧洲游客的高端旅游产品也有更大市场。中国拥有绚烂多姿的传统文化，为吸引更多外国游客（包括卢森堡游客）来华旅游，中国坚持不懈将传统文化注入旅游产品，让游客认识、学习和欣赏悠久的中国历史与古老的中华文明。

三、中国至比利时旅游线路及营销策略

（一）国家概况

比利时王国简称比利时，位于欧洲西部沿海，东与德国接壤，北与荷兰比

邻，南与法国交界，东南与卢森堡毗连，西临北海与英国隔海相望。海岸线长66.5公里。全国面积2/3为丘陵和平坦低地，全境分为西北部沿海佛兰德伦平原、中部丘陵、东南部阿登高原三部分，最高点海拔694米，主要河流有马斯河和埃斯考河。

无论是地理上还是文化上，比利时都处于欧洲的十字路口，被誉为"西欧的十字路口"。国土面积虽不大，但各具特色的旅游景点遍布全国。首都布鲁塞尔不仅有闻名于世的滑铁卢古战场，也是众多国际机构的驻地。比利时属海洋温带阔叶林气候，四季明显。旅游时间以春秋两季为佳。

图6.29 比利时地图

资料来源：http://map.ps123.net/world/4453.html.

（二）经济概况

比利时是一个高度发达的资本主义国家。因为它是欧洲大陆最早进行工业革命的国家之一，所以它的工业较为发达，发展速度较快。因此，对其他国家的经济有着较强的依附性。比利时主要靠对外出口，是世界上十个最大的商品进出口国之一，全国GNP的三分之二左右都是来自于出口。比利时从事农业的人口相对较少，大概有 8.1 万。比利时的第三产业的发展较为迅速，占国内生产总值的 69% 左右。2006~2016 年期间，比利时的 GDP 由 4098 亿美元逐渐增长到 4664 亿美元（见表 6.18）。虽然其间有下降趋势，主要是受全球金融风暴和欧债危机的影响。

表 6.18 2006—2016 年比利时 GDP 变化趋势

年份	GDP（亿美元）	增长率（%）
2006	4098	5.8
2007	4718	15.1
2008	5186	9.9
2009	4846	-6.6
2010	4836	-0.2
2011	5270	9.0
2012	4979	-5.5
2013	5201	4.5
2014	5318	2.2
2015	4550	-14.4
2016	4664	2.5

数据来源：世界银行。

(三) 旅游业概况

1. 整体旅游业的发展状况

比利时的旅游业发展十分迅速，有着较好的发展态势。虽在 2009 年酒店业发展呈下降趋势，但 2010 年以来，其酒店业投资逐渐增多，使得酒店业又蓬勃发展了起来，从而带动整体旅游业的发展。比利时投入了一定的资金用于基础设施建设，所以它拥有较强的旅游接待能力。比利时主要的景点有布鲁塞尔达广场、撒尿小童雕像以及布鲁塞尔原子塔等。2015 年比利时的旅游总人数高达 1585 万人次，其中国际旅游者为 835 万人次，这些国外游客大多来自于法国、德国、荷兰、英国及欧洲邻国。

2. 出入境旅游的发展状况

表 6.19 欧盟 8 个成员国 2015 年旅游过夜住宿情况

国家或地区	住宿场所过夜数（万晚）	各类型占比（%）		
		酒店及类似住处	假日或其他短期留宿地	露营地、停车场及拖车公园
欧盟（28 国）	278418	64.71	21.87	13.42
比利时	3838	49.71	42.57	7.71
西班牙	42223	73.00	18.85	8.14
法国	41006	50.16	22.32	27.53
意大利	39276	66.95	19.41	13.64
德国	37805	71.95	20.32	7.73
卢森堡	298	58.39	8.05	33.56
荷兰	10355	40.20	39.52	20.27
奥地利	11337	76.98	18.21	4.81

数据来源：欧盟统计局。

从表 6.19 中可以看出，比利时的旅游过夜数占整个欧盟的 1.38%。从整个欧盟 28 国来看，酒店和类似住宿类型的分布显然是最流行的（64.71%），其次是假期等短期停留的住宿，如租来的公寓（21.87%），最后是露营地，娱乐车辆停车场和拖车公园（13.42%）。然而，不同地区的差异也是显著的：在塞浦路斯和马耳他，酒店几乎覆盖了整个租房市场；在丹麦、卢森堡、瑞典和法国，露营地的市场份额超过整个欧盟平均水平的两倍。

表 6.20 欧盟 8 个成员国 2015 年旅游过夜游客来源情况

国家或地区	住宿场所过夜数（万晚）	各来源类型占比（%）	
		本国居民	非本国居民
欧盟	278418	54.58	45.42
比利时	3838	50.88	49.12
西班牙	42223	36.19	63.81
法国	41006	68.18	31.82
意大利	39276	50.96	49.04

（续上表）

国家或地区	住宿场所过夜数（万晚）	各来源类型占比（%）	
		本国居民	非本国居民
德国	37805	79.15	20.85
卢森堡	298	10.87	89.13
荷兰	10355	63.98	36.02
奥地利	11337	29.16	70.84

数据来源：欧盟统计局。

从表6.20中可以看到，欧盟区域超过一半的夜晚旅游住宿（54.58%）是由本国居民在自己的国家旅行所度过的，而非本国居民在欧盟留宿的夜数约12.65亿晚（45.42%）。欧盟这8个成员国中有6个国家超过一半的夜晚旅游住宿是由本国居民贡献的，且不同国家的来源构成差异较大，例如：法国、荷兰的过夜游中本国居民占比分别为68.18%、63.98%，而卢森堡的过夜游中外国居民占比高达89.13%。比利时的过夜游中50.88%是本国居民，49.12%来自于非本国居民。

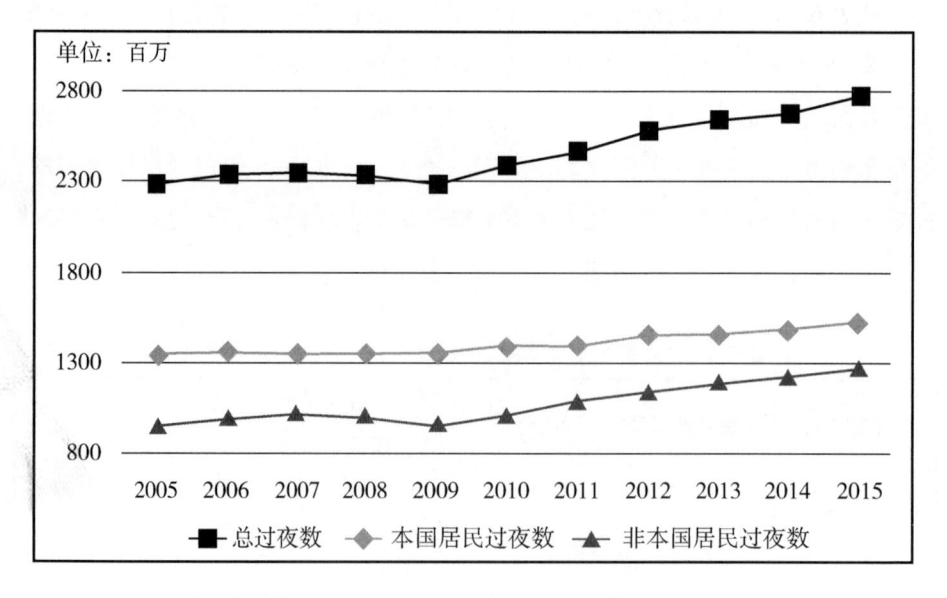

图6.30 欧盟28国2005—2015年旅馆留宿趋势

数据来源：欧盟统计局。

从图 6.30 中，我们大致可以发现 2008 年的金融危机确实在一定程度上削减了整个欧洲旅游市场的活力，这种影响从 2007 年、2006 年已经有所体现，2009 年整个欧盟的旅游市场陷入最低点。随着国民经济逐渐复苏，2010 年之后过夜数稳步提升，截止 2015 年游客（本国居民和非本国居民）在欧盟区域内留宿的天数高达 28 亿晚，增长率为 3.79%。

表 6.21　比利时 2005—2015 年国际旅游收支情况

年份	国际旅游收入（亿美元）	国际旅游收入占总出口的百分比	国际旅游支出（亿美元）	国际旅游支出占总进口的百分比	国际旅游收支差额（亿美元）
2005	108.81	3.8	167.71	6.1	-58.9
2006	116.25	3.8	178.91	6.0	-62.66
2007	123.71	3.4	192.15	5.4	-68.44
2008	120.18	2.9	195.14	4.7	-74.96
2009	114.23	3.4	190.45	5.8	-76.22
2010	113.95	3.1	188.66	5.2	-74.71
2011	127.42	3.0	206.58	4.8	-79.16
2012	137.11	3.4	223.67	5.4	-86.56
2013	145.36	3.4	245.11	5.8	-99.75
2014	152.35	3.5	264.38	6.0	-112.03
2015	130.84	3.6	211.18	5.9	-80.34

数据来源：世界银行。

国际旅游业的经济重要性可以通过查看国际旅游收入相对于 GDP 的比例来衡量，这些数据来源于国际收支统计，包括商务出行和娱乐旅游。从表 6.21 中可以看到，在 2005~2015 年年，比利时的国际旅游净收入均为负值，出国游的消费高于外国游客入境游的消费，入不敷出，居民出国旅游的花费较高，2015 年逆差为 80.34 亿美元。

（四）旅游营销策略

1. 比利时的旅游营销策略

（1）实施"一站式"旅游服务

比利时在其旅游发展上花费较多精力，不断优化其国民经济发展结构，推进纵向一体化发展。比利时的旅游公司推出"一站式"旅游服务，游客在计划旅程时，无需一一计划，当地旅游公司会在全程旅行中为游客提供服务，包括从客源地到旅游目的地，让游客全身心投入到旅游中，非常便捷。比利时的纵向一体化战略覆盖了旅游的每一个环节，包括客源市场、目的地，并保证消费者能从头到尾享受高质量的假期。比利时旅游系统庞大的纵向一体化网络为其市场的开拓提供了强大的资源支持及优势。

"一站式"的旅游业务模式使得比利时可以为游客提供更多的旅游产品，提高旅游效益，其中包括商务旅游产品、休闲度假产品、航空旅游产品以及饭店住宿产品。此外，比利时旅游业注重发展规模经济，从而有利于产品维持较低的销售价格，更加吸引了那些对价格敏感的游客。除此之外，旅游供应链上原本相互独立的环节共同联合营销，这有利于降低航空运营和饭店经营的成本，同时可以最大化地利用航空和饭店资源。在这种模式的运行之下，有利于实现游客和旅游业利润的最大化。

（2）开展分渠道营销

比利时旅游机构致力于利用旅行社以及直接分销渠道来拓展旅游营销业务。分销渠道形式多样，其中包括网络、电话和旅游影视以及旅游企业等。旅游企业涉及旅游的多个方面，包括吃（如酒店或者饭馆）、住（宾馆或酒店、民宿等）、行（轮船、汽车公司、航空公司等）、游（旅游景区、旅行社等）、购（旅游商店或旅游免税店等）和娱（娱乐城等）。以上六个环节中，每个环节都是分销的重要渠道。例如航空公司，客源地游客通过乘坐飞机到达旅游目的地，在飞行过程中，航空公司为他们提供有关比利时的旅行指南，间接地告诉他们哪些酒店或饭店以及景点是比较受游客欢迎的，从而达到对饭店或酒店和景点宣传的目的。

（3）加强与其他旅游企业的合作，进行联合营销

比利时的旅游企业很早就意识到企业之间合作的重要性，它们共同合作达成"整体大于部分简单相加之和"的效果。各旅游接待公司之间签署相关的旅游协议，可快速地解决航空公司或者旅游饭店之间的一些供需不平衡的关系。比利时各个旅游企业进行了较为广泛的分工合作，信息共享，减少因信息

缺乏而导致的损失，提高了各自的工作效率，降低了旅游交易成本，同时最大化地实现了对旅游设施（饭店以及旅馆）的利用。这些战略和策略都一定程度上促进了比利时旅游业的发展。而由于旅游市场的需求在不断地变化，比利时制定了相关的应对策略，特别是现在的游客都喜欢亲自安排自己的旅游行程，他们不再选择团队游，针对这一变化，比利时针对散客游制定了旅游营销计划，并得到了较为长足的发展，例如他们将机票和旅游产品捆绑销售，这样的做法有助于提高航空公司和旅行社的吸引力，提高企业的运营能力，最终实现规模经济。

2. 中国对比利时的营销策略

1971年，中国与比利时建交，到2017年中比建交已46年。中国方面也一直在用优惠的价格和方便的签证手续吸引比利时人来华旅游。中国悠久的历史文化底蕴，丰富的自然景区资源，越来越完善的旅游基础设施和让人越来越满意的服务质量成为越来越多的比利时人选择来华旅游的主要原因。

四、中国至荷兰旅游线路及营销策略

（一）国家概况

荷兰（Holland），本称尼德兰王国，因其荷兰省最为出名，故尼德兰（尼德兰文：Nederland，英文：Netherland）多被世界称为荷兰。荷兰位于欧洲西偏北部，是著名的亚欧大陆桥的欧洲始发点。荷兰是世界有名的低地之国。国土总面积41864平方公里，与德国、比利时接壤。荷兰是欧盟和北约创始国之一，也是申根公约、联合国、世界贸易组织等国际组织的成员。

荷兰是一个高度发达的资本主义国家，以海堤、风车、郁金香和宽容的社会风气而闻名，对待毒品、性交易和堕胎的法律在全世界是最为自由化的。荷兰是全球第一个同性婚姻与安乐死合法化的国家。

（二）经济概况

荷兰经济繁荣，是一个开放度较高的国度。它不仅仅是一个发达的资本主义国家，而且被誉为西方十大经济体之一。荷兰有着相对协调的经济结构，其中农业有着良好的发展势头，它们把一些高新科学技术运用于农业生产上，早

图6.31 荷兰的地理位置

资料来源：http://www.mafengwo.cn/i/1319270.html?static_url=true.

已实现了高度的机械化播种和收割，大大地提高了荷兰的农业生产量。另外，荷兰的畜牧业也闻名全球，是世界上著名的牛肉和奶制品出口国。荷兰的工业发达，工业企业数量较多，影响也较为广泛。荷兰有很多家企业进入了世界五百强，它们成为了其他企业学习的典范。工业的发展为荷兰的 GDP 做出了巨大的贡献。荷兰的第三产业的发展速度也比较快，进一步促进了经济的发展，尤其是旅游业和金融业。在 2006~2016 年期间，其 GDP 由 7266 亿美元逐渐增长到 7708 亿美元，GDP 的波动幅度相对较大，在 2008 年达到最大值为 9362 亿美元（见表 6.22）。

表 6.22　2006—2016 年荷兰 GDP 的变化趋势

年份	GDP（亿美元）	增长率（%）
2006	7266	7.1
2007	8394	15.5
2008	9362	11.5
2009	8579	-8.4
2010	8364	-2.5
2011	8938	6.9
2012	8289	-7.3
2013	8667	4.6
2014	8796	1.5
2015	7503	-14.7
2016	7708	2.7

数据来源：世界银行。

(三) 旅游业概况

1. 整体旅游业的发展状况

荷兰的旅游业也是其外汇的来源之一。荷兰的国内游和入境旅游都在马不停蹄地向前发展着。荷兰旅游业的发展不仅促进了其整体经济的发展，而且保护了旅游资源以及传承了良好的民族风俗习惯，促进了居民之间的和谐相处以及社会进步。荷兰以海堤、风车、郁金香和宽容的社会风气闻名世界，被誉为"欧洲的后花园""郁金香的世界""风车的王国"，伦勃朗与梵高的艺术圣地，还有浓郁美味的奶酪制品和带着彩绘的木鞋。荷兰的旅游业久负盛名，有很多旅游景点，旅游资源相当丰富，同时，荷兰旅游业也获得相当大的利润。据 2014 年欧盟统计局发布的数据可知，其过夜人数占到欧盟的 3.7%。但是，荷兰的过夜游客中 65.5% 是本国居民，27.7% 来自于其他欧盟国家的非本国居民，6.8% 来自欧盟外的非本国居民。其旅游业存在贸易逆差，荷兰将花更多精力吸引外国游客前去游玩。

2. 出入境旅游的发展状况及国际旅游收支平衡

入境游的发展深受荷兰政府重视，政府采取了很多措施来促进入境旅游发展。在政府的不懈努力之下，荷兰的入境旅游取得了显著成果。由表6.24中可以看出：2006～2015年期间，荷兰的入境旅游人次由1073.9万人次逐渐增长到1500.7万人次，这期间也有所下降，但是下降幅度不大，整体上是呈上升的趋势。同期，国际旅游收入由92.73亿美元增长到193.20亿美元，其间是波动增长的状态。荷兰的主要客源国有德国、比利时以及法国等欧洲国家。主要是因为这些客源国与荷兰的距离较近，可以节省大量的时间和费用，而且文化和风俗习惯相似，使得荷兰更具有吸引力。

出境游也是荷兰旅游业的重要组成部分。荷兰人喜爱出国度假旅游，与它相邻的都是一些旅游大国，它们的旅游资源具有很大的吸引力。它的主要出境旅游目的地有法国、德国以及英国等。2006～2015年期间，出境旅游人次由1669.5万人次增加到1807.0万人次（见表6.23）。

表6.23　2006—2015年荷兰的出入境旅游业发展情况

年份	入境旅游人次（万人次）	出境旅游人次（万人次）
2006	1073.9	1669.5
2007	1100.8	1752.3
2008	1010.4	1839.9
2009	992.1	1834.0
2010	1088.3	1836.8
2011	1130.0	1856.0
2012	1168.0	1862.8
2013	1278.3	1809.4
2014	1392.5	1792.8
2015	1500.7	1807.0

数据来源：世界银行。

从表6.24中可以看出，荷兰的国际旅游收入由2006年的92.73亿美元增长到2015年的193.20亿美元，入境旅游收入占总出口的百分比在3.3%～3.9%之间波动。荷兰的国际旅游消费由2006年的145.88亿美元增长到2015年的211.10亿美元，出境旅游消费占总进口的百分比在1.9%～3.1%之间波动。由此可以看出荷兰的入境旅游对本国GDP的贡献较大。除2013年外，2006～2015年的荷兰国际旅游收支均表现为旅游服务贸易逆差，逆差额最高表现为2011年的78.44亿美元。

表6.24　荷兰2005—2015年国际旅游收支情况

年份	国际旅游收入（亿美元）	国际旅游收入占总出口的百分比	国际旅游支出（亿美元）	国际旅游支出占总进口的百分比	国际旅游收支差额（亿美元）
2006	92.73	3.3	145.88	1.9	-53.15
2007	113.13	3.3	172.77	1.9	-59.64
2008	128.74	3.3	198.05	1.9	-69.31
2009	120.63	3.8	186.28	2.2	-65.65
2010	116.53	3.6	190.44	1.9	-73.91
2011	128.97	3.4	207.41	1.9	-78.44
2012	122.61	3.3	196.78	1.8	-74.17
2013	209.1	3.3	207.06	2.9	2.04
2014	186.32	3.5	224.17	2.6	-37.85
2015	193.2	3.9	211.1	3.1	-17.9

数据来源：世界银行。

（四）旅游营销策略

1. 荷兰的旅游营销策略

（1）加强与企业之间的合作

荷兰作为一个旅游大国，在旅游营销策略上也较为领先。其具有前瞻性的旅游发展策略。据人民网2015年10月29日报道，荷兰国家旅游会议促进局全球运营及发展总监Andrew van der Feltz代表荷兰国家旅游会议促进局与阿里巴巴集团签署了战略合作协议，共拓中荷旅游市场，成为与阿里旅行签订战略合作协议的第一个欧洲目的地。

而关于荷兰的旅游产品也在阿里巴巴的"双十一购物节"隆重推广，推出了数万种优惠荷兰游产品。截至目前，中国以25万人的到访量成为荷兰的第九大客源国。中国人在荷兰旅游的消费为1250欧元/人，远超其国家平均水平720欧元/人。未来十年，预计来访荷兰的游客将远超2014年的三倍，增长至80万以上。届时，预计中国将成为荷兰旅游客源市场的前五位。荷兰与其旅游产业交叉较大的国家大力发展旅游合作，推出荷兰旅游产品，是其旅游营销的重要战略。

（2）运用网络工具进行营销

网络是荷兰对外进行旅游营销的重要工具，通过这些科学技术的应用，使得荷兰的旅游信息拥有更广泛的传播范围和更多的传播渠道。游客们可以在最短的时间内了解到荷兰的最新旅游资讯。游客们可以在网上写下他们的游记，给荷兰留下潜在目标市场，还可以在网上看到一些关于景点和酒店的照片，根据这些照片的信息，游客们更容易找到景点和酒店的位置。

（3）开发特色旅游产品

近几年来，荷兰注重开发特色旅游产品。随着低碳时代的到来，荷兰紧跟世界潮流，开展了低碳旅游，受到广大海外游客的欢迎。除了传统的"文化之旅"和"骑车与步行之旅"外，"购物之旅""健康之旅""精神之旅"也成为游客喜爱的旅行方式。这些旅游产品的推出使得荷兰的旅游业再一次繁荣发展起来。而且这些旅游项目的目标客户大多数是一些高端旅游消费者，这些消费者的消费金额相对较大，使得荷兰获得了大量经济收益。

2. 中国对荷兰的旅游营销策略

中国对荷兰的旅游营销主要是通过举办旅游推介会。在每次推介会上，旅游代表团向荷兰当地居民详细地介绍中国特色的旅游资源，以此引发荷兰人对中国旅游的浓厚兴趣。例如，2015年6月2日，北京市旅游发展委员会委员赵广朝带领着中国代表团去荷兰阿姆斯特丹举行北京定制旅游产品的推介会①，与当地旅游企业进行了全方位的交流，并探讨了"一带一路"背景下中

---

① 北京在阿姆斯特丹举行旅游推介会. http://news.xinhuanet.com/world/2015-06/03/c_1115497974.htm.

国发展旅游的新思路。通过在荷兰举办旅游推介会，扩大了中国旅游产品在荷兰的影响力，吸引了越来越多荷兰游客来华旅游，让荷兰人亲身体验中国的各种旅游项目。

后 记

2013年9至10月,中国国家主席习近平在出访中亚和东南亚国家期间,先后提出共建"丝绸之路经济带"和"21世纪海上丝绸之路"的倡议构想,得到国际社会高度关注和有关国家积极响应。此后,海内外专家学者和相关机构对"海上丝绸之路"研究逐渐增多。华南师范大学旅游管理学院和广东旅游出版社合作出版《21世纪海上丝绸之路与区域旅游合作》系列丛书在广东省旅游局、广东省委宣传部、广东省旅游控股集团有限公司、广州市旅游局领导的支持下应运而生。我很荣幸地负责《21世纪海上丝绸之路与精品旅游》这本书的筹划和撰写工作。

在基本确定本书选题后,我参考了大量文献资料,制定了研究方案,提出了整个研究框架和内容体系,对相关内容做了多次修改和完善。如在该书初稿基本完成和获得国家出版基金项目"十三五"国家重点出版物出版规划项目资助后,我对书稿大部分内容做了调整和修改,部分章节几乎是推倒重来。全书第二、三稿成形后,我又对所参考的文献资料、数据信息等进行梳理和更新。此后,我与出版社编辑保持密切联系和沟通,就书中存在的不妥之处或值得商榷之处做了多次修订,积极配合编校工作,以保证书的质量。

本书的完成是与相关部门领导、专家学者的指导和师生的帮助分不开的。在其出版之际,我深深感谢所有指导、支持和帮助过我的领导、专家学者、老师、同事、亲人。我要感谢国家出版基金规划办公室、广东省旅游局、广东省委宣传部、广东省旅游控股集团有限公司、广州市旅游局、广东旅游出版社领导,感谢保继刚教授、朱竑教授、戴斌教授、吴必虎教授、吴智刚教授、蔡晓梅教授等专家学者的指导;感谢恩师李江帆教授、夏杰长教授等对我多年的教导和培养，感谢林创家书记、刘俊教授、方远平教授、庄晓平教授、郭华副教授、宋一兵副教授、李琼英副教授、熊伟副教授等领导和同事对我多年的支持和帮助；感谢研究生刘荣荣、唐艳春、曹子怡、伍艳慈、郑灿玲、尹书华、陈宏洋等在初稿资料收集等方面的努力和刘荣荣、何佳敏在后续资料更新等方面的工作。

广东旅游出版社相关工作人员对本书的出版付出了大量辛劳，他们专业、认真、敬业精神和高效工作令人敬佩。非常感谢刘志松社长对本书的重视和支持。策划编辑官顺和责任编辑彭素芬等多次为书稿的完善提出宝贵意见，再次深表谢意。对本书中所参考的相关文献作者，在此一并表示感谢。

瞿华
2017年6月于华南师范大学

参考文献

[1] 东盟各国 2012 和 2013 年经贸数据以及与中国贸易往来[EB/OL]. http://www.chinareform.org.cn/open/trade/201312/t20131204_182162.htm.

[2] 今年赴越南国际客数量骤减[EB/OL]. http://www.chinadaily.com.cn/hqcj/gjcj/2015-05-04/content_13643918.html.

[3] 2015 年中国入境游市场现状[EB/OL]. http://lxs.cncn.com/62286/n516311.

[4] 越南来华旅游舆情调查报告[N]. 中国旅游报, 2015-01-09.

[5] 厉新建, 宋昌耀. 推动越南旅华市场持续发展[N]. 中国旅游报, 2015-02-09.

[6] 杜氏椰. 越南旅游产品对中国游客的市场营销策略研究[D]. 湖南大学, 2012.

[7] 文小玲. 老挝旅游业的发展现状与战略规划[D]. 吉林大学, 2005.

[8] 贤淑. 老挝旅游业发展研究[D]. 天津大学, 2011.

[9] 布恩马. 老挝旅游业的发展与展望[J]. 世界经济与政治论坛, 2004(04): 23-26.

[10] 卫彦雄. 浅谈老挝的旅游业[J]. 东南亚纵横, 2002(12): 19-21.

[11] 剖乐. 老挝旅游业发展研究[D]. 昆明理工大学, 2015.

[12] 安邦咨询. 老挝旅游业和基础设施建设市场需求旺盛[J]. 时代金融, 2015(10): 48.

[13] 老挝积极发展旅游业[J]. 东南亚南亚信息, 1994(15): 18-19.

[14] "金色缅甸"推介会在昆举行 2015 年缅甸旅游人数预计达 500 万[EB/

OL］. http：//zgsc. china. com. cn/cyzn/jtly/2015 - 10 - 16/414044. html.

［15］缅甸旅游外汇收入创历史新高［EB/OL］. http：//www. chinadaily. com. cn/hqcj/xfly/2015 - 01 - 07/content_12995437. html.

［16］缅甸卑谬世界文化遗产一日游［EB/OL］. http：//www. myouba. com/news - 747. html.

［17］中缅边境旅游签合作协议［EB/OL］. http：//yn. yunnan. cn/html/2015 - 12/20/content_4075478. htm.

［18］李秋月. 柬埔寨旅游业发展现状及分析［J］. 中国商贸，2011（09）：148 - 149.

［19］伍鹏. 柬埔寨旅游业发展现状与拓展中国客源市场的对策［J］. 北方经济，2014（05）：92 - 93.

［20］邓淑碧. 蓬勃发展的柬埔寨旅游业［J］. 东南亚纵横，2006（05）：8 - 12.

［21］彭晖. 迈向21世纪的柬埔寨旅游业［J］. 东南亚纵横，1999（Z1）：43 - 46.

［22］柬埔寨力促旅游业发展［J］. 东南亚南亚信息，1994（12）：34.

［23］赵鑫. 新加坡旅游目的地营销的实践及启示［A］. 中国社会科学院旅游研究中心《旅游绿皮书》编委会. 2011年中国旅游发展分析与预测［M］. 北京：社会科学文献出版社，2011：131 - 137.

［24］郑灵飞，刘晶晶. 基于价值主张理论的城市旅游形象定位研究——以新加坡和香港为例［J］. 华中建筑，2013（11）：132 - 135.

［25］曹信孚. 新加坡的旅游观光政策［J］. 上海城市规划，2002（03）：34 - 36.

［26］新加坡来华旅游舆情调查报告［N］. 中国旅游报，2014 - 12 - 19.

［27］刘敏. 会展旅游的市场营销研究——新加坡旅游委员会市场营销经验借鉴［J］. 江苏商论，2008（07）：85 - 86.

［28］赵明龙. 中国—新加坡旅游走廊建设研究［J］. 广西民族研究，2014（05）：127 - 134.

［29］东盟各国2012和2013年经贸数据以及与中国贸易往来［EB/OL］. http://www.chinareform.org.cn/open/trade/201312/t20131204_182162.htm.

[30] 马来西亚旅游局旅游营销办法多[N]. 经济日报, 2007-09-12.

[31] 2013年马来西亚旅游业发展迅猛[EB/OL]. http://www.tourismmalaysia.cn/page/zh-CN/news-zh/malaysian-tourism-industry-2013.

[32] 王浒. 中国是马来西亚海外旅游市场的重中之重[N]. 中国旅游报, 2010-08-27.

[33] 曾平冰. 主打旅游牌 马来西亚中国"钓鱼"[N]. 中国经营报, 2002-01-03.

[34] 谭梦笔. 马来西亚2016年将对中国实施电子签证[EB/OL]. http://www.xxcb.cn/lvyou/2015-12/9037728.html.

[35] 孙大英, 罗虹, 李伟山. 马来西亚旅华市场及发展策略研究[J]. 东南亚纵横, 2013(06): 29-34.

[36] 龙如海. 中国游客赴泰国旅游满意度研究[D]. 广西大学, 2014.

[37] 周家欣. 泰国旅游服务贸易对泰国经济发展的效应分析[D]. 北京邮电大学, 2015.

[38] 卢培培. 以泰国为目的地的中国旅游市场开发研究[D]. 北京交通大学, 2015.

[39] 饶华清. 泰国旅游市场发展与借鉴[J]. 现代商业, 2008(36): 155-156.

[40] 黄安民, 韩光明. 泰国赴华旅游市场现状及发展趋势研究[J]. 华侨大学学报(哲学社会科学版), 2013(02): 46-53.

[41] 赵金川. 印度尼西亚力促旅游复苏[J]. 瞭望新闻周刊, 2006(04): 22.

[42] 吴崇伯. 印度尼西亚旅游业发展及其与中国在旅游业的合作[J]. 广西财经学院学报, 2012(04): 7-11+40.

[43] 印度尼西亚旅游外汇收入去年略有增长[J]. 中国经济信息, 1998(15): 67.

[44] 曾西林. 我市迎来首批印度尼西亚旅游团[N]. 郴州日报, 2007-05-14.

[45] 孔远志. 印度尼西亚的旅游业[J]. 亚太研究, 1992(04): 66-69.

[46] 侯献瑞. 印度尼西亚发展旅游业的策略和措施 [J]. 当代亚太, 1998 (04): 42-45.

[47] 李正欢, 郑向敏. 印度医疗旅游的发展评介 [J]. 桂林旅游高等专科学校学报, 2008 (02): 263-266.

[48] 李志刚, 寇小萱. 中国和印度入境旅游发展比较 [J]. 旅游学刊, 2008 (10): 29-33.

[49] 李燕. 印度旅游业及对经济发展的影响 [J]. 南亚研究季刊, 2013 (04): 45-49+5.

[50] 印度来华旅游舆情调查报告 [N]. 中国旅游报, 2014-12-12.

[51] 鲁娜. 印度旅游年: 两大古国"牵手"旅游业 [N]. 中国文化报, 2015-02-28.

[52] 邓常春. 试析印度旅游业的发展 [J]. 南亚研究季刊, 2002 (02): 23-26+34-2.

[53] 刘丽媛, 宏宝. 不可思议的印度——印度旅游和文化部驻北京办事处揭牌仪式暨庆贺晚会纪实 [J]. 旅游时代, 2008 (06): 56.

[54] 中国驻新德里旅游办事处. 印度的新兴旅游产品 [N]. 中国旅游报, 2012-08-17.

[55] 官忠明. 巴基斯坦旅游业现状 [J]. 南亚研究季刊, 2001 (01): 36-38+2.

[56] 洪琳. 巴基斯坦出现"医疗旅游"[N]. 检察日报, 2003-10-07.

[57] 陈利君. 中国云南与巴基斯坦扩大经贸合作的对策建议 [J]. 南亚研究季刊, 2007 (01): 12-14+94.

[58] 郭珊. 中国公民赴尼泊尔旅游现状、制约因素及前景分析 [J]. 南亚研究季刊, 2014 (03): 74-79+6.

[59] 李燕. 中国与尼泊尔旅游合作探析 [J]. 南亚研究季刊, 2010 (03): 72-76+113-114.

[60] 胡海燕, 罗许伍. 尼泊尔徒步旅游发展的经验分析及对我国西藏的启示 [J]. 乐山师范学院学报, 2012 (05): 54-56.

[61] 张松. 尼泊尔振兴旅游"路很长"[N]. 文汇报, 2012-02-16.

[62] 中国驻加德满都旅游办事处. 尼泊尔旅游市场分析[N]. 中国旅游报, 2012-08-31.

[63] 雷鹏, 熊嘉莉. 2011年尼泊尔旅游推介会在拉萨举行[N]. 西藏日报(汉), 2011-05-26.

[64] 2011——尼泊尔旅游年[J]. 文明, 2009 (05): 148.

[65] 王伟曼. 云南企业参与斯里兰卡旅游业开发调查报告[D]. 云南财经大学, 2014.

[66] 吴闻. 浅谈斯里兰卡的旅游业[J]. 亚太研究, 1993 (03): 77-80.

[67] 龚立仁. 斯里兰卡加快旅游发展步伐[N]. 中国旅游报, 2004-11-05.

[68] 杨丽华. 斯里兰卡加大对华旅游推广力度[N]. 国际商报, 2004-08-01.

[69] 王浒. 斯里兰卡推出全新特惠旅游产品[N]. 中国旅游报, 2007-09-28.

[70] 伍鹏. 马尔代夫群岛和舟山群岛旅游开发比较研究[J]. 渔业经济研究, 2006 (03): 19-24.

[71] 蒋茂霞. 云南与斯里兰卡、马尔代夫开展旅游合作的障碍及前景[J]. 保山学院学报, 2011 (03): 82-89.

[72] 李燕, 黄正多. 马尔代夫旅游业的发展及其原因[J]. 南亚研究季刊, 2009 (04): 65-70+113.

[73] 程铭劼. 期待中国游客重新到访马尔代夫[N]. 北京商报, 2012-04-19.

[74] 马尔代夫旅游天堂[J]. 中外企业文化, 2001 (12): 60-61.

[75] 杨汛. 中国游客马尔代夫旅游可免签证[N]. 北京日报, 2007-12-12.

[76] 李宁. 试析不丹旅游产业的成就与问题[J]. 陕西行政学院学报, 2014 (01): 96-100.

[77] EdwardInskeep, 廖沐真. 马尔代夫和不丹的旅游业持续发展[J]. 产业与环境(中文版), 1993 (Z2): 31-36.

[78] 曹笑笑. 沙特居民赴中国旅游市场开发研究[J]. 浙江外国语学院学报, 2013 (2): 98-102.

[79] 黄鑫. 旅游业与阿曼城市发展研究[D]. 山西师范大学, 2015.

[80] 张斌. 阿曼旅游掀起神秘"面纱" [N]. 中国旅游报, 2010-08-27.

[81] 龚立仁. 中国与阿曼签署旅游谅解备忘录 [N]. 中国旅游报, 2006-04-28.

[82] 薛英杰. 阿联酋海洋经济研究 [J]. 海洋经济, 2015 (04): 54-64.

[83] 蒋传瑛. 阿联酋旅游业发展模式研究 [J]. 阿拉伯世界研究, 2011 (05): 72-81.

[84] 王兴斌. 开发阿联酋旅游市场具有先导和战略意义 [N]. 中国旅游报, 2015-03-27.

[85] 魏敏. 旅游业发展的政府行为研究 [D]. 中国社会科学院研究生院, 2012.

[86] 魏敏. 丝绸之路经济带: 中土旅游合作的战略思考 [J]. 亚非纵横, 2015 (01): 81-92+123+127.

[87] 泽克里亚·宾格尔. 政府旅游开发方式评析——以土耳其为例 [J]. 城市观察, 2014 (01): 32-38.

[88] 王斌. 特色旅游为约旦招徕更多游客 [N]. 中国旅游报, 2000-10-18.

[89] 徐伟. 投资约旦 [J]. 中国对外贸易, 2003 (05): 82-83.

[90] 孟华玉. 中东和平进程中的经济因素——约旦个案分析 [J]. 价值工程, 2012 (28): 190-192.

[91] 李佳然. 约旦改进会奖旅游设施和服务 [N]. 中国贸易报, 2010-01-12.

[92] 李茜. 约旦现代化进程研究 [D]. 西北大学, 2016.

[93] 穆思乐. 中国和也门经济合作 [J]. 经营管理者, 2014 (17): 197.

[94] 张金平. "阿拉伯之春"与也门经济近况 [A]. 中阿经贸论坛组委会、中国中东学会. 中国—阿拉伯国家经贸论坛理论研讨会论文集 (2012第三辑) [C]. 中阿经贸论坛组委会、中国中东学会, 2012: 7.

[95] 黄培昭. 也门动荡带来巨大经济损失 [N]. 人民日报, 2011-04-13.

[96] Eli Avraham. Destination image repair during crisis: Attracting tourism during the Arab Spring uprisings [J]. Tourism Management, Volume 47, 2015: 224-232. (艾里·亚乌拉汉姆. 危机期间的目的地形象修复: 以阿拉

伯春季暴动中的旅游吸引为例［J］.旅游管理,2015,47：224-232.）

[97] 刘晖.埃及旅游业——飘摇中的热气球［J］.世界知识,2013（07）：50-51.

[98] 杨立华.南非经济——放眼非洲谋发展［J］.西亚非洲,2005（06）：55-62.

[99] 孟丽君.南非世界杯旅游线路营销全解码［J］.市场观察,2010（06）：48.

[100] 王兴斌.中国与南非双向旅游方兴未艾［N］.中国旅游报,2014-12-05.

[101] 王浒.南非旅游延续世界杯热情［N］.中国旅游报,2011-01-28.

[102] 南非来华旅游舆情调查报告［N］.中国旅游报,2014-12-05.

[103] 陈欣怡.南非旅游业发展的现状及存在的问题［J］.旅游纵览（下半月）,2013（07）：129-131.

[104] 曲晓丽.南非积极拓展中国旅游市场［N］.国际商报,2013-03-25.

[105] 郑文.奏响"中国年"序曲,掀开中南关系新篇章［N］.中国文化报,2015-03-25.

[106] 林峰.摩洛哥开发中国旅游客源市场［N］.西部时报,2010-07-02.

[107] 刘晖.摩洛哥旅游业的发展与中摩旅游合作［J］.阿拉伯研究论丛,2015（01）：187-195.

[108] 袁远.摩洛哥会奖游剑指中国［N］.中国贸易报,2012-10-03.

[109] 李华."北非花园"摩洛哥的文化风情［J］.民族艺林,2013（03）：92-96.

[110] 唐兰兰.非洲旅游资源及其吸引力研究［D］.浙江师范大学,2010.

[111] 焦迎建.摩洛哥鼓励旅游投资［J］.国际经济合作,1992（10）：11.

[112] 梁国诗.新崛起的旅游王国——摩洛哥［J］.阿拉伯世界,1992（03）：72-74.

[113] 王杨.寻找民族旅游业的亮点［N］.中国旅游报,2000-10-11.

[114] 蓬勃发展的摩洛哥旅游业［N］.中国旅游报,2002-03-08.

[115] 毕扬.欣欣向荣的摩洛哥旅游业［N］.中国贸易报,2004-07-15.

[116] 二外成功举办中摩旅游发展与旅游教育主题研讨会[J]. 北京第二外国语学院学报, 2012 (11): 35.

[117] 驻摩洛哥使馆经商处. 摩洛哥支持国外企业开展旅游合作项目[N]. 国际商报, 2003-06-19.

[118] 赵文杰. 中国与肯尼亚经贸合作研究 (1993-2013) [D]. 上海师范大学, 2015.

[119] 刘旭. 非洲旅游业的经济效应和发展战略研究[D]. 浙江师范大学, 2009.

[120] 陈岳林. 肯尼亚旅游经营有方[J]. 国际问题资料, 1986 (20): 29-31.

[121] 肯尼亚旅游局. 肯尼亚旅游业发展分析[N]. 中国旅游报, 2008-04-11.

[122] 张慧杰, 陈云. 旅游业是肯尼亚经济发展的历史性选择[J]. 文教资料, 2007 (04): 160-161.

[123] 高慧燃, 陈静. 浅谈中国国家形象在肯尼亚的塑造[J]. 现代传播 (中国传媒大学学报), 2012 (12): 121-123.

[124] 徐万佳. 推动中肯旅游业合作共赢[N]. 中国旅游报, 2014-06-04.

[125] 刘晏. 浅析法国旅游业的发展经验[J]. 商, 2013 (22): 302-303.

[126] 刘林森. 法国旅游市场五大特色[J]. 国际市场, 2001 (08): 12.

[127] 夏杨. 法国旅游营销策略[J]. 旅游时代, 2007 (05): 16-19.

[128] 贠聿薇. 法国旅游的政府性营销及启示[J]. 现代商业, 2011 (11): 126-127.

[129] 邢国宏. 分析法国旅游业具有国际竞争力的原因[J]. 佳木斯教育学院学报, 2013 (07): 468-469.

[130] 慕阳子. 法国经济改革现状与前景[J]. 国际研究参考, 2015 (03): 45-50.

[131] 英国概况[EB/OL]. http://news.xinhuanet.com/ziliao/2002-05/13/content_390506.htm.

[132] 杨芳. 英国经济"一枝独秀"的原因及其走势[J]. 现代国际关系, 2015 (02): 32-38+63.

[133] 王劲. 英国旅游架构及其对我国旅游的启示 [J]. 桂林旅游高等专科学校学报, 2003 (06): 92-95.

[134] 吴丛司. 述评: 中英经贸合作迎来"黄金时代" [EB/OL]. http://www.ce.cn/xwzx/gnsz/gdxw/201510/18/t20151018_6733501.shtml.

[135] 何效祖. 英国旅游业发展战略及借鉴价值研究 [J]. 旅游学刊, 2006 (09): 70-74.

[136] Government Tourism Policy, Department for Culture, Media and Sport, 2011/03 [EB/OL]. http://www.culture.gov.uk/publications/7896.aspx. (政府旅游政策. 英国文化、媒体和体育部 [EB/OL]. http://www.culture.gov.uk/publications/7896.aspx.)

[137] 沈少剑. 英国旅游业发展与经验启示研究 [J]. 山东社会科学, 2012 (04): 163-166.

[138] 高洋洋, 黄晓珍, 林杉杉. 西班牙旅游热现象分析 [J]. 品牌, 2015 (04): 12.

[139] 广西班牙努力吸引更多中国游客赴西观光旅游 [J]. 空运商务, 2006 (23): 20.

[140] 中国驻马德里旅游办事处. 西班牙新营销战略措施 [N]. 中国旅游报, 2013-04-19.

[141] 于广洲. 希腊、西班牙发展旅游业的启示 [J]. 宏观经济研究, 2003 (02): 7-9+23.

[142] 西班牙来华旅游舆情调查报告 [N]. 中国旅游报, 2015-01-30.

[143] 汪德根, 陆林, 刘昌雪. 德国出境旅游市场比较优势与市场拓展对策——兼论旅华市场开发 [J]. 经济地理, 2004 (01): 124-128.

[144] 巫莉丽, 隋森. 德国工业旅游的发展及其借鉴意义 [J]. 德国研究, 2006 (02): 54-58+79.

[145] 赵阳, 李连滨. 德国工业旅游开发对黑龙江省的启示 [J]. 商业经济, 2010 (07): 9-10+48.

[146] 齐楚敏. 德国旅游经济的"绿色通道" [J]. 桂林旅游高等专科学校学

报，1999（S1）：37-38.

［147］中国驻法兰克福旅游办事处. 德国旅游市场回顾与展望［N］. 中国旅游报，2012-04-06.

［148］中国驻法兰克福旅游办事处. 德国旅游市场销售渠道和经营模式［N］. 中国旅游报，2005-12-30.

［149］侯辛. 奥地利旅游促销别开生面［N］. 中国旅游报，2004-07-23.

［150］张广瑞，杨冬松. 奥地利仲夏行［N］. 中国旅游报，2004-09-17.

［151］王忠田. 中国将成为奥地利重要旅游客源地［N］. 中国旅游报，2004-09-03.

［152］周春林. 瑞士等国旅游发展经验对江苏建设旅游强省的启示［N］. 中国旅游报，2012-07-20.

［153］朱勃霖，王乃昂. 全球化背景下瑞士旅游业的发展及启示［J］. 宏观经济管理，2010（07）：71-72.

［154］管婧婧. 国外美食与旅游研究述评——兼谈美食旅游概念泛化现象［J］. 旅游学刊，2012（10）：85-92.

［155］张炜. 欧盟旅游业可持续发展研究［D］. 吉林大学，2013.

［156］陈晓静. 欧盟旅游业发展与经济增长关系研究［D］. 华东师范大学，2015.

［157］徐晓东. 荷兰发展旅游业的招数［J］. 经济月刊，2001（11）：74.

［158］文婧. 荷兰旅游业整合资源吸引中国客［N］. 经济参考报，2008-08-26.